本著作系教育部人文社会科学研究青年基金
项目“日本教育工学本土化创新之路研究”
(项目编号：14YJC880064)的最终成果

日本教育工学本土化创新之路研究

孙立会 著

中国社会科学出版社

图书在版编目（CIP）数据

日本教育工学本土化创新之路研究/孙立会著．—北京：中国社会科学出版社，2017.6

ISBN 978－7－5203－0725－3

Ⅰ．①日…　Ⅱ．①孙…　Ⅲ．①教育技术学—本土化—教育研究—日本
Ⅳ．①G40－057

中国版本图书馆 CIP 数据核字（2017）第 162791 号

出 版 人　赵剑英
责任编辑　张　潜
特约编辑　范晨星
责任校对　李　莉
责任印制　王　超

出　　版　中国社会科学出版社
社　　址　北京鼓楼西大街甲 158 号
邮　　编　100720
网　　址　http://www.csspw.cn
发 行 部　010－84083685
门 市 部　010－84029450
经　　销　新华书店及其他书店

印　　刷　北京君升印刷有限公司
装　　订　廊坊市广阳区广增装订厂
版　　次　2017 年 6 月第 1 版
印　　次　2017 年 6 月第 1 次印刷

开　　本　710×1000　1/16
印　　张　18.5
字　　数　266 千字
定　　价　78.00 元

摘 要

教育技术学是一门综合性、实践性极强的学科，也是一门多学科交叉而形成的、仍在不断发展与完善的新兴学科，其中有很多新的、尚未解决的问题，也有一些虽进行过多次解决但并未达成统一理解的问题，这时就需要一种新的理解与探讨方式，而对日本教育工学（Educational Technology）的考察不失为一种能重新认识我国教育技术学科的手段，并且中日教育技术学科交流具有深远的历史，文化具有一定的共性，而文化就是技术背后的那双无形之手。

本研究主要通过文献研究法、访谈法、比较研究法，在阅读大量日本教育工学相关文献基础上，访谈了当前比较活跃的十几位日本教育工学专家，参加了与日本教育工学相关的学术年会，对日本教育工学发展的历史、理论基础、研究方法、实践领域等与国内教育技术学科建设关系最为重大的几个基本问题进行了探察，做出如下几个基本结论：

第一，本书较详细地梳理了日本教育工学发展历史。将其划分为五个阶段，分别为孕育期、初创期、发展期、转换期和智能化发展时期，并在这五个历史时期中着重论述了引起日本教育工学变化的重要历史事件。尤其是日本教育工学在早期吸收与借鉴美国教育技术思想之后，对“工”的经典解读，“工”吸收了中国早期的经典哲学著作《天工开物》的哲学思想，其中上面的“一（横）”代表“天”；下面的“一（横）”代表“地”；中间的“I（竖）”表示天与地之间的连接。所以，“工”的汉字意思是连接理想（天）与现实（地）的智慧。“工”绝不是“工程学”中的“工”，而是“Technology”，在教育中提供的是一种方法，而不是把教育变成一项工程。

第二，本书概括了日本教育工学理论体系构建的基本理路。日本教育工学在理论体系构建之中，注重区别“基础理论”与“理论基础”。教育工学的基础理论来源于形成教育工学的交叉性学科，这体现出了教育工学本身有一定的“依赖性”，必须粘贴在其他学科之中才能生长。而作为一门学科的“内核”即最核心的理论基础必然要有其特殊性，教育工学理论基础的特殊性就是“行为科学的人类观”，这也是教育工学区别于其他学科抑或是本学科在学术之林中立足的关键所在。并在此基础之上进一步指出，教育工学与教育学之间是一种互相协作的关系，因为教育工学研究者非常清楚，教育学是教育工学的基本骨架，离开了教育学，尤其是学科教育学，教育工学几乎就没有了所指。所以，教育工学在自身原理之下，以改善教学实践为目标，最后形成了较强的实践性学术品格。

第三，本书总结出日本教育工学关于研究方法的研究是自下而上式，重视方法的哲学概括即方法论。教育工学研究者总是尝试着将其他学科研究方法的合理性“植入”，但由于教育工学本身的学科性质，对质性研究方法往往不够重视，虽也注重系统性，但并不强调系统方法是教育工学研究的独特方法。

第四，本书对日本教育工学研究的十个基本领域进行了概括。教育工学作为一门实践性极强的实践性学科，一共有十个基本研究领域。分别为：认知领域、媒体领域、计算机应用领域、数据解析领域、网络教育领域、教学研究领域、教师教育研究领域、信息技术教育研究领域、教学系统设计研究领域、基本理论研究领域，等等。

第五，本书通过对日本教育工学的研究，提出了中国教育技术学科未来发展的转向问题。中国教育技术研究者作为信息化时代教育改革的中坚力量，必须有一种主体的自觉。应把“和为贵，和而不同”，再加上“求同存异”作为教育技术研究的基本理念，并在不同的“研究范式”之间保留一种可沟通的“通约性”。教育技术学预想突破管理学或制度学意义上的学科而走向真正意义上的学科，研究者具有学科自觉意识显得尤为重要。学科自觉其实是学科问题意识的不断增强，然而问题意识的不断增强未必能很好地转化为理论自觉，而只有理论自觉的形成才能构造出“中国道路”或“中国模式”。中国教育技术学在学科转型的过程中，不能只凭借依附而缺乏文化的引导，应让中国的文化融入教育技术学科的整体“灵魂”之中，在中国文化基因的“遗传”下，融合成真正意义上的中国教育技术学科之魂魄，而如今中国教育技术学科最尴尬的境地就是“中国元素”的缺失，而这需要靠中国教育技术研究者自己的“启蒙”来完成。

总之，本研究试着提出了一个对教育技术研究者和教育技术学科决策者有用的，在文化全球化背景下理解教育技术学科基本问题的框架。对于其意义和实用价值不在于其研究结果是否真正解决了教育技术学科中存在的诸多问题，它显然做不到这一点，也可能这些问题如“哥德巴赫猜想”一样根本无法解决，而在于它是否能提供一个比其他任何可供选择的解释范式更加有意义和更有用处的国际化比较视角。

关键词：日本　教育工学　教育技术学　学科

ABSTRACT

Education Technology is a comprehensive and highly practical discipline, it's also an emerging and sustainable multidiscipline which is developing and perfecting. There existing many new unresolved issues, although some issues were resolved but have not reached a unified understanding. By now we require a new way of understanding and discussion, and hence the investigation of Educational Technology (Japan) as a means of understanding our Education Technology disciplines afresh. On account of the long history of the exchange of Education Technology disciplines between China and Japan, as well as the universality of cultures serving as an invisible hand behind technology.

Through a lot of Japanese Educational Technology literature, this study mainly interviews about a dozen current active Japanese Educational Technology experts, participates in related Japanese Education Technology Academic Conference, and explores some basic issues, such as: the history of Japanese Educational Technology development, theoretical basis, research methods as well as practice areas, which share close relationship with a series of important fundamental issues in domestic Education Technology disciplines construction and to sum up, comes to the following conclusions:

First, this thesis combs the development history of Japanese Educational Technology in a detailed way, which is divided into five stages, namely the induction stage, the start-up stage, the development stage, the conversional stage and intelligent development stage, focusing on the discussion of the significant historical events leading to the changes in Japanese education. Especially in early stages, after absorbing and learning from the American Educational Technology, as well as the classic interpretation of "Technology", "Technology" absorbed the philosophical thought from "Heavenly Creations", an early classical Chinese philosophical work. In the Chinese character "Technology", the above horizontal line stands for "Heaven"; the other horizontal line stands for "Earth" and in the middle the vertical line indicates the connection between heaven and earth. Therefore, the Chinese meaning of "Technology" shows the wisdom which connects ideal (the heaven) and reality (the earth). "Technology" doesn't mean "Engineering" but "Technology", which provides a kind of method in education, instead of putting education into a project.

Second, this thesis outlines the basic thoughts in constructing the theoretical system of Japanese Educational Technology. In building theoretical system of Japanese Educational Technology, special attention is paid to distinguish "basic theory" from "theoretical basis." The basic theories of Japanese Education Technology derived from the interlaced disciplines in forming Education Technology, which reflects that there is dependency in educational technology itself to a certain degree, and it is attached to other disciplines in order to develop. However, as the "kernel" of one discipline, the essential theoretical basis necessarily has its own peculiarities, which means "human concept in behavioral science", which is the key difference from other disciplines, or even in academia. And based on the above view, the study further points out the cooperative relationship between Educational Technology and Pedagogy, because educational technology researchers are very clear that Pedagogy is the framework of educational technology, therefore, if detaching from Pedagogy, especially discipline Pedagogy, educational technology will be meaningless. Therefore, according to its own theories and with the goal of improving teaching practices, Education Technology finally formed certain academic characters.

Third, this paper summarizes that the Japanese Educational Technology is researched from the bottom up, moreover, the philosophical generalization-methodology is highly emphasized. Educational Technology researchers always try to "implant" other research methods of other disciplines in a rational way, but due to the nature of educational technology itself, the qualitative research approach sees an insufficient commitment, in spite of paying emphasis to systematicness, but not regarding systematic method as a unique way of education technology research.

Fourth, the ten basic areas of Japancse Educational Technology are summarized. As a highly practical discipline, Educational Technology owns a total of ten basic research fields. Respectively they are cognitive domain, the media sector, computer applications, data analysis field, network education, teaching and research, teacher education and research, information technology education research, instructional systems design research, basic theoretical research in the field, etc. .

Fifth, the thesis puts forward the future steering issue in the development of Chinese Educational Technology after studying the Japanese Educational Technology. As the backbone of the educational reform in the information age, the Chinese Educational Technology researchers must have a subjective consciousness. The fundamental philosophy of Educational Technology should be concluded as "Harmony is most valuable," "Seek harmony in diversity", coupled with "Seek common ground while reserving differences", and to retain a communicative "commensurability" between different research paradigms. If Educational Technology anticipated to break through management science or institutional science and move towards the real sense of discipline, it's very significant for academic researchers to hold disciplinary awareness, which means the consciousness of problems is increasingly enhancing, however, this consciousness of problems may not necessarily convert to theoretical consciousness, so in the end, only the formation of theoretical consciousness is able to construct the "Chinese way" or "China model". Additionally, in the process of transformation for Chinese Educational Technology discipline, Chinese culture should be integrated into the whole "soul" of Educational Technology disciplines, with the inherence of Chinese culture genes, and compounds true sense of China Educational Technology, not just by virtue of dependency and lack of cultural guidance. Moreover, at present, the most embarrassing condition is the loss of "Chinese elements" in Chinese Educational Technology discipline, which demand the "enlightenment" of Chinese educational technology researchers themselves to accomplish.

In a word, this study try to put forward a framework which is usefulfor Education Technology researchers and Education Technology decision makers to understand the basic issues of Education Technology in the context of cultural globalization. Its significance and usefulness don't lie in whether the study really solves the problems existing in the Education Technology discipline, apparently it can't work it out, and probably those issues never be solved as the "Goldbach Conjecture". Therefore its significance rests with a more meaningful and globalized comparative perspective provided in the thesis comparing to any other alternative interpretative paradigms.

Key Words: Japan　Education Technology (Japan)　Education Technology　Discipline

目　录

图目录

表目录

绪　论

教育技术学科的一种觉醒

一　教育技术学科之困境：一个永无止境追寻的问题

（一）研究缘起

科学研究起源于“问题”，而不是单纯的观察或理论。“问题”即是科学研究的动力，也反映科学研究的价值，指示科学研究的方向。[①] 任何研究都是从基本问题开始的，基本问题是学科研究的基点，也是构成某门学科理论体系的柱石。[②] 不存在问题的学科几乎是不可能的，正因为有了这些问题的存在，才能使这个研究领域充满生机，促进研究者之间不断的对话与交流。并且，问题也会促使研究者产生研究的动机与兴趣，不论它是理论探究性质的，还是具有实践意义的。

教育技术学是一门综合性、实践性极强的学科，常常被学界称为“杂技之学”“浮萍之学”，以应用研究和开发研究为主，长期忽视基础研究的重要性。正如某些学者认为，学界内理论自觉意识还有待加强与提高，尤其是在新一代教育技术学科人中间，对学科的自我认同

---

① 石中英：《教育学的文化性格》，山西教育出版社2005年版，第11页。

② 李芒：《论教学设计研究领域中的基本问题》，《远程教育杂志》2012年第1期。

感极低，无法用学科语言表达与教育相关的基本问题，尤其是论及教育现象中的一些形而上的问题时，完全暴露出教育技术从业者的“工具性”人格和“匠人”的形象，因为除了计算机或网络的一些知识或话题外，基本就无话可说了，也就是说，往往很多时候我们只知其然，而不知其所以然，[①] 严重缺乏从“是什么”到“为什么是”的探究精神。这种不足也不断地促使着教育技术基本理论研究方向不断深化与发展，使之理论成为实践者“信仰”之可能。虽然大多数情况下理论性问题是抽象的、晦涩的，甚至与现实之间存在表述上的距离，也往往被一些教育技术实践者认为是“口号”，但即便理论通常是抽象的，很难直接反映一个事物的正确属性，可对于林林总总、纷繁复杂的大量具体实践问题而言，它又具有“本源性”的意义。[②] 所以，理论不是昨天的、过去的东西，对于实践来说它具有极强的前瞻性。

然而，教育技术学基本理论是一个非常宏大的研究方向，能在其中抓取一点而深入下去，不落入“思辨式”的自圆其说，并能对整个学科的未来建设与发展做一点贡献都是极为不容易的，不怕形而上，就怕上不去。笔者曾多次参与国内教育技术学科相关学术研讨会，从众多教育技术学相关专家的学术报告中深谙理论研究的艰难而道远。曾多次在国内召开的教育技术国际会议和全国教育技术学博士生论坛中，我国教育技术学科泰斗南国农先生每当论及如何构建中国教育技术理论体系时，都会反复谈起日本教育工学[③]研究者曾对我国教育技术研究者说过的一句话：“日本教育工学之‘工’来自中国的《天工开物》”，[④] 每每至此，都会感到先生有些“激动”，不免对我国用“教育技术”取而代之的“电化教育”感到惋惜与无奈。日本教

---

① 李芒：《教育技术的学科自觉：学格论》，《电化教育研究》2012 年第 11 期。

② 阎光才：《识读大学——组织文化的视角》，教育科学出版社 2002 年版，第 1 页。

③ 在日本，“教育工学”并不是“教育技术”，本研究的后续部分会进行详细的介绍。

④ 孙立会：《中日教育技术学术交流轨迹探寻》，《贵州师范大学学报》（社会科学版）2014 年第 1 期。

育工学研究者通过中国的文化精髓——《天工开物》构造起了自己的学术家园，形成了相对比较完备的理论体系，走向了一条宽广而极具特色的“学科”[①] 发展之路。而我国教育技术却在学习美国教育技术思想的发展历程中走向了一个不同的方向，正如我国著名教育学研究者叶澜教授曾说过，“我国教育学科的发展一直处于离‘根’离‘土’的尴尬境地之中，一直没有建构起属于自己的学术‘家园’，始终保留着‘舶来品’这从一出生之日起就带有的‘胎记’”。[②] 与之相对，教育技术这门学科又何尝不是如此，我国的教育技术研究总是略显“被动”，始终摆脱不了美国教育传播与技术协会（Association for Educational Communication and Technology，AECT）的牵制，以至于某位学者坦言，中国教育技术研究者只会文字的“摆排”。这不由得让我想起梁漱溟先生在《中国文化要义》中的一句话：“要知走路慢者，慢慢走，终有一天可以到达终点；若走向别一路去，则那地点永不能到达。”[③] 所以，如今我们不得不反思我国教育技术学科曾经走过的路以及未来之路该往何方向前进。

南国农先生的话语以及多次谈及此事时的表情，经常回荡绕在我的耳边与心间，无不时时刻刻鞭策着我在教育技术基本理论研究中不断地爬行。曾为中日两国教育技术建起沟通桥梁做出卓越贡献的华南师范大学李克东先生曾说过想为此事（关于日本教育工学来自中国的《天工开物》一事）撰写一篇论文，但由于种种原因最终没有见诸于教育技术相关期刊中。另外，中国教育技术史研究著名专家、内蒙古师范大学李龙教授在《学派建设与学科繁荣——兼论教育技术“原生学派”的创建》一文中也明确提出，受到我国《天工开物》等著作的影响，日本把 Educational Technology 翻译为“教育工学”等这一段

① 之所以在这里将“学科”加上引号，是由于日本教育工学虽没走我国的学科发展之路，但却在满足学科的几个条件之中，有其一定的独特性，所以，本研究是以学科之眼来审视日本教育工学，从而为构建我国教育技术学科体系提供一种新视角。

② 叶澜：《中国教育学发展世纪问题的审视》，《教育研究》2004 年第 7 期。

③ 梁漱溟：《中国文化要义》，上海人民出版社 2013 年版，第 1 页。

历史还没有得到应有的重视，值得进行深入研究和总结。[1] 基于以上的阐述，引出一个教育技术基本理论研究视域中一直缺少关注的研究对象——日本教育工学。所以，笔者在老一辈教育技术专家们的指引下，以“照着说”与“接着说”的方式，决心从一个学科发展的视角整体性去探察一下日本教育工学的全貌，试分析他们是如何走向“学科”“品牌”化之路的，又是如何在吸收与借鉴美国教育技术思想后茁壮成长的，以及他们是如何定位教育工学的学问地位和与其他兄弟学科之间关系的，等等。在以往研究者的视角、关注的焦点基础上，完整地梳理一下日本教育工学发展的学术精华，以期能给我国教育技术研究者带来一些不同的观点、视角及理论，并能在推动我国教育技术学科过程中起到一定的促进作用。给我国教育技术学科发展中尚存的一些问题，尤其是一些长期处于争议却尚未有“标准”答案的问题，打开一扇新的“窗口”，为教育技术学科发展注入新的“血液”。

（二）研究问题

我国的教育技术起源于“电化教育”，正如中国教育技术学科奠基人南国农先生所言，在中国，“教育技术”这个名称是由“电化教育”改名而来，两者往往指的是同一个事件，同一门学科，同一件事情。[2]“电化教育”这一名称在中国是从 1936 年开始确立并使用的，[3] 后在 90 年代中后期由于吸收与借鉴美国 AECT 的研究成果，改为教育技术，[4] 其后走向了一条崎岖坎坷的发展之路，在争议与反思中取得了长足的发展。可以表现为以下若干方面：已经初步形成了多元化

---

① 李龙：《学科建设与学科繁荣——兼论教育技术“原生学派”的创建》，《电化教育研究》2013 年第 1 期。

② 李龙：《信息化教育：教育技术发展的新阶段——四论教育技术学科的理论与实践》，《电化教育研究》2004 年第 4 期。

③ 南国农：《中国电化教育（教育技术史）》，人民教育出版社 2013 年版，第 2 页。

④ 汪基德：《中国教育技术学科的发展与反思》，中国社会科学出版社 2008 年版，第 11 页。

的教育技术学理论体系；现代教育技术试验研究向整体、综合、广泛和纵深发展，[①] 教育技术从业人员数量激增；教育技术的相关著作和软件产品“琳琅满目”，等等。

教育技术学科表面上似乎已成了一个充满无限生机、蕴含无限“矿产”、硕果累累的一门学科。但是在这些“华丽”的外表背后还存在着一些长期以来一直悬置或尚未真正解决的本质性问题。例如，教育技术学专业的名称问题、教育技术理论与实践“两层皮”的问题、教育技术研究方法的问题、教育技术的原理问题、教育技术应如何选择继承与超越国外研究成果以及与其他兄弟学科相互关系的问题，等等。这些问题都是关乎于教育技术未来发展的大问题，我们确实不能忽视，也无法忽视。所以，现阶段我们不能过度“美化”自己所处的位置，而应敢于正视教育技术发展进程中存在的一些基本问题。并且，我们只能从这些问题出发，批判、反思与审视教育技术的学科性质、结构和其他种种表现。也就是说，我们不能仅仅停留在问题的表层，如果这样就如语言大师维特根斯坦所说的那样，问题只会维持原状，根本无法得到解决。预想得到真正的解决，必须从中划出一道“血口”，使问题连根拔起，让它彻底暴露出来。[②] 这种新的思考方式鞭策着我们要寻找一种新的路径与方法来回答或诠释教育技术发展过程中出现的诸多一直悬而未解的问题。当然，也正因为这些“问题”的存在才让教育技术学这门“年轻”的学科格外显得“有血有肉”。同然，我们也不能因为这些问题的存在，就对教育技术的评判只停留于旁观、说坏话、谈论褒贬等这种完全属于个人情绪反应和感觉嗜好的层次，如果这样，我们就无法从自己所处的位置真正出发，更不可能深入地去把握教育技术学科的“灵魂”，也就无法去改善或解决问题。当然，如果不“吹毛求疵”的话，对于这门仅仅有几十年发展历程的“年轻”学科，存在问题也实属正常。

---

① 徐福荫：《改革开放推动我国教育技术迅猛发展》，《教育研究》2009 年第 5 期。

② 叶澜：《思维在断裂处穿行——教育理论与教育实践关系的再探讨》，《中国教育学刊》2001 年第 4 期。

然而，问题是一种表象、更是一种结果。正如梁漱溟先生所言："尽受逼于现实问题之下，老攘于现实问题之中，是产生不出什么深刻见解思想的；还要能超其外，静心以观之，才行。"① 也就是说，我们必须抽身于教育技术研究中存在的诸多问题，要"出世"，以一种"旁观者"的角度去审视这些问题，否则是看不"清"问题本质的。对于一个研究者来说，讨论或者去评价这些问题并不是一件困难的事情，但努力试图去挖掘问题产生背后的真正原因才是研究者的真正使命。所以，本研究提出以下四个基本问题，并以此进行相关论证。

1. 中国教育技术学科面临的困境与挑战是什么?

我国教育技术学科的身份危机一直是一个大难题。就连学科的命名，如果粗略的计算已达六次之多。第一次发生在电化教育的雏形期，大约在20世纪40年代，孙明经先生在担任金陵大学电影播音专修科主任时明确表示："我们并不是提倡所谓什么'新'教育，而只是倡导利用播音进行教学的这种方式而已。"所以，这时始终用"电影播音"或"影音"一词来表示这种特殊的利用媒体进行的教学方式；第二次发生在电化教育的形成期，20世纪50年代初期，廖太初先生对电化教育这一概念提出质疑，最后将北京师范大学"电化教育馆"更改为"直观教育馆"；第三次发生在20世纪80年代早期，廖太初先生在《电化教育研究》杂志上发表《从国外名词术语的演变看"电化教育"》一文开始，从此引发了关于"电化教育"的名称的争论，讨论性的文章就有几十篇，这种讨论热潮在1984—1986年间达到了顶峰；第四次发生在20世纪90年代早期，这时主要是围绕电化教育专业课程体系的构建进行的讨论，因为这时国内已经引入了美国"教育技术"这一概念，所以，当时研究者们就究竟是用本土化发展起来的"电化教育"名称还是采用国外引进的"教育技术"的名称进行了广泛的讨论。结果，以国家教委1993年颁布的普通高等

① 梁漱溟：《中国文化要义》，上海人民出版社2013年版，第5页。

学校本科专业目录，将“电化教育专业”正式更改为“教育技术专业”而告终；第五次发生在世纪更迭时期，自从引进美国 AECT94 定义在我国教育学科中推广以来，“教育技术”已成为本领域的代名词。教育技术这一西式概念的注入确实带来了一种新的理念，拓宽了我国教育技术学人的视野，深化了我国电化教育学向教育技术学方向发展，但同时也产生了诸多问题；[①] 第六次发生在 2011 年，教育部在公布的《普通高等学校本科专业目录（修订一稿）》中，将“教育技术学”专业名称改为“教育信息技术”，由此引发了又一次广泛的大讨论，很多专家学者通过“微博”这一新媒体来发表自己的意见，可谓是有人赞同、也有人反对，最后因为各种原因依然保留了“教育技术学”这一学科称谓。[②] 当然，除此之外，我国教育技术学作为一门学科还经常被质疑有无自己的理论基础、有无专门的研究方法与有无自己独特的研究领域，等等。这些问题都是我国教育技术学科自“降生”之日起就一直讨论并尚未真正解决的问题。其实这些问题也可能是永无止境并且不会有最终答案的，正如哲学大师海德格尔认为：“有些基本问题往往是不能解决的，研究者只能不断地去理解这些问题，从而在原有问题的基础上不断地提出新问题，从而加深对问题族群的理解。”“不能解决”并不是如字面上那般简单，而是警示我们要永远走在寻找答案的道路上，而如今我国教育技术学科基本问题的阐释也许需要一种新的解读视角，这种新的解读视角就是以下的两个问题。

2. 日本教育工学的“学科”发展取向是怎样的？

与我国同样是借鉴美国教育技术发展起来的日本教育工学，却在某种程度上走出了属于自己的发展路线。正如日本教育工学会第六代会长、圣心女子大学永野和男教授所言，自教育工学（Educational

---

① 李龙：《加强史学研究，促进学科发展（一）——“教育技术史”学科初探》，《电化教育研究》2006 年第 11 期。

② 孙立会、李芒：《中国教育技术学科问题再审视》，《中国电化教育》2014 年第 11 期。

Technology）从 1964 年介绍到日本以来，把“Technology”翻译成工学而没有翻译成技术学，工学很可能会让人不自然地联想到工业或工业制品，那么教育工学就会不自然地让人联想到是研究生产机器或应用工具（机器）的学问。但是，现在经过日本教育工学专家的不懈努力，如今已不是狭隘的“工学”，而是以教育学、心理学、社会学、生理学、信息科学和建筑学等多个领域为研究基础，在互相协助的情况下创造研究成果，并形成一种“问题解决”的学术领域。① 可以说，日本的教育工学在以坂元昂先生为奠基人的学术共同体的努力下，历经几十年的发展，已经形成了一定的特色。结合日本文化论——中空构造理论②，以此来阐述日本教育工学本土化的形成过程，能为解决我国教育技术学科建设中出现的一些问题提供一种新的导引。

3. 如何理解日本教育工学在走向“学科”之路中取得的突破与进展？

基于第 2 个问题的基础上，进一步把关注点锁定在“人”上，因为一个学科的发展离不开人的推动作用，而人的思想是与其生长的环境即文化的影响分不开的。所以，在这一问题中试着提出一个国家的文化对一个学科影响的重要性以及如何在吸收与借鉴其他国家研究成果后与本国的文化相融合，以此进行属于本国特色学科发展之探索。这也正是教育技术学科在走向成熟的过程中，在倾听、领会别人的文化精神时，更重要的是保护自己的文化家园。而我国教育技术学科做到了与本土文化的紧密结合吗？老祖宗留给我们的传统，我们是否在西化的进程中一直传承着？

4. 日本教育工学给我们带来何种启示？

通过第 2、3 两个问题的探讨，我们是否可以尝试着以一种新的方式来理解与阐释第 1 个问题。所以，在这 4 个问题中，第 1 个问题

---

① 坂元昂等：《教育工学とはどんな学問か》，日本：ミネルヴァ書房，2012，第 1 页。

② 关于中空构造理论将在绪论理论基础中进行介绍。

的提出引出阐释的路径即第 2、3 两个问题，而第 4 个问题是对第 2、3 两个问题的总结，并在总结之后回答第 1 个问题。而第 4 个问题主要聚焦于中日两国教育技术同是在吸收与借鉴美国教育技术发展研究成果，两者却走向了不同的发展道路。当然，这种不同的道路之间充分彰显着各自的风采，吸收与借鉴日本教育工学的一些出色的学术品质，并反思日本教育工学发展中可能存在的一些弊端，以此理解我国教育技术学科中出现的一些重要问题起到“窗口”的作用。

（三）研究意义

教育技术学科是一栋开着无穷多窗户的房屋，不同的人从不同的窗户（不同角度、不同国家、不同的认识等）都会看到不同的风景，但正是这些不同的风景揭示着房屋的各种属性和特质，也丰富着人们对房屋的想象。[①] 而这种想象有时候就会变成一面镜子，折射出想象者对自身教育技术学术观的想象。而能提供这种想象的突破口，是一件我们长时间遗忘的事情，因为我们把大部分的精力都聚焦于教育技术的繁荣地——美国教育技术的发展研究，对其他国家的关注相对较少，所以，在近几年的反思中对日本教育工学进行研究的呼声与日高涨。

日本民族是一个“奇怪”的民族，正如美国著名文化人类学家本尼迪克特所阐述，在描绘其他民族时很多求实的研究者，不可能一边说这个民族彬彬有礼之后又紧接着补充这样一句：“但是，这个民族也很骄横与跋扈”；当他描写这个民族在为人处世上无比执拗与保守之后，不可能紧跟着再加上这句：“可是，他们也愿意调整自己，去适应极端的革新”……当他描写一个民族满怀激情地投向于西方学术时，他不会渲染他们狂热的保守主义。[②] 正是这种特质形成了日本特有的文化形式——中空构造理论，使得日本教育工学不仅仅名称上形成了自己的独有特色，在其他方面也形成了作为一门学科应有的学术

① 孙立会、李芒：《中国教育技术学科问题再审视》，《中国电化教育》2014 年第 11 期。

② ［美］露丝·本尼迪克特：《菊与刀》，北塔译，译林出版社 2011 年版，第 2 页。

品格。正如日本著名企业管理大师大前研一先生所言，“全世界优秀的企业共同之处就在于他们均具有不断吸收异己特质而进入本企业文化之中，并让这些异质不断的推动企业向更好的方向发展的本事”。①日本教育工学正是既努力吸收异质思想，又结合自己本国的特色进行改造与加工，然后以此推动教育工学逐步走向一门成熟的学科。

同是受美国教育技术学思想的影响，中日两国教育技术的发展却走向了两个不同的方向，虽然很难说哪一个方向是对的或哪一个方向是错的，但如果深入去了解日本教育工学的这种发展路径一定会给予我们极大的启发，在清楚“他者”之后，一定能让我们重新地、鲜明性地、本质性地认识一下我国教育技术学科的发展到底哪里出现了问题、出现了什么问题以及如何理解这些问题，这并不是一种无端的批评，而是在认识与理解中形成一种“省察”，希望在省察中领悟一个学科正确的发展路径与方法。所以，研究日本教育工学会给我们带来极大的、本质性的影响，归纳起来主要有二方面的意义。

第一，理论意义。理论是在实践研究中不断形成的，并且在以后的实践中又进行不断的修改、加工与完善，教育技术学科中可能不存在唯一的理论，而是不同的教育教学问题会有不同的理论指导，而这些理论又不是绝对的。目前，教育技术“刻板”式印象正在不断地被打破，一种新的教育技术观正在不断地融入教师、学生以及教育行政管理者的心中，这是教育技术研究者学术共同体共同努力的结果，但未来教育技术的发展之路究竟应走向何方，并且对过去的一些问题或疑惑应如何理解与面对，我们还是会有一些不知所措。鉴于此，本研究希望能起到窗口的作用，通过比较中日教育技术发展的一些差异，以一种新的视角去看待教育技术学科发展过程中存在的一些基本问题。梳理出日本教育工学的发展脉络，做一次史无前例的彻底“清查”，以学科整体性的发展视角将日本教育工学的概貌展现在我国教

① 大前研一：《思考的技术——思考力决定竞争力》，刘锦秀、谢育容译，中信出版社 2013 年版，第 126 页。

育技术研究者面前，使其进行一定的比照，发现日本教育工学可能作为一门学科的独特之处，这是深刻地认识与把握教育技术学科发展的过去，只有这样才能正确地预测和创造未来。另外，以文化论的视角切入，站在一门学科的发展是与一个国家的文化密不可分的视角去探察日本教育工学在吸收与借鉴美国教育技术发展思想之后进行的改进与融合，这种中空构造理论的文化品格，铸就了日本教育工学这门学科易于吸收异己并加以改造后融入本国的学术环境中。希望借此能给我国教育技术在探寻本土化与特色化过程中提供一些基本的、可行的路径与方法。

第二，实践意义。理论与实践是不可分割的一个整体。没有实践的理论是一种空想主义，没有理论的实践是无知的盲从。通过对日本教育工学的“识”与“读”，给我国教育技术学科的建设提供一种新的导引，使教育技术学科结构发生一次彻底的变革，以此形成一种学科信仰，逐步构建一种“学科力”，更好地在教育教学实践中发挥作用。简单地说，就是清楚地阐明日本教育工学研究者是如何处理学科交叉性的，又是如何从其他相关学科中汲取营养来发展教育工学以及如何确定研究对象与研究领域的，等等。以此给我国教育技术研究者看待教育技术学科在其他学科群中的地位、价值与作用提供一些导引，使这一交叉性极强的学科能合理地看待与教育学、学习心理学及技术学实践之间的关系。这对我国教育技术研究者在教育实践研究中“摆放”好自己的位置尤为重要，我们教育技术研究者必须找到自己的“地”，只有种自己的“地”才会有更好的发展，才不至于像赫尔巴特曾说过的一句话：像偏僻的被占领的区域一样受到外人治理。①总之，通过对日本教育工学发展脉络的梳理，在理解与解释日本教育工学研究者的各种学术观点后，再一次重新审视教育技术学科的本质特性，以此给我国教育技术学学科体系的构建带来一种新的思路。转

① ［德］赫尔巴特：《普通教育学讲授纲要》，李其龙译，人民教育出版社 1989 年版，第 10 页。

化思路，也许可以让我国教育技术发展找到新的出路。

二　一种觉醒：回到原点

原点具有起点和终点的双重属性，原点是根、是发轫点、是生命力的主轴。[①] 这也正如日本航空董事会名誉会长稻盛和夫先生所言："我们生活在一个被世界笼罩的时代，不可避免地会遇到各种各样的束手无策，也正因为如此，我们应该时刻提醒自己'回归原点'。"[②] 回归原点的目的，主要是看清楚我们出发的地点，澄清一些易混淆的本质性的概念，以及前辈们为之做过的一些努力与贡献。

（一）概念界定

1. 教育工学

电化教育、教育技术和教育工学是本书中出现的三个最为重要的概念。而电化教育和教育技术在我国教育技术研究者间基本通用，只不过当谈起"电化教育"时常代表我国教育技术发展的先端历史，并且很多时候我们说教育技术的问题时，常用加括号的形式即"教育技术（电化教育）"来进行说明。而教育工学是日本所固有的概念，虽然在日本也将教育工学翻译成与我国教育技术英文同样的"Educational Technology"，但深入追究这两个概念之间有很大区别，而这一点也恰是研究日本教育工学不可回避的一道"浓彩"，更是值得我们借鉴与学习的地方。所以，本研究为了保持日本教育工学的"原生态"并试图在国内教育技术研究界澄清"教育工学"与"教育技术"并非可以互相通用这一事实，凡是在文中出现"教育工学"时则明显代表我们以往所认为的日本"教育技术"。其实，早在1979年华东

① 孙立会、李芒：《日本电子教科书研究的现状及启示》，《课程·教材·教法》2013年第8期。

② 稻盛和夫、梅原猛：《对话稻盛和夫（2）：向哲学回归》，喻海翔译，东方出版社2013年版，第1页。

师范大学钟启泉教授翻译日本教育工学专家坂元昂先生的著作时，曾用了“教育工艺学”与“教育工学”这一名称与之相对应。当然，在80年代前后我国电化教育事业还刚刚起步，并且整个世界也还停留在视听传播的教育技术发展初期阶段，没有真正意义上出现“Educational Technology”这一术语，而据华南师范大学教育技术学科带头人徐晓东教授回忆，之所以钟启泉教授没有“原封不动”的从日本语中把“教育工学”直译过来，关键是怕国内产生一种“工程学”方面的误解，故而采用了“教育工艺学”这一译文，以此适应当时中国的教育学界，尤其是电化教育界。而关于“教育工学”的详细论述将在第一章着重进行，此处做一些区分只是以免产生误解。

2. 学科

“学科”一词最早见于北宋欧阳修等人所修的《新唐书》中的《儒学传序》：“自杨绾、郑余庆、郑覃以大儒辅政，议优学科，先经谊，黜进士，后文辞……”[①] 其本义为儒学的科目分类。而有关“学科”学的研究在国内可追溯至1991年陈燮君教授出版的《学科学导论》一书，此书从学科结构、学科文化背景、学科方法、学科构造、学派发展和学科发展趋势等方面进行了较为详细的论证，形成了较为系统的一门关于学科研究的学问。

其实“学科”这个词语对我们并不陌生，以至于有些时候使用起来略显泛化，并且不同的人可能对其理解也未必相同，所以有必要在本研究中厘清这个概念，以免在后续的研究中产生歧义。一般情况下，学科基本上有两种不同含义：第一，代表学术领域的分类、知识系统的分支，通常指一门科学的分支，如自然科学中的物理学、生物学与化学等或某一科学研究领域，这与汉语大辞典中的释义基本相同。[②] 第二，指科学研究院所、高等学校人才培养等功能的组合单位，是对普通高等学校教师教学、科研业务隶属范围以及学生研习知识、

① 欧阳修：《新唐书卷·198·儒学传序》，中华书局1975年版，第5637页。

② 罗凤竹：《汉语大辞典》，汉语大辞典出版社1989年版，第245页。

技能范围的相对界定。[①] 这与《辞海》中对“学科”的界定相同。[②] 当然，就第二种解释而言，教育技术学早已是一门教育学下属的二级学科，似乎关于“教育技术学科”问题的争议，早就已经不存在了。但教育技术学界还依然摇摆于“领域”与“学科”之间的争论。有人认为“领域”是一个比学科更宽泛的概念，可以指研究的领域，也可以指实践的领域。但凡可以称之为学科的都可以称为领域；但可以称为领域的不一定能称为学科。[③] 美国教育技术专家伊利也认为，“学科一词通常为那些建立多年并遵从既有范式的探究与应用领域所使用。一个学科，在定义了这一学科范围与结构的基本理念、基本原理、共有原则等方面具有一致性”。[④]

然而，追溯教育技术学界提出学科问题的是芬恩（James D. Finn）。1953 年，芬恩在《视听传播评论》创刊号中发表了一篇题为“视听领域职业化”的论文，明确提出一个研究领域能成其为一门学科的六个条件即（1）有智慧的技术；（2）在人类的实际生活中应用这个智慧的技术或方法；（3）进入这个专业之前，需要长时间的训练；（4）存在由专业人员组成的协会，他们组成一个联系紧密的团体，成员之间存在高质量的交流；（5）出台了有关专业的系列标准和职业道德规范；（6）一个有组织的理论知识体系，随着研究的进行，这个理论知识体系不断的扩展。[⑤] 而往往学界困惑的是第六个条件，也就是教育技术学是否有属于自己的独立理论体系，而这个理论体系如若按照传统的范式，首先要在复杂的事物现象中，抽象概括出反映该事物本质的核心概念，然后以核心概念作为逻辑起点，通过中间环节，逐步展开，从抽象上升为具体，形成逻辑严谨的理论体

---

① 龚放：《追问研究本意纾解“学科情结”》，《北京大学教育评论》2011 年第 10 期。

② 辞海编辑委员会：《辞海》，上海辞书出版社 1979 年版，第 66 页。

③ 汪基德：《中国教育技术学科的发展与反思》，中国社会科学出版社 2008 年版，第 6 页。

④ 焦建利：《论教育技术学的研究对象》，《中国电化教育》2005 年第 8 期。

⑤ FINN J D.，“Professionalizing theaudio-visual field”，*Audiovisual communication review* (1)，1953.

系。按这种逻辑推理，教育技术学界必须找寻到如生物学中的“细胞”、古典经济学中的“价值”、数学中的“公理”等一样的最为核心的本质概念。

其实，随着科学的转型，学科之间的界限日渐模糊，我们是否还应站在传统的学科框架中去衡量一门学问是否能真正是一门严格意义上的学科，这是需要思考的问题。这就要求我们必须树立一种新的研究对象观、研究方法观和知识体系观，不能以唯一的逻辑起点、单向度的逻辑推理来构建学科的理论体系，必须超越传统的“学科范式”，走向非线性、多元化的发展阶段。所以，笔者仅仅从与学科之间相关的研究对象、研究领域、研究方法、学术精神等方面进行日本教育工学研究，而并不是试图从一种大而全的方面进行学科的整体研究。笔者关注的问题仅仅是教育技术学科中存在的诸多问题中的几个比较典型的问题。正如塔尔玛德所说过，很多时候我们仅仅是从自己的角度出发来看待事物，而不是对事物进行客观的评价。①

（二）研究综述

在确定日本教育工学这一研究主题之后，笔者对国内关于这一主题的研究文献进行了全方位的考察，文献的主要来源主要是著作、期刊杂志、博士论文等。②

从文献的梳理以及与教育技术史研究专家对话来看，我国对日本教育工学的研究相对较少，但对教育工学的关注却很早。1979 年由华东师范大学钟启泉教授翻译出版的《教育工艺学简述》，首次将日本教育工学的研究成果介绍到国内。此时，也正是我国电化教育发展的迅猛时期，各地纷纷开始建立了电化教育馆，并且，从 1978 年开始，浙

① ［美］戴维·迈尔斯：《我们都是自己的陌生人》，沈德灿译，人民邮电出版社 2012 年版，第 120 页。

② 孙立会：《中日教育技术学术交流轨迹探寻》，《贵州师范大学学报》（社会科学版）2014 年第 1 期。

江师范大学、福建师范大学陆续在物理系内设置了电化教育研究方向。[①] 这本著作对建立我国电化教育的理论体系并加深我国对电化教育概念的理解提供了极为有利的帮助，正如现今一些教育技术专家慨叹，大部分人是看着这本著作“摸着过河”的。

这本书是日本教育工学奠基人、日本教育工学会会长、东京工业大学名誉教授坂元昂先生的大作，自翻译到国内，此著作就相当畅销，8年间进行了5次印刷，发行量高达36400册，仅从传播数量来看，这本著作对我国教育技术研究者的影响是巨大的。可以说，中国早期电化教育（教育技术）专家有一大部分是阅读与揣摩这本著作成长的，因为在国内出现有关教育技术相关的体系纲要大约是在1980年，当年9月电教局局长程光请萧树滋先生和南国农先生共同起草《电化教育大纲》，时过3年即1983年6月河北人民出版社才出版萧树滋《电化教育》一书，[②] 而日本于1971年就由大日本图书公司出版了一套八卷本[③]的教育工学讲座丛书，[④] 钟启泉教授翻译的是第一卷《现代社会的教育工学》中的一部分，所以起名为《教育工艺学简述》。所以，从时间上来看，我国电化教育形成比较系统性的理论体系至少要晚于日本12年，并且是在《现代社会的教育工学》中的一部分翻译之后的第四年才形成的。这可能与从1966年开始电化教育陷入停顿状态有关。[⑤] 而就在之后十年间日本教育工学研究取得了惊人的进步，大量的学术著作出版，例如在1971年日本国土社还出版了井上光洋的《教育工学的基

---

① 李龙：《加强史学研究，促进学科发展（一）——“教育技术史”学科初探》，《电化教育研究》2006年第11期。

② 汪基德：《中国教育技术学科的发展与反思》，中国社会科学出版社2008年版，第24页。

③ 此八卷分别为：《现代社会的教育工学》（第一卷），《教育经营与教育工学》（第二卷），《教学系统》（第三卷），《程序学习与教学机器》（第四卷），《利用机器的教育工学》（第五卷），《教育的信息工程学》（第六卷），《教育设施与环境的规划》（第七卷），《产业中的教育工学》（第八卷）；其中钟启泉教授翻译的《教育工艺学简述》是第一卷中的一部分，而不是坂元昂先生之后的《教育工学的原理和方法》。

④ 坂元昂：《教育工艺学简述》，钟启泉译，人民教育出版社1979年版，第3页。

⑤ 李龙：《加强史学研究，促进学科发展（一）——“教育技术史”学科初探》，《电化教育研究》2006年第11期。

础》，以及吸收了大量国外先进教育理念，例如西本三十二在 1961 年翻译出版了《Teaching Machines and Programmed Learning》，并将其命名为《教育工学原论》，而这本书与我国在 1964 年翻译出版的《程序教学和教学机器》有本质的不同，仅仅从译者的角度来看，西本三十二是教育工学研究者，而刘范等我国译者是心理学研究者，这足以说明这两本书在各自研究领域的不同影响，在我国直接影响的是心理学研究领域，可能间接地影响了电化教育的发展，而在日本是直接影响了教育工学的发展。所以，在日本教育工学研究者谈教育工学的历史时，经常提起卢姆斯特丹（A. A. Lumsdaine），例如，日本教育工学研究者、广岛大学教育学部武村重和教授为首于 1990 年主编的《教育工学》里大量引用了卢姆斯特丹的观点，而翻阅国内早期电化教育的相关文献这种现象是几乎找不到的。

1977 年，邓小平同志代表党中央正式同意建立中央电化教育馆。中国电化教育事业又重新燃起了“生命之火”，如火如荼地在全国各类学校和教育行政部门展开。为了能更多地吸收与借鉴其他国家的研究成果，并且此时国门已完全敞开，一大批莘莘学子去国外学习深造。其中有一部分人去了日本，之后立即把日本教育工学的一些思想尤其是关于教育工学的定义以及一些基本的发展情况介绍到国内相关的电化教育期刊杂志上，并由此带来了中日教育技术交流的黄金期。1987 年，华南师范大学邀请坂元昂先生参加广州举办的“教育理论与技术”学术研讨会并做主题报告，随后两国教育技术学术沟通变得愈加密切起来。并且 1987 年“中日教育工程”合作项目开始实施，中日教育工程项目的主要目的是学习日本微格教学的理论与实践，其中主要以日本教育工学井上光洋①教授为主，② 当时北京师范大学乌美娜教授等参与了此项目，详细交流时间如表 0 – 1 所示。从这之后，坂元昂先生曾

① 井上光洋，1942 年生，毕业于东京工业大学，坂元昂先生弟子，但因喜好酗酒，英年早逝。

② 郭友、毕晓白：《对微格教学发展的研究》，《首都师范大学》（社会科学版）1997 年第 3 期。

多次来中国进行学术交流，并且有时是自费，这体现了坂元昂先生在中日教育技术学术交流上起到了极为巨大的推动作用。2005 年 8 月，在东北师范大学举办中国教育技术协会信息技术教育专业委员会第一届大会上，日本教育工学会会长、东京工业大学赤堀侃司教授和副会长近藤勋教授表示，为了加强中日教育技术领域的学术交流，提议定期举办中日教育技术研究与发展论坛，并建议第一届论坛由广州华南师范大学教育技术研究所举办，① 至今这个论坛已先后在中日两国举行了四次，这是目前中日教育技术研究与交流最重要的一条纽带。

表 0 - 1　**中日教育技术早期交流时间**

时间	名称	代表者	合作单位	特征
1985—1989 年度	中日教育技术协作前期调查	井上光洋	北京教育学院	1977 年后的现代化政策 从电化教育到教育技术的过渡
1991—1992 年度	中日教育技术协作五年计划	井上光洋	北京市教育局	
1993—1995 年度	中日教育技术协作事业	井上光洋	北京师范大学	

资料来源：《坂元昂先生与中国教育技术学》，《现代教育技术》2017 年第 7 期。

时至今日，作为教育技术学的一名研究者，又一次翻起这些历史的资料不禁让笔者感慨万千，虽然这些资料大都是日本教育工学发展的横断面，却是为笔者能寻找到一个新的突破口提供了相当重要的指南。所以，对这些文献进行编码与梳理就显得尤为必要，这也是我们了解过去的一扇窗口，只有正确了解过去，才能正确正视现在与展望未来。

1. 坂元昂先生与《教育工艺学简述》

弗洛伊德说，没有天才就没有历史。同理，没有大师也就没有学科的发展历史和未来。② 归根结底，人是推动一个学科发展的原动力，

① 李克东：《日本 IT 新改革策略的启示——第二届中日教育技术研究与发展论坛的关注点》，《中国电化教育》2007 年第 11 期。

② 李运林、陈庆贵：《中国电化教育的理论与实践——南国农先生与中国电化教育发展》，北京大学出版社 2010 年版，第 3 页。

尤其是在一个学术领域极为有影响力的人物，他们的学术信念、学术信仰与学术品格是这个领域的“根”，更是这个领域的学术之方式、学理之方法以及未来发展之道。[①]

坂元昂[②]先生是中国教育技术学界的好朋友。坂元昂先生著作《现代社会的教育工学》是国内第一本翻译国外教育技术学类著作，对我国早期电化教育的发展产生了相当大的影响。世界在变、教育在变、人的认识也在变，教育技术这种常常挂在人们嘴边的“全新”学科也在不断的改变，[③] 但总有一些不变的东西在无形中影响着我们、指引着我们，这就是历史研究的意义与价值。虽然，坂元昂先生在辞世之前还与京都信息院大学冈本敏雄教授、圣心女子大学永野和男教授（日本教育工学会第六代会长）共同编写了《教育工学とはどんな学問か》[④] 这本新的著作，对教育工学的核心思想又进行了凝练与升华，但这其中的点滴都源于先生之前的教育工学学术观。

精简化的《教育工艺学简述》分为三部分，具体参见表0－2。从目录中可以看出日本对教育工学的研究是从教学方法的视角切入的，但教育工学作为一种研究教育的窗口又与教学论、教师教育等其他研究教育的方式有所不同，坂元昂先生是这样阐述的：广义的教育工学不仅指教学方法的研究，而且包括班级管理、学校经营、教育计划的研究在内，涵盖了在教育领域中积极地应用最新科学技术成果的一切尝试。其实，这也就把教育工学定性了，它必定要与工具“打交道”。而狭义的教育工学研究对象仅限于教学方法，它属于旨在提高

---

① 孙立会、李芒：《教育技术学之传记研究方法》，《现代远程教育研究》2013年第1期。

② 坂元昂先生于1933年3月7日出生在日本兵库县，毕业于日本著名学府东京大学，1961年获得文学博士学位，曾任教于茶水女子大学、东京工业大学等。1973年获得东京工业大学教授职位，于1992年担任东京工业大学入学中心副所长、1996年担任东京工业大学开放教育中心所长、1997年担任媒体教育中心所长、2008年开始担任日本未来（开放）大学的校长。先生是日本教育工学会第一代会长，日本教育工学的奠基人、鼻祖。遗憾的是先生于2012年3月22日2点52分因肺癌医治无效，离开了我们，享年79岁。

③ 李芒：《教育技术的学科自觉：学格论》，《电化教育研究》2012年第11期。

④ 坂元昂等：《教育工学とはどんな学問か》，日本：ミネルヴァ書房，2012。

教学方法的效率而研究并阐发引进科学技术成果的方法论领域。[①] 可见，日本教育工学与西方国家将教育技术的研究对象设定为学习过程与学习资源是有一定区别的，但那时日本的教育工学还没有完全剥离工学的一般特色，例如对客观性、可再现性、可测量性及可操作性等的追求，还停留在从工学的角度来解释教育。

但是，即便是当时的教育工学的定位是一门实践性的学问领域，坂元昂先生却没有忘记探讨其哲学根源，这种思想的认识高度在国内早期的电化教育发展中是极为罕见的，也就是说虽然教育工学主要是为教育教学中出现的问题提供一种策略，但还有比策略更重要的——“理念”，也就是中国学术研究领域常说的“形而上”。而我国教育技术研究领域里试图从“上”位的角度去阐释教育技术的哲学思考，初步考察始于 1997 年北京师范大学李芒教授在《天津电大学报》第二期发表的一篇文章——《关于教育技术的哲学思考——从技术哲学的角度论教育技术的内涵》[②]（据李芒教授回忆，这是他当时读研究生时的一个作业），由此可见我们在这一方面的研究落后于日本长达 21 年，这种落后是多么的可怕，也正因为我们过于注重形而下的研究，导致在对现实问题的研究与学科基本理论研究进步的同时，后者严重的“脆弱”，脆弱的几乎不堪一击，被“外人”治理，被“外人”管制。坂元昂先生的这种卓越的远见并不是从国外的视点思考而来，恰恰是对国外关于教育技术研究者的一种超越。因为当时埃波克（Eboch，S. C.）的《关于教育工学的哲学研究》一文指出，教育工学往往是被看成没有哲学基础的，理由是：第一，教育工学没有一个明确的综合性定义，一般是笼统地作为新技术、新想法来使用的；第二，教育工学的促进派仅仅热衷于程序学习、电视教学、数据处理等某些原则；第三，许多关于教育工学的工具概念，是快速发展起来的，还未来得及做相关的基

① 坂元昂：《教育工艺学简述》，钟启泉译，人民教育出版社 1979 年版，第 1 页。

② 李芒：《关于教育技术的哲学思考——从技术哲学的角度论教育技术的内涵》，《天津电大学报》1997 年第 2 期。

础研究；第四，由于变化过快，甚至就连当时的标准也未确定；第五，许多教育工学研究者是科学家，他们似乎认为哲学基础的研究是浪费时间和精力。基于埃波克的质疑，坂元昂先生进行了深入的思考并给予了截然不同的回应，埃波克列举的理由，虽说言之成理，但是不能武断地说教育工学没有哲学基础，从而断言说教育工学没有一个明确的定义也是不妥当的。[①] 并且，先生首次提出教育工学的哲学基础是行为科学的人类观，教育工学就是以这种行为科学的人类观为背景，运用行为科学中使用的种种研究方法与现代科学技术革新的成果，以便在提高教育效率方面发挥作用的一门科学。之所以将哲学基础锁定在“行为”上，是因为可测量、可观察、可评价，确实是近目的性的一种表现。

总之，在《教育工艺学简述》中，坂元昂先生详细地探讨了教育工学的历史发展，从中寻找到教育工学的哲学基础。并根据 Lumsdaine A. A. 在 1964 年最先提出教育工学的思想，[②] 完整而详细地定义了日本教育工学这一“日式”的概念，即教育工学是对关系到教育的所有可操作的因素加以分析、选择和控制，然后进行实验性的实际研究，以便取得最大教育效果的一门工艺科学。这些可操作的因素有教育目标、教育内容、教学目标、教学内容一类的教育信息，教材教具、教学机器一类的教育媒体，教育方法，讲授方法，教育环境，学生行为，教师行为和师生编组以及上述因素的相互关系。[③] 可以说，早期的教育工学关注教学的效率，具有浓厚的“工业色彩”，并强调各个不同元素的“关系”，以此寻求最优组合。在这一定义之后，又确定了教育工学的研究对象、研究目的、研究方法以及研究领域，并探讨了教育工学发展的一些局限和未来存在哪些契机。虽然这部翻译过来的著作仅仅有 120 页 93000 字，

① 坂元昂：《教育工艺学简述》，钟启泉译，人民教育出版社 1979 年版，第 37 页。

② Lumsdain，A. A.，“Educational Technology，Programed Learning，and Instructional Science”，In Hilgard，E. R.（ed），*Theories of Learning and Instruction*，NSSE yearbook，1964.

③ 坂元昂：《教育工艺学简述》，钟启泉译，人民教育出版社 1979 年版，第 39 页。

却深邃地道出了日本教育工学作为一门学问领域的体系构架，逻辑性之强、思想性之深、洞察性之敏锐一直都是指引我们构建中国教育技术学科体系的“字典”，虽然坂元昂先生后来的著作中又对教育工学的一些内容进行了升华与沉淀，例如坂元昂先生于1971年出版的著作《教育工学の原理と方法》（此书截至1980年2月印刷次数高达11版），但这块“钻石”依然闪烁着巨大无比的光芒，在国内很多教育技术学基本理论研究方向的博士学位论文中被引用，例如当年就读于西北师范大学的汪基德博士（汪基德博士学位论文为《中国教育技术学科的发展与反思》）。《教育工艺学简述》的影响力不仅辐射着日本教育工学的研究领域，也给我国教育技术的发展指明了方向，永不会落幕。如若想深入地探索日本教育工学的发展精髓，研读与揣测这本著作是必不可少的，它是带你走进日本教育工学领域大门的钥匙。

表0-2　**《教育工艺学》目录①**

《教育工艺学简述》目录	
第一章：教育工艺学的形成	第一节：教学方法的历史发展
	第二节：教育工艺学的发展
	第三节：教育工艺学发达的原因
第二章：教育工艺学的结构	第一节：教育工艺学的定义
	第二节：教育工艺学的研究对象
	第三节：教育工艺学的目的
	第四节：教育工艺学的研究领域
	第五节：教育工艺学的实用领域
	第六节：教育工艺学的方法
	第七节：结语

① 孙立会：《中日教育技术学术交流轨迹探寻》，《贵州师范大学学报》（社会科学版）2014年第1期。

续表

《教育工艺学简述》目录	
第三章：教育工艺学的将来	第一节：阻碍教育工艺学发展的原因
	第二节：教育工艺学的可能性与局限性
	第三节：今后的课题
附录：教育机器的功能	光学机器
	音响机器
	图像机器
	教育工艺学机器

资料来源：《教育工艺学简述》，坂元昂编，钟启泉译，1979 年。

2. 不断引入教育工学研究思想

自钟启泉教授将日本教育工学奠基人坂元昂先生的著作翻译至中国以后，着实为构建中国电化教育理论体系提供了非常大的帮助。因为在 20 世纪 70 年代美国教育技术的发展还停留在后视听教育阶段，直至 1994 年才出现 AECT94 定义，而继坂元昂先生的《教育工艺学简述》之后，在 1980 年 2 月先生又出版了《教育工学の原理と方法》①，可见在七八十年代日本教育工学的发展已经进入极为繁荣的发展阶段，甚至可以说在某一些方面的系统性已经略超出美国等一些西方国家的研究水平。这种现象引起了国内教育技术研究者的关注，所以渐渐出现了一些教育技术研究者“东渡”日本，深入日本教育工学发展的内部，更为细致地洞察了日本教育工学发展的一些我们未曾知晓的“容貌”，但是，比较遗憾的是，从国内的大量文献中统计来看，人数也是非常少的，其中有东北师范大学的董玉琦教授、北京师范大学的李芒教授、华南师范大学的徐晓东教授以及南京师范大学王珺副教授等。当然，笔者指的仅仅是对日本教育工学宏观层面研究的人，但细致到微观还是有一部分的，之所以限定对教育工学理论的

① 《教育工学の原理と方法》是坂元昂先生早期的非常系统化的关于教育工学研究的经典著作，在日本教育工学领域的影响是非常巨大的。

探讨这个议题上，是因为教育工学所涉及的面太广，甚至于我们无法说哪一类属于教育工学哪一类不属于教育工学，所以仅从这几个人的角度去管窥国内教育工学的研究现状。

1991 年 3 月初，坂元昂先生自费来沪考察中国的信息化教育，特别是计算机教育状况。期间访问了华东师范大学信息技术教育系、师大二附中和沪太新村第一小学，并在华东师范大学做了“关于世界教育信息化发展状况”的学术报告。① 并于同年 11 月 5 日受中国电化教育学会的邀请，参加了中国电化教育协会召开的学术讨论会并做了专题报告。② 正因为坂元昂先生积极努力地在中国传播自己的教育工学思想，才给我国电化教育的建设带来了很多的深远影响，激起了一批有志之士想去日本亲身见一见的愿望。

东北师范大学董玉琦教授是去日本留学之后首先将日本教育工学的一些概念引入到我国教育技术研究领域的学者，董玉琦教授 1995 年 3 月、9 月分别在《电化教育》（现今的《中国电化教育》）上发表“教育工学”和“日本教育工学研究热点扫描”两篇论文，其中第一篇是译文，这篇译文是坂元昂先生时任日本教育工学会会长时发表在日本《教育研究》杂志上的一篇文章，坂元昂先生的这篇文章在日本教育工学发展的历程中也有其特别的意义，在某种意义上这是教育工学这个领域被整个教育学大领域所接收与认可的一个开端［这篇文章的题目为“新しい教育研究の方法としての教育工学（作为新的教育研究方法的教育工学）”］③。此篇文章中有关教育工学的一些定义与钟启泉教授翻译的《教育工艺学简述》基本相同，但在这篇文献中，作者介绍了日本创刊于 1976 年的《日本教育工学论文志》，并进一步申明日本当前最为紧迫的研究课题是教育工学体系的建立、

① 沈晓敏：《坂元昂谈信息教育》，《外国教育资料》1991 年第 4 期。

② 远研：《探索电教规律加强电教研究——中国电化教育学术讨论会简述》，《中国电化教育》1991 年第 1 期。

③ 坂元昂：《新しい教育研究の方法としての教育工学》，《教育学研究》1973 年第 12 期。

包括人与媒体在内的 Communication 系统的开发与利用等，这足以说明，在日本教育工学发展的初期是非常重视基础理论研究的。早在 1968 年，在日本文部科学省科学研究细目中，新增设了教育工学这一类目，具体见表 0 - 3。[①] 此时的日本教育工学虽取得了一定的进展，但也存在一些亟待解决的问题，因为虽然作为一门学问被承认了，但在国立大学，只是设有与教育工学相关的研究中心，学科专业尚未设置，在大学院（研究生院），只有东京大学、大阪大学、东京工业大学等设有与教育工学相关的博士课程，研究生专业也尚未设置。

董玉琦教授的《日本教育工学研究热点扫描》一文，是对在 1994 年 10 月 8—10 日在日本岐阜大学（20 年后即 2014 年日本教育工学年会又在岐阜大学召开）召开的一次日本教育工学关联学会议的一些介绍，此会议中专门讨论了“教育工学怎样能够寄予新的学力观”和“信息化时代的学习环境”两个专题，并且在这次会议中还通过了“教学工学 7 条宣言”,[②③] 即

（1）以改善人类学习活动为目标的基础研究。

（2）推进以新的学力观的教育课程的开发与指导。

（3）有效地运用教育工学，积极地致力于教育实践的发展。

（4）面向新时代，谋求与信息教育的推进。

（5）推进先进信息技术的开发及其在教育领域内的应用研究。

（6）在信息技术的教育利用的政策、方针方面给予协助，推进研究开发。

（7）促进国际交流，向全世界推广研究成果。

可以说，董玉琦教授是自钟启泉教授翻译《教育工艺学简述》之后第一个较为系统地介绍日本教育工学发展情况的中国学者。后来，

---

① 坂元昂等：《教育工学とはどんな学問か》，日本：ミネルヴァ書房，2012，第 11 页。

② 董玉琦：《日本教育工学研究热点扫描》，《电化教育》1995 年第 3 期。

③ 坂元昂：《教育改革に貢献する教育工学の展開》，《日本教育工学雑誌》，（1），1996。

北京师范大学李芒教授于2000年在《比较教育研究》杂志上发表“日本现代教育技术发展特点评价”一文，总结与归纳了日本教育工学发展的六个基本特点：其一，注重学会建设；其二，积极推进信息化教育；其三，运用现代学习理论指导教育技术的实践；其四，围绕建构多媒体的学习环境，积极制定行政指导对策；其五，注重对多媒体人才的培养；其六，重视多媒体教育课程的开发。[①] 这给当时处于“美国热”中的国内教育技术研究带来了一点新的启示与思考，但并没有引起一定的“围观”，渐渐消失在研究者的视线之中。

虽然在国内对日本教育工学的研究并没有聚集成一个大团体，但是从文献的梳理情况来看，似乎也未曾长时期中断过。2000 年，日本教育工学学会为了纪念其成立 15 周年（日本教育工学学会成立于 1984 年 11 月，初期会员数量为 716 人），出版发行了《教育工学事典》，把《教育工学事典》中的相关内容介绍到国内的是南京师范大学王珺副教授，她在 2002 年 3 月《中国电化教育》期刊上发表“日本教育技术学发展综述”一文，探讨了日本教育工学几十年发展历程中最后确定的十个研究领域，分别为认知领域、媒介领域、计算机应用、数据分析、网络领域、教学研究领域、教师教育研究领域、信息教育领域、教学设计与教育技术学一般理论（关于这十个领域的具体内容将在本研究的最后一部分着重介绍）。

虽然与关注于美国教育技术的发展相比，当时国内对日本教育工学研究领域的关注是微弱的。但这“星星之火”也可以引起“燎原之势”。之后，虽再没有相关的文献对日本教育工学进行过系统的介绍，但以“中日教育技术研究与发展”论坛为契机，又一次点燃了这微弱的“火苗”，这为加强两国的教育技术学术交流发展、增进相互了解建立了纽带，得以将这条主线继续向更深、更广的方向延伸。

① 李芒：《日本现代教育技术发展特点评价》，《比较教育研究》2000 年第 1 期。

表 0－3　　日本文部科学省科学研究类目（部分）

系	分野	分科	細目名	細目番号	備考
総合・新領域系	総合領域	情報学	情報学基礎	1001	
			ソフトウエア	1002	
			計算機システム・ネットワーク	1003	A
					B
			メディア情報学・データベース	1004	A
					B
			……		
		……			
		科学教育・教育工学	科学教育	1601	※
			教育工学	1602	※
		科学社会学・科学技術史	科学社会学・科学技術史	1701	
		文化財科学	文化財科学	1801	
		地理学	地理学	1901	

资料来源：坂元昂：《日本における教育工学創設期の状況：日本教育工学会設立の経緯》，《日本教育工学雜誌》2003 年第 1 期。

3. 中日教育技术研究与发展论坛

与探讨日本教育工学的“本源”相比，对日本教育工学的实践性探索还是相当丰富的，而这主要以中日教育技术研究与发展论坛为突破口。中日教育技术领域的交流与合作时间久远。在我国电化教育起步初期，日本这位与中国近邻的好友曾对我们帮助不少，给新一代的电化教育研究者培训，培训内容包括介绍日本教育工学的理论、教育电视节目制作、微格教学的设计等。后来，以 2005 年 8 月在东北师范大学举办的中国教育技术协会信息技术教育专业委员会为契机，坂元昂先生提议定期举办中日教育技术研究与发展论坛。由此，于 2005 年 11 月第一届中日教育技术研究与发展论坛在中国广州华南师范大学举行，当时日本有 19 名专家和博士生参加了此次论坛活动。①

① 李克东：《日本 IT 新改革策略的启示——第二届中日教育技术研究与发展论坛的关注点》，《中国电化教育》2007 年第 11 期。

第二届于2007年6月在日本大阪关西大学举行，至今已经连续举办了四次，第四次于2012年6月在日本奈良教育大学举行，本应该是2011年，但由于当时日本发生地震，所以推迟了一年。这是目前中日关于教育技术沟通与交流的最有力的平台，也是能得以让我们了解日本教育工学发展的一个独特的窗口，更是坂元昂下先生留给我们的最好“礼物”。

通过中日教育技术研究与发展论坛，让我们深刻了解到日本教育工学研究领域的一些现状，例如在教育信息化方面有研究者通过对日本的教育管理体制与信息化发展概况、日本教育信息化的主要政策与发展状况的分析，归纳了日本教育信息化的发展机制，以期对我国教育信息化的健康发展有所借鉴；① 信息技术教育方面，东北师范大学董玉琦教授全面介绍了日本中小学信息教育的提出及其发展历程、日本中小学实施信息教育的体系框架等；② 在ICT活用指导力方面，日本为了加强小学教师ICT活用指导力和提高小学生学习效率，ICT教师培训得到了很大的发展，通过对日本小学教师ICT活用指导力的分析，吸取其中的优点，为我国小学教师ICT研修提供帮助，③ 等等，在日本教育工学的实践领域进行相关探讨的学者是比较多的，也有一些学者在日本教育工学专家的指导下获得了教育工学的博士学位，例如东北师范大学的张海博士（毕业于日本大阪大学，导师为前迫孝宪教授）。

从实践领域中获得的一些理解，无形之中都会给我们带来一种对教育技术实践领域的独特理解，对于未来构建我国教育技术学科体系起到了一定的促进作用。但由于研究者本身“学科视点”的复杂性，导致摄取的面较为松散，从而无法真正总结出日本教育工学研究的一

---

① 张建武、赵国庆、张榕玲：《日本教育信息化发展机制研究》，《电化教育研究》2011年第2期。

② 董玉琦：《信息教育课程设计原理：要因与取向》，博士学位论文，东北师范大学，2013年。

③ 孙立会、李芒：《日本小学教师ICT活用指导力研究及启示——基于日本文部科学省〈小学学习指导纲要说明〉的统计分析》，《中国电化教育》2013年第4期。

些特色，以至于无法为我国教育技术学科寻求一个特定的“领地”提供线索。

4. 文献小结

通过上述的文献梳理，大致可以看出我国对日本教育工学的研究主要还是集中于它的实践领域，而对它的形成过程、本土化发展以及未来的发展走向等探讨的还比较少，并明显的从八九十年代之后出现了“断档”，这不得不让我们思考，教育技术这个研究领域对理论研究的匮乏和研究主体意识的缺失。回溯中国电化教育百年，在我国电化教育发展的历史长河中，日本教育工学的研究者给了我们很多帮助，两国之间的学术交流在双方共同的努力下从未中断过。这些都是前辈们留下的重要“足迹”，给笔者的研究奠定了一定的基础。

众所周知，教育技术这一名词术语起源于现代传播媒体的运用。而在当时的世界各个国家中，美国是将幻灯、电视等新媒体积极应用于教育教学领域的先驱。所以，大部分国家教育技术的发展都或多或少，甚至可以说是几乎完全受影响于或依赖于美国教育技术思想的发展。我国教育技术学科的发展也得益于一些专家、学者对美国教育技术研究成果的借鉴与吸纳，可以说没有对美国教育技术发展过程中一些“完成品”的介绍，也就几乎没有现今我国朝气蓬勃的教育技术学科体系。但是，大量“完成品”的引进也促使了一些问题的发生，因为国家的文化不同，导致了一些“完成品”无法很好地适应我国的“土壤”，“离根离土”的现象比较严重。所以，这么多年以来，这些研究成果并未达到研究者们预期的目标，因为在今天我们还没有真正意义上形成我国自己的教育技术学术观，形成本国的教育技术文化，中国的教育技术却缺少“中国元素”，没有自己的风格。一个最为明显的现象是，当我们的学生甚至是我们的教师被问及什么是教育技术时，他（她）们还会“朗朗上口”地把美国 AECT94 或者 AECT05 定义说出来，这是我们学习美国教育技术的真实效果，但却不是我们真正想要的效果，这是何种的“悲哀”与“无奈”。正如李艺教授所言：“教育技术在走向成熟的过程中，在倾听、领会别人的文化精神时，更重要的是守护自己的文化家园，以本土问题为先导，借鉴先进国家学者的研究，建构本土的概念框架和理论路线。唯有此，才能既更加有效指导本国实践，又在国际学术舞台上进行平等而有尊严的对话”。[①]

在某种意义上说，我国教育技术的发展是得益于日本教育工学的，尤其是日本教育工学奠基人坂元昂先生的著作——《教育工艺学简述》，这本著作对我们早期电化教育从业人员的影响是至关重大的。然而，我国教育技术从20世纪80年代以来，特别是决心放弃“电化教育”这一真正能代表中国特色的名称时开始，就完全将目光转移到对美国教育技术的研究，不断“翻炒”美国教育技术与传播协会（AECT）的定义，喊着特色化与本土化的口号却未曾将其“落地”，使我国教育技术学科的发展彻底的“离根离土”。其结果是，这个学术共同体越想实现学科的本土化和特色化发展，反而学术共同体之间的“不可通约性”[②]就愈加明显，正如一位教育技术学者曾感慨，为什么我们都是教育技术领域里面的研究者，可我们却又看不懂彼此之间的研究。归根结底，产生这样问题的主要原因是我们还不清楚教育技术学到底或应该是一门什么样的学问。当然，能给这个问题一个令所有人均满意的答案也是非常困难的，也可以说是不可能的。这也是人文社会科学研究领域的一个特点，不存在唯一，只存在差异和影响。

据此，在我国教育技术学科面临困境与挑战之时，也正是我们需要梳理日本教育工学发展轨迹与本土化创新过程的契机。以此能给未来教育技术学科发展提供一些独特的路径与方法。

---

① 李艺：《谈教育技术研究中文化传承、理论溯源和学派精神的缺失》，《电化教育研究》2012年第4期。

② 库恩于1962年出版的《科学革命的结构》一书中首次提出不可通约性这一概念。不可通约本来是数学中的一个概念，库恩借用过来，以此来描述相继的科学理论新旧范式之间的不可通约。教育技术研究领域中不可通约性极为严重，学派与学派之间没有共同性，人与人之间没有可互相理解的学术话语交流。

三　学理追寻：理论与设计

（一）理论基础

1. 学科结构演进理论

结构是一切事物所固有的机构属性的本质概括，是事物的内部构造和事物间或系统内诸要素相互联系、相互作用所形成的结合方式、组织方式。学科结构是学科的知识纤维、理论板块、学科体系发展演进而形成的有机构成，是学科内在逻辑的集中反映，学科时代精神的构造性体现，学科空间分布和时态变换的结合方式的选择。一门学科的基本结构无外乎是理论、方法与实践之间的各种关联，以此衍生出原理、学格、流派、特征与属性，等等。

学科，其实也可以看成是知识的本体，只不过今天我们所提到的“学科”与“学科”本身意义差距甚远而已。学科的发展有其一定的规律性，这种规律反映了学科结构现象的本质，是贯穿于纷繁复杂的学科现象中的普遍的、必然的联系。学科结构的各种运动形式和各个方面在诸规律的多种形式、多层复合下展开结构演进过程。[①] 这不仅仅包括学科机构内部结构的变化，亦包括学科外部的“刺激”与“渗透”。

然而，一门学科是一门领域成熟之后所形成的历史结果，从其中概括出一门学科应具备的几个必要条件也是理所当然之事，但这几条机理并不能成为度量日后新兴学科论证的条框，否则“学科”就是一个“死”的概念了，更会成为限制我们发展学问的恶疾。纵观世界文明的形成过程，一旦几个核心领域的学科形成之后，就会在这些学科与学科之间进行交叉性“繁衍”，以至于形成今天错综复杂的多学科系统，这也是时代召唤的必然结果。但是，后来所形成之学科将完全没有初期学科诞生之初那般“完美无瑕”，因为此时的学科大都

① 陈燮君：《学科学导论——学科发展理论探索》，上海三联书店 1991 年版，第 15 页。

是接受一些现成的理论、方法与技术而进行在某一领域的具体改造，我们可以大致归纳从学科演化的基本模式到新兴学科形成的特殊模式之间的区别，如图 0－1 所示。也就是说，一门学科要独立于学科之林，既要对已有的常规结构进行“超常”建构，又要向新的常规结构过渡而去。①

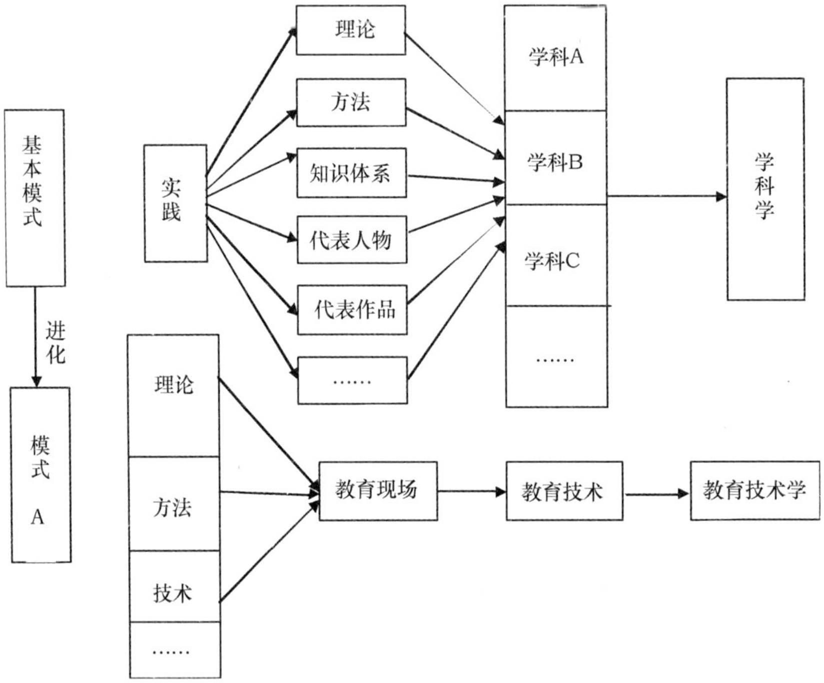

图 0－1　学科演化的基本模式

资料来源：作者根据资料绘制。

2. 日本文化论 · 中空构造理论

文化，这个词语是一个非常大的概念。它与“力”“分子”和“商品”等大家的理解都相同或趋近于相同的概念不一样。虽然随着历史的变迁和社会的发展，人们的生活观念和思维方式都在发生变化，但

① 陈燮君：《学科超常结构与学科结构体系》，《江西社会科学》1990 年第 6 期。

由来已久形成的文化是具有一定恒定不变性的，它是根植于这个民族固有的，也是原生态的东西，[1] 影响着人，又受人的影响而进化。

日本人和日本文化的独特性一直是文化论上的热门话题，很多情况下，大家都轻蔑日本文化，以为日本古代模仿中国，现代模仿西洋。当然，这也是一个事实，尤其是日本语言中的“平假名”都完全“临摹”中国的汉字，但是，日本文化在经过一番吸收与借鉴之后，以惊人的速度成为了他们自己的东西，就如同罗马文明出于希腊而自成一家（或者日本的成功还过于罗马）。[2]

日本文化这种独特的文化形式，孕育了日本人很多“奇特”的理念和“无法理解”的思维模式。其中的主要体现在于日本文化所具有的非常强大的包容性和改造力，而这种包容力就是日本文化的“中空结构”，这种中空结构的文化形式，最明显的特征就是易于吸收世界上各种文明，并加以改造使其他国家的文明融入日本人的“血液”，渐渐地使这种异文化趋于日本化，这种惊人的“内化”是让所有人都看不到“痕迹”的，以至于获得一种“平均”，而不是过度的西化甚至中国化影响国家的本土文化。其变化过程可从图 0－2 中直观地展现出来。

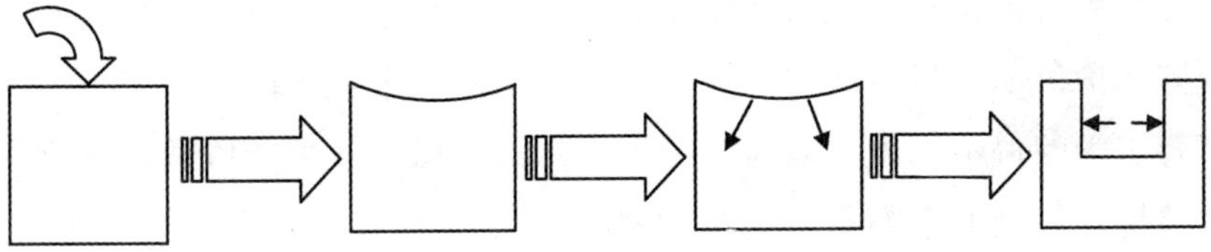

图 0－2　中空结构理论形成的过程变化

资料来源：作者根据资料绘制。

“中空构造”理论是日本心理学家河合隼雄研究考察《古事记》神话的万神殿结构，于 1980 年提出的，该理论指出支撑着日本人思

① 杨伟：《日本文化论》，重庆出版社 2008 年版，第 1 页。

② 同上。

想、宗教、社会构造的原型不同于西欧的中心统合结构，而是一种中空·均衡结构。[①] 作为日本从深层心理学角度剖析自身文化原型的第一次尝试，该理论一经提出便在日本引发了一场轩然大波，引起学界各方的重视。该理论不仅为日本的研究工作提供了一个全新的视角，同时也为其他学科的研究注入了一股新的活力。[②] 河合隼雄认为，当日本中空结构的中空性作为一种充满活力的东西而存在时，即处于既是“无”却又是“有”的状态时，就会卓有成效，而如果真的变成“无”，那么，其整个体系就会变得脆弱无比。而一旦察觉到这后一种情况，理所当然地谁都会希望出现一个强有力的中心。也可以说，中空的状态本身就形成了容易接受某个东西侵入中心的结构。这也正是维持中空结构的困难之处。[③] 换句话说，中空结构的不稳定感，容易让人情不自禁地想把某种东西塞进中心，使其成为统合一切的中心价值。但也正因为这种中空结构，卓有成效地推动了日本社会的发展和进步，但如今随着国家间交流的频繁和深入，增加了与西洋文明接触的机会，使西洋的思想早已深入这种中空文化里，最后变成最具日本特色的文化，这也许就是中空结构的最神奇之处。

我相信，我们所探求的许多问题的答案都隐藏于日本文化的种种规则和价值中，只有从这种中空文化的结构入手，才能真正了解日本教育工学的根本思想，因为教育工学专家的思想不可能脱离本国文化的情境。如果追本溯源，我国“教育”一词都是从日本转译过来的，所以，“教育”这个词语在我国是一个译名，在20世纪初的时候，中国的知识分子从日本翻译西方的教育著作时，才用了“教育”“教育学”这两个词。[④] 可见，中日文化的相似性，给了我国教育学科的发

① 杨伟：《日本文化论》，重庆出版社2008年版，第34页。

② 周娜娜：《日本文化中的中空结构——以日本思想、宗教、社会构造为中心》，硕士学位论文，辽宁大学，2012年。

③ 杨伟：《日本文化论》，重庆出版社2008年版，第46页。

④ 石中英：《教育学的文化性格》，山西教育出版社2007年版，第8页。

展很大启发。

3. 元理论

关于“元”的问题，并不是一个新鲜的词语，例如有“元数学”“元逻辑学”“元教育学”“元哲学”等。“元”的西文为“meta”，意即“……之后”“超越”。[①] 具体说来，又可分为两层含义：第一层含义指这种逻辑形式具有超验、思辨的性质。这源于“Metaphysics”一词，据相关考证最早是相关人员在编辑整理亚里士多德著作时，首次运用Metaphysics，作为亚里士多德《物理学》（*physics*）之后著作的名称。这一词探讨的是超经验的世界本体的终极原理，这与我国关于“道”的学问非常接近，所以在国内将“Metaphysics”翻译为“形而上学”，代表的是一种思辨的哲学，充满了极强的思辨色彩；第二层含义指一种新的更高级的逻辑形式，将以一种批判的态度来审视原来学科的性质、结构和其他种种表现，这以元数学（metamathematics）和元逻辑学（metalogic）为先。[②]“元”往往指的是上一层的东西，而这里面的“上”不是空间意义上的，而是逻辑意义上的，是对相应内容的理解意义上的，主要是指前提、预设和根据。因此元研究，也就是前提性研究。而“上（transcending）”也是“后（after）”，但这不是时间顺序的先后，而主要指事后的反思或后思，即德文的“nachdenken”，在这意义上，元研究是反思性的或后思性的，是对相应的理论、学说或一个领域发展过程的一种自我反省、自我认识。

所有学科的元理论都是相应学科的前提性考察和自我认识。当我们用一种理论——元理论——来审视另一种理论——原来学科的理论时，要注意的是这是两种不同的语言陈述方式。原来学科是以现象领域为研究对象的，它是对现象进行陈述，是有关经验事实的语言；而我们以学科或一门学问领域为对象时，需对对象语言进行分析，所作

---

① 唐莹、瞿葆奎：《元理论与元教育学引论》，《华东师范大学学报》（教育科学版）1995年第1期。

② 唐莹：《元教育学》，人民教育出版社2002年版，第13页。

出的是有关语言的陈述，是有关语言的语言，但也应清楚，并非一切元语言陈述都是一种元理论。[①]

元理论的相关研究起源于西方国家，作为超越某门学问领域的上层性反思学问，所反思的前提预设或上层内容包括两方面。一是“某某学”所研究的内容的前提预设；二是整个“某某学”本身作为一门学问的前提预设。本研究中所采取的是第一种形式的元理论，主要是“对有关的理论或学问所研究内容的上一层次的考察”，[②] 试图回答“为什么”或“何以可能”之类的问题。

元理论的基本任务是考察理论的论证。希尔伯特曾经把他的“元数学”称之为“证明论”，即关于数学证明的理论，或者说是以数学证明为研究的理论。元理论把关于对象理论的各种理论特性的研究，归约为对其理论论证的正当性和有效性的精细研究。全面地来看，元理论的任务包括：考察对象理论的论证结构，基本概念和基本原理的构成方式，定义和证明方法，分析和揭示理论论证所依赖的各种前提，特别是那些在理论中未明言的隐蔽前提，使理论同时代背景知识和整个精神面貌的联系明朗化，进而阐明对象理论同它们所反映的现实的关系，判明其反映现实的可靠性、可能性和限度，预示理论发展的趋势、前景和规律性。[③]

每一门学问领域都有解释世界和变革世界的作用。[④] 尤其是可以提供一种“怎样做”的教育技术学研究领域，对教育理论与实践中面临的各种各样的问题进行解释并提供一定的操作方法。就在这种可操作性极强的学问领域背后，隐蔽着一个可怕的问题——行动与反思不成比例——需要元理论进行上位的考察。在本研究中通过元理论这样一种独特的视角对日本教育工学的整个学术领域进行一种省察，省

① 唐莹、瞿葆奎：《元理论与元教育学引论》，《华东师范大学学报》（教育科学版）1995 年第 1 期。

② 刘永富：《元哲学自身的两个元问题：“怎么才算”与“何以可能”》，《学术月刊》2009 年第 2 期。

③ 李振伦：《元理论与元哲学》，《河北学刊》1996 年第 6 期。

④ 孔易人：《哲学的元理论性质》，《浙江社会科学》2000 年第 7 期。

察的根本目的是为解决目前我国教育技术学科发展过程中面临的诸多问题提供一种参考式的答案，使我国教育技术研究主体有一种自觉，加强“自我意识”以及超越过去和现在的一些“刻板印象”。

另外，以元理论作为一种基本的理论基础对日本教育工学的学术品格进行考察的好处是，元理论是对整个学问领域的整体性反思，而不是对某一具体理论内容的反思。当然，仅仅说反思，还不能彻底地表达出元理论的奥妙。元理论需要暂时性地抛开具体的内容，但具体内容已经沉淀在形式之中。①

但是，我们不能由此对元理论产生这样一种误解，即只要是对理论的反思或研究都可划归为元理论的范畴。这样似乎元理论就无处不在了，因为没有哪个理论研究不是建立在前人或他人研究成果的基础上的。这种泛化，正好略去了元理论研究“形式化”的特点，也就略去了它不关注理论的实质内容的特点。这是对元理论的意义的致命打击，使元理论独具的魅力消失在人们的“不过如此”“早已有之”的感叹之中。

（二）研究方法

本研究如果按照目前教育领域的研究框架，应属比较教育范畴。而比较教育在某种意义上也仅仅是看待教育问题的一种视角即方法。所以，在比较教育研究领域中并不存在唯一的研究方法，而是不断地出现多种多样、各不相同的研究取向。② 方法与目的不可分割，但最终都是促进研究者对问题的理解。

1. 文献法

文献，指记录有知识的一切载体，可以是已发表过的、或虽未发表但已被整理、报道过的那些文本。文献对于科学研究来说是至关重要的，它将贯穿于研究的整个过程。文献大致可以分为一次文献、二

---

① 唐莹：《元教育学》，人民教育出版社 2002 年版，第 21 页。

② ［英］贝磊等：《比较教育研究：路径与方法》，李梅译，北京大学出版社 2010 年版，第 4 页。

次文献和三次文献等，而在研究过程中获得一次文献是非常重要的，一旦不是一次文献，就很有可能会被研究者进行过或多或少的主观加工，尤其是对一门学问领域的历史探察，如果不是从一次文献入手进行搜集、编码、整理与解释，那研究的价值是可想而知的。所谓一次文献也称原始文献，一般指直接记录事件经过、研究成果、新知识、新技术的专著、论文和调查报告等文献。

本研究的选题依据，就是查阅了大量的国内教育学期刊相关文献，发现关于“教育技术学到底是一门什么样的学问”这个问题，学界一直都在关注，很多专家、学者都在探讨教育技术学到底有没有理论、到底有没有自己的研究方法、理论与实践之间的关系、实践来自于哪里、应该如何在教育技术视域下进行教育实践的研究，等等。而往往对这些问题的回答我们都是将大部分的精力集中于西方国家教育技术学科的发展思想，当然，正如王国维先生所说：“学问之事，本无中西。”[①] 在中外学术文化交往日趋频繁、互相推助的现在，要纵览世界，而不能趋于某一个国家的发展所长。在我国教育技术研究领域，在近几年借鉴于日本建设道路的比较少，而日本的文化可谓是与中国息息相关，两国人的认识也最大限度的存在一定的相似性，所以，通过研究近邻日本教育工学的发展路线，以此去探讨教育技术学到底是一门什么样的学问就显得极为有必要。

另外，文献法的最重要一步就是获取文献。正如我国著名学者、国学大师季羡林先生所言：“搜集资料必须有竭泽而渔的气魄。”[②] 在对日本教育工学研究时，搜集与整理日本教育工学的文献也是必不可少的，但如何才能“竭泽而渔”是相当困难的一件事情，毕竟国内对日本教育工学的研究的确是太少了，欲想找到一个突破口都比较困难。本研究采取的是滚雪球的方式，因为研究中立足于“人”，所以从一些大家比较熟知的教育工学专家为突破口，从他们的著作中寻找

① ［美］朱丽·汤普森·克莱恩：《跨越边界——知识、学科、学科互涉》，姜智芹译，南京大学出版社 2005 年版，第 1 页。

② 季羡林：《学问之道》，沈阳出版社 2001 年版，第 352 页。

契机，并将其著作中的参考文献也作为一个窗口，以此类推，将文献搜集得越来越多，越来越精准，并结合日本教育工学相关的学会，例如日本教育工学会、日本教育工学振兴会、日本教育方法学会等，搜集一些学会会议资料或论文集，做到围绕既定的研究问题对文献的获取“滴水不漏”。

2．历史研究法

任何事物的发展都有自身的历史，并且是作为一个过程展开的，要认识现实就必须了解历史，因此历史研究法早就成为人们进行科学认识的一种方法。[①] 阐述历史研究法之前还应先知道何为历史。历史有两种定义，一种就是人类过去的活动、另一种就是人类过去活动的记载。现在科学上所谓的历史，当然专指第一种人类过去的活动而言，并不是历史的著作，或历史的书籍。所以，清楚历史定义之后，历史研究方法主要是借助于对相关社会历史过程的史料进行分析、破译和整理，以认识研究对象的过去、研究现在和预测未来的一种研究方法，这种方法实质在于探求研究对象本身的发展过程和人类认识该事物的历史发展过程，而不是单纯地描述具体的历史事件或历史人物。[②]

而本研究中通过历史研究法了解日本教育工学发展的背景和发生的过程，通过对日本教育工学相关资料进行分析、破译和整理，来认识教育工学的过去，从而为研究现在和预测将来提供事实依据。但是历史研究方法绝不仅仅是对史料的一种堆积或罗列，而真正的意义在于探究研究对象本身的发展过程和人类认识该事物的历史发展过程，从这些“思想的过程”中归纳整理出“过程的思想”。

3．访谈研究法

访谈，就是研究性交谈，是以口头形式，根据被询问者的答复收集客观的、不带偏见的事实材料，以准确地说明样本所要代表的总体

① 裴娣娜：《教育研究方法导论》，安徽教育出版社 1995 年版，第 135 页。

② 同上书，第 136 页。

的一种方式。根据访谈的类型，有正式性和非正式性、个别和集体等。[①] 具体来说，访谈法（interview）是指是通过访员和受访人面对面地交谈来了解受访人的心理和行为的心理学基本研究方法。因研究问题的性质、目的或对象的不同，访谈法具有不同的形式。根据访谈进程的标准化程度，可将它分为结构型访谈和非结构型访谈。

本研究中为了进一步挖掘日本教育工学本土化的形成过程以及日本研究者是如何处理吸收与借鉴国外教育技术思想的过程，选取一些知名专家进行即时或非即时（主要以邮件形式）的形式进行访谈，以此来解决资料提炼时可能遇到的一些无法真正理解的问题。

4. 比较研究法

比较方法，最早可归属于19世纪穆勒在《逻辑学体系》中提出的四种归纳逻辑：求同法、差异法、共变法和剩余法。穆勒明确指出差异法是四种方法中最重要的方法，差异也就是目前我们常说的比较。[②] 比较（Comparative）一词的意思是，根据一定的标准，把彼此有某些联系的事物放在一起进行考察，寻找其异同，以把握研究对象所特有的质的规定性。比较研究是确定对象间异同的一种逻辑思维方法，也是一种具体的研究方法。[③]

本研究中的比较，涵盖了纵向与横向两种比较方式。通过纵向比较，比较教育技术学这门学问领域在不同时期或在不同国家同一时期的发展变化。世界并不是一成不变的事物的集合体，而是过程的集合体。按照日本教育工学发展的时间序列的纵断面展开，从日本教育工学发展的内部变化过程来探讨这门学问领域发展变化的规律，以此探讨存在于这门学问领域之中的“理”，“天下之物，莫不有理”。[④] 通过横向的比较，对中日教育技术研究领域中共同存在的现象进行比

---

① 裴娣娜：《教育研究方法导论》，安徽教育出版社1995年版，第180页。

② 刘青峰、金观涛：《论社会研究中的比较方法》，《自然辩证法研究》1989年第3期。

③ 裴娣娜：《教育研究方法导论》，安徽教育出版社1995年版，第223页。

④ 冯友兰：《南渡集》，生活·读书·新知三联书店2007年版，第8页。

较，每一个事物都不是孤立的，所以通过彼此之间关系的比较认识事物的本质，从事物的相对静止中研究事物的异同，并分析其原因。所以，在研究的过程中是综合、立体、交叉地进行比较分析后进行背后原因的解释。

并且，比较研究常常和历史研究结合使用，帮助我们从现实问题入手，追溯事物发展的历史渊源并研究事物发展的过程和规律。当然，科学的比较不能仅仅限于对不同对象的罗列或堆砌，最重要的还是思考如何在各种现象之中找出产生此现象的真正原因。我们要求的是能看出异中之同和同中之异。还要克服主观的片面性，仅从研究者的喜好去挖掘某一点不同而进行的一些阐述是非科学的。

总之，在整个研究过程中，文献研究法、历史研究法和比较研究法是交叉性推进问题的研究，使其不断地深入与发展，没有文献研究的全面、扎实，就不可能梳理出正确的历史发展脉络，而明确历史的发展年代顺序并不是研究的最终目的，而是结合研究者的视角在历史中进行比较，在比较中找到可能对未来我国教育技术发展有所促进的生长点。访谈法主要是为了能进一步深入具体的研究情境中并能为观点的提炼以及历史的了解提供一种类似于“检验”性的作用。

（三）研究路线

本研究从中日教育技术的差异这个大问题出发，对日本教育工学的整体的考察与梳理仅仅是第一层次即事实判断，更重要的是第二层次认识判断，甚至第三层次的价值判断，而在第二和第三层次必须融入一种新的理论观——元理论，进行反思，以期对我国教育技术的发展有所促进。而在整个过程中所使用的研究方法——文献研究、历史研究、比较研究和访谈法，相互交叉性推进研究过程，在文献研究中获得历史的发展、在历史的发展中进行横向与纵向的双重比较，并通过访谈进行“校验”，具体操作性过程如图 0 – 3 所示。

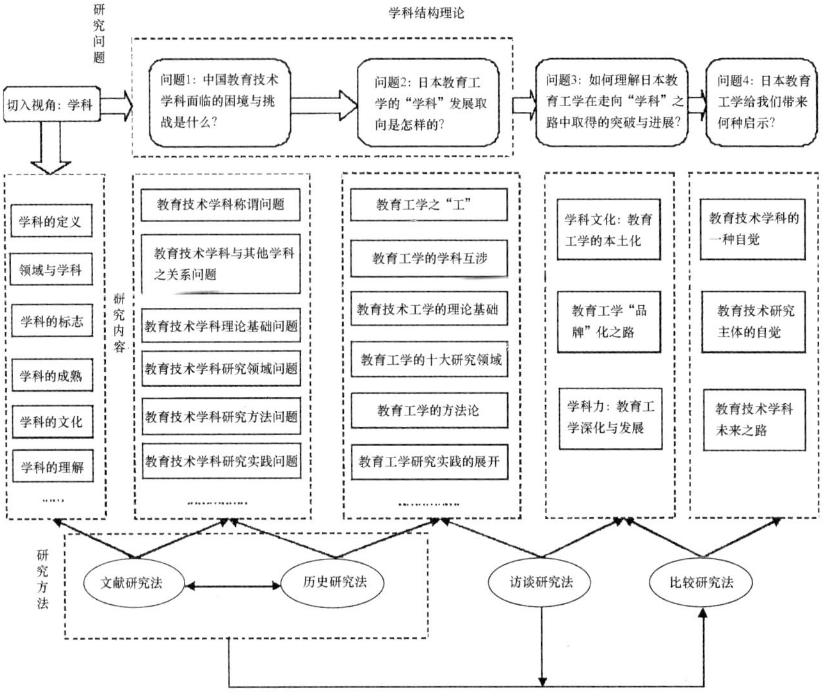

图 0－3　研究过程路线

资料来源：作者根据资料绘制。

四　转换思维：中日比较的再尝试

（一）研究目标

贝弗里奇曾说过："如果研究的对象是一个仍在不断发展的学科，或是一个新的问题，或问题虽已解决但却是一种新的看法，这时对学科内行的人最有利。"教育技术就是一门多学科交叉而形成的、仍在不断发展与完善的新兴学科，其中有很多新的尚未解决的问题，也有一些虽进行过多次解决但并未达成统一理解的问题，这时就需要一种新的理解与探讨方式，而对日本教育工学的考察不失为一种能重新认识我国教育技术学科的手段，并且中日教育技术学科交流具有深远的历史，文化具有一定的共性。故此，本研究通过对日本教育工学发展的历史、研究对象、理论基础、研究方法、实践领域等与国内教育技术学科建设关系最为重要的几个基本问题进行探查，以此通过“他者”来反观自我，脱离自我再回到自我，获得一种新的体验和理解，从而认识到自身很多东西并非是自然合理的，避免身在“庐山”而不识“庐山”，对那些日用而不知的东西的拷问最后实现对自我的重新认识与改进。使其在未来的教育技术研究的吸收与借鉴之中，注重文化的差异，并在追求本土化的进程中不要忘记我们的“根”。

（二）研究可能的创新之处

1. 对日本教育工学进行一次彻底的、全面的梳理，提出文化论对学科本土化的影响。

虽然，我国对日本教育工学的关注比较早，但却从未进行过细致的历史性梳理。近年，随着教育技术学科反思不断加强，又一次引起了对日本教育工学的关注。所以，对日本教育工学进行一次彻底的全面的梳理，使其研究成果成为我们认识与了解日本教育工学这门“学科”的窗口，全方位解读日本教育工学之“工”的由来，破解教育工学与《天工开物》之间的关系，并且提出教育技术学科本土化的进程中必须要结合本国的文化，否则“离根离土”的现象是必然的。

2. 通过中日教育技术学科的比较，以一种新的视角重新理解教育技术成为一门应然学科之可能。

在教育技术研究视域下进行有关学科论证时，每每都会提及芬恩或者伊利对学科的限定条件，然后僵硬、死板的去套，以至于不满足其中的任何一个条件就说明教育技术不能被称为一门学科而只能是一个研究领域，未来的一切都在变化之中。但是在现代科学的转型下，我们不能用传统的、封闭的学科思想框架去判别一门学科之可能，要超越限定学科必须有一个客观的、独特的研究对象，唯一独特的研究方法，线性单向度的知识体系等这种固有的模式框架去理解“学科”，并且也要严格区分应然学科与成熟学科之间的界限，如果我们不清楚这之间的界限，势必会用判断成熟学科的标准去判断一个领域是否能被称为应然学科，这显然是不可行的。

3. 通过中、日、美三国教育技术学科比较，试着提出教育技术学科未来发展应该坚定的几个基本方向。

通过对日本教育工学“学科”结构演进的探查，以此省察我国教育技术学科发展之现状，重点将对如何构建教育技术学科的理论基础、如何处理教育技术学与其他学科领域之间的关系、如何找寻到真正属于自己学术领域的研究、如何吸收与借鉴西方国家的研究成果并合理地将其本土化等有关学科建设的几个重要方面给予一定的导引。通过探查对教育技术学科结构的演进过程，寻找教育技术学科结构现象的本质，试图在学科结构的各种运动形式和各个方面在诸规律的多种形式、多层复合下展开的结构演进过程中寻找到一种力量——“学科力”。并在最后试着提出中国教育技术学未来发展应坚持的几个发展方向：①教育技术学是一门工具之学；②教育技术学是一门方法之学；③教育技术学是一门行为之学；④教育技术学是一门实践之学；⑤教育技术学是一门人文之学；⑥教育技术学是一门空学。

第一章

日本教育工学的历史研究

第一节　美国教育技术思想的引入

一　美国教育技术思想的时间流变

著名大收藏家张伯驹曾说："不识旧物，则绝不可言新。"这是看待事物的一种历史性视角，而如若追溯教育技术思想史的前端，可谓真是在"云端"，也就是说从何时算起是教育技术发展的最初形态并没有最终的论断。有研究者通过史料的考证指出，我国教育技术（电化教育）诞生的日期为1915年，标志性事件为金陵大学（现南京大学）东大楼前的校园电影专用放映场地的建立。[①] 美国教育技术史研究专家赛特勒（Saettler，P.）认为，追溯教育技术起源应始于公元前5世纪希腊哲学家普罗泰戈拉（Protagoras）时代，即便不那么遥远也至少要追溯到19世纪的裴斯泰洛齐（Johan Heinrich Pestalozzi）、赫尔巴特（Johann Friedrich Herbart）等对教育方法的开发实践研究。这正如南国农先生所言，我们常常听到这样两种看法：一种说法是，"自从有了教育，就有了教育技术，教育技术的历史与教育同样久远"。如果按照这种说法，教育技术的历史最少也有四千年。另一种说法

---

① 李龙、谢云：《我国电化教育诞生的标志性事件考证》，《电化教育研究》2012年第10期。

是，“自从有了人类就有了教育，从教育产生的第一天起，就有了教育技术”。如果按照这种说法，教育技术的历史至少也得有一百万年。[①] 所以，一般情况为了避免历史追溯的泛化与不正当，很多时候我们把“媒体”对教育方法的改善为展开的“锚点”，并将其看作教育技术发展的雏形期，而真正进入“纯粹”的教育技术时代还应是进入20世纪之后，以桑代克为代表的程序教学的兴起。所以，关于教育技术的起源，尤其是随着科学技术进步而催生的先进机器（媒体）在教育教学中广泛应用的“现代”教育技术，必然地要以教育媒体的发展轨迹为主要追踪路线，而教育技术这一学科也是教学媒体发展到一定阶段的历史性产物，是媒体催生了教育的大变革，而关于媒体在教育中的应用探索，美国确实是走在世界各个国家之前列，研究的问题和结果也具有一定的前瞻性，这与当时世界格局变化以及美国教育所处的境地直接相关。当然，如果简单地以“媒体”这种硬件有意识或无意识在教育中的应用作为教育技术的起点。那就自然地给教育技术定性为在教育中“使用机器”的学问，所以，我们提倡从媒体改变“教学方法”的视点出发，去追踪教育技术的过去，日本教育工学的发展就是这样。

但是，美国教育技术处于领先地位并不是“天生”的本能使然，而恰恰相反，是由于美国当时“糟糕”的教育状况引起的“导火索”。美国经过两次世界大战之后，在世界教育史上由后进的国家跻身于资本主义社会的教育先进之列。[②] 也正因为美国受苏联卫星先升空而遭到巨大打击之后，彻彻底底反思本国的教育模式，对学校的教育批评愈演愈烈，全国上下强烈呼吁对学校教育和教学方法的改革。在这种强烈的背景刺激下，美国国会于1958年通过《国防教育法》，授权联邦政府拨款，采取各种方式对州和地方及个人提供实质性援助，以保证培养出质量和数量上均适用的人才以满足需要。该法律明

① 南国农：《中国电化教育（教育技术）史》，人民教育出版社2013年版，第1页。
② 张祖忻：《美国教育技术的理论及其演变》，上海外语教育出版社1994年版，第3页。

确规定政府对教育事业拨款资助的各个方面，其中就包括视听教育，[①]也只有“视听”一词是当时最“时髦”的词汇，更能承载人们对备受“诟病”的教育的改革期望。所以，当时对能有效地将电视、广播以至于后来发展起来的视听（例如电影）等新媒体手段应用于教育教学的探索做了相当大的援助，这种开创性的探索过程及结果不仅仅成就了美国教育的大变革，也颠覆和影响了整个世界的教育领域，每个国家或多或少都受其影响，并在这一时期大力探索视听媒体在教育教学中的应用模式，以期解决教育教学中的一些本质性的问题。另外，还有一个重要的原因是美国在第二次世界大战时，由于迫切需要在最快的时间以最快的速度培训出大量的能直接用于战争的战斗人员，许多心理学家和视听媒体专家将心理学和当时先进的媒体技术用于设计和开发培训教材、培训方案和评价体系之中，[②]促成了“教学设计”这一教育技术研究领域重要的学术分支的崛起，并得到了大力的促进与发展。可以说，在这种多种因素的刺激与影响下，为之后教育技术研究与发展提供了各种便利的条件与契机，虽然当时的研究从严格的意义上并不是今天所谓真正意义的“教育技术”，而仅仅是“程序学习”或“机器学习”而已，但给后来发展形成一门具有很大“争议”的教育技术学科奠定了必不可少的理论与实践基石。

简单概览美国教育技术的发展，大体上经历了直观教育——视觉教育——视听教育——视听传播——教育技术这样的演进历程。[③]并且是在极短的时间内完成相邻阶段之间“进化”的，这主要得益于其他学科相关理论与方法在教育技术研究中的应用。也正因为发展速度快，在这一研究领域刚刚起步时，关于这是一个怎样的研究领域，如何确定这一领域中的核心概念就一直是讨论的焦点，因为它是一个

① 张祖忻：《美国教育技术的理论及其演变》，上海外语教育出版社 1994 年版，第 11 页。

② ［美］R. A. 瑞泽、J. V. 邓普西：《教学设计和技术的趋势与问题》，王为杰等译，华东师范大学出版社 2008 年版，第 54 页。

③ 章伟民等：《教育技术学》，人民教育出版社 2002 年版，第 27 页。

变化非常快的研究领域，而给这一变化非常之快的领域确立一些不变的标准是有困难的，而往往教育技术的特色就在这变化之中。1953年，芬恩在《视听传播理论》创刊号上发表《使视听领域专业化》一文，分析了该领域面临的问题并提出视听领域的发展目的："要分析本领域的现状，如有可能，最好确定专业化已发展到什么程度；回顾这一状况的历史发展，提出必须解决的问题，以及一些可能发展的解决方法，以进一步推动本领域向建立一个真正的专业化方向发展。"① 这是教育技术作为一门严格的学术领域受到拷问的开端，也促使研究者正式从"工具"思维转变到建设学科的任务中来，这一转变对日后教育技术学科的发展具有革命性的意义。

视觉教育主要源于17—19世纪夸美纽斯和裴斯泰洛齐等人倡导的直观教学，而最早使用视觉教育概念的是美国宾夕法尼亚州的一家出版公司（Keystone View Co），此出版公司于1906年出版了一本名为《视觉教育》的著作。② 视觉教育弥补了传统课堂教学中直观性和层次性低的缺点，也大大改善了课堂教学仅仅凭借语言来传递知识的"单调"形式，但视觉教育由于过于强调"视"，而大大忽视了有关"视教材"的设计、开发和评价等诸多方面，这就大大限制了视觉教材的功效，仅仅只能作为学生学习或教师教学的辅助工具而已。但是，这一在教育教学中积极探索使用其他手段促进教学的方式却为教育技术的发展奠定了"理念"上的契机。

随着进入20世纪30年代中后期，由于无线电广播、有声电影等有关"电"的媒体设备在教育教学领域中运用，研究者已渐渐发现原有的"视觉教育"已不大可能概括自己的实践场域，也因为这些新的有关"电"的媒体设备都与"听觉"有关，例如广播、电影等，所以1947年美国教育协会的视觉教育分会正式更名为视听教育分会（Division of Audio-Visual Instruction），并且该分会还于1953年出版了

---

① AV Communication Review, No. 1, 1953, p. 6.

② 章伟民等：《教育技术学》，人民教育出版社2002年版，第30页。

《视听传播评论》（Division of Audio-Visual Instruction, Review）这一专业性刊物，[①] 此时戴尔的“经验之塔”成为视听教育的主要理论根据。虽然视听教育在传递知识的渠道上由单一的“看”变成了“看”与“听”双通道传播，但从当时的实验效果和教学反响来看，并没有质的飞跃，仅仅是作为学与教的辅助工具的扩充而已。但是，这一探索使教育技术研究进入了“电”的时代，也真正代表着教育技术由新媒体设备在教育教学中应用这一“标签式”的学术领域领航，可以说是教育技术真正意义上的开端，所以我国教育技术的前身称作“电化教育”，其实就是与这些离不开“电”的“硬”媒体在教育教学中的实际应用有关，虽然并没有太哲学的韵味，却直观地反映了这一研究领域当时的客观状态，在某种意义上，可以说是具有一定中国特色的。

进入 20 世纪 50 年代，由于美国著名传播学者拉斯韦尔等创立的传播学在世界范围的广泛影响，又一次在视听领域产生了到底什么是视听教育以及如何在教育教学中应用视听媒体的大讨论。由于传播学融入视听教育，引起了研究者对教学过程的关注，从此把教学过程作为信息传播的过程加以研究，也正因为传播学的影响，1963 年 2 月，美国视听教育协会组成定义和术语委员会，提议将视听教育改成视听传播（Audio-Visual Communication）。[②] 由于传播学相关概念和原理的引入，打破了之前线性地、静止地看待问题的方式，这种方式的改变给未来教育技术研究注入了新的血液。当然，在这一思维方式转变的同时，系统理论在视听传播过程中的应用，也为视听传播的研究带来了新的科学方法，促进了研究过程中注重多种因素的科学组合，以及正确地看待和处理整体与部分之和的关系。其实，这一过程已渐渐接近了今天“教育技术”的本源，此时出现了比视听媒体更具有包容性的概念——教学资源（instructional resources），并开始广泛被教育

① 章伟民等：《教育技术学》，人民教育出版社 2002 年版，第 31 页。

② Ely, Donald P., “The Changing Role of the Audio-Visual Process in Education: A Definition and a Glossary of Related Terms”, *Audiovisual Communications*, 1963.

学研究者所接受和使用。

当然，在20世纪50年代对教育技术产生重大影响的还有程序教学和教学机器。虽然程序教学是建基于早已为大家所熟悉的一些原则基础之上，但在程序教学这一课题提出来之前从未系统地使他们同时发挥作用。[①] 而教学机器是为了更适合现代的教育教学系统而发展起来的，是自动教学方法的迫切需要。可以说，因程序教学和教学机器的大力发展，促使了心理学，尤其是实验心理学和认知心理学在教育技术早期研究中得到不断的扩散与应用，这一改变奠定了教育技术能被称为一门学科的方法论基础。所以，早期的教育技术研究者大都出现于心理学研究领域，因为那时虽然教育技术表面上是一个与教育非常相关的研究领域，但从从事研究的研究队伍来看，还是从一些自然科学领域里面的专家居多，真正教育学“科班”出身的人是微乎其微的，所以，当时的研究范式倾向于“科学化”，注重实验研究，受客观主义的影响，依然没有摆脱“灌输式”教学的困境。[②] 只不过从“人”灌变成了“电”灌而已。也就是此时，一些所谓的“主义”融入了教育技术研究的视域，例如行为主义学习理论、认知主义学习理论，以至于后来的建构主义学习理论甚至于如今的“联通主义”，等等。尤其是建构主义的引入，对教育技术具有革命性影响，开始不断重视学习者的主体地位，评价过程之中也开始引入现象学与解释学的理论。

之所以美国的教育技术优先于世界各个国家发展，与早期美国心理学的进步有相当大的关联，日本教育工学奠基人坂元昂先生就是较早留学美国并取得心理学博士学位之后，回到日本建设与发展教育工学这一研究领域的。也因为心理学的注入，奠定了教育技术研究方法的科学性与合理化，在方法论的层面使教育技术研究有了一定的哲学

① ［美］普莱西等：《程序教学和教学机器》，刘范等译，人民教育出版社1964年版，第1页。

② 久保田贤一：《構成主義パラダイムと学習環境デザイン》，日本：関西大学出版部，2000，第1—10页。

基础。教育技术主要理论溯源是摆脱不了心理学影响的，哪怕是教育技术实现“飞黄腾达”的今天。

进入20世纪70年代以后，教育技术的“孕育期”已经彻底的结束了。1970年6月25日，美国视听教育协会经过大会表决，以到会代表3.5∶1的赞成率，决议将协会的名称改为教育传播与技术协会（AECT），并于1971年5月26日正式启用这一新名称。[①] 这一名称的确立标志着教育技术研究进入了相对成熟的学科领域中的“常态化”研究，这不仅仅受传播学和系统方法论的影响，还间接受当时一些类似于行为主义等学习心理学的影响，[②] 因为从正式确定教育技术这一名称起，教育技术的研究范围就大致变成了研究程序教学或教学机器等，而代表教育技术研究的核心范围的教学设计也是在这样的设计教学中得到不断的发展与完善。虽然此时能够代表教育技术研究术语的教育资源、教学设计、硬件和软件等关键性术语已经出现，但就当时的研究状况来看，还没有真正进入教育技术研究范围，还停留在对媒体或教学机器使用等的研究，或者说还是集中于对“物”一类的教具的研究，只不过这些教具相对比较“新”而已。

美国自70年代确立教育传播与技术协会（AECT）之后，教育技术学科就进入了平稳的发展阶段，经过不断的实践探索，孕育已久的AECT94定义终于问世，虽然相隔十年之久又出现了AECT05定义，但纵观整体的发展情况来看，并没有实质性的改变，也没有一些新的理念产生，只不过都是在热炒媒体、网络和主义等一些新名词罢了。

二　教育工学与AECT

由于美国AECT对教育技术这一术语的专门界定和讨论，引起了全世界各个国家重新审视本国与之相关的专业名称的大讨论，其中我国最具代表性，于1993年用引进的“教育技术”这一“西化式”中

---

① 章伟民等：《教育技术学》，人民教育出版社2002年版，第39页。

② Reiser, R. A., “Instructional Technology: A History”, in Gagne, R. M. (ed), *Instructional Technology Foundation*, 1987, pp. 24–34.

国名词取代了“电化教育”，并于次年招收首位“教育技术学”博士研究生，何克抗先生为中国教育技术学第一位博士生导师，第一位教育技术学博士为郑永柏。这也在一定程度上解决了原本在电化教育领域里关于到底姓“电”还是姓“教”的争论，但也完全失去了本应该有的中国特色。

日本教育工学专家近藤教授在接受访谈时，曾说日本教育工学受美国的影响主要是在20世纪70年代，那时日本政府大力提倡教育的科学化和现代化，积极学习与借鉴美国教育改革的经验，尤其是在教师培训上。因为在日本明治维新以前，通常认为教师是权威主义或是科学与知识的“代言人”（先生が言うことは絶対）。所以，当时在日本的大学设立的“教育工学研究中心”的意旨主要在于教师的培训，其中也包含大学教师的培训，尤其是至今还处于世界领先领域的FD（Faculty Development）研究。[①]

此时，在日本政府的支持下也有一些人去美国进行实地考察，当时日本东邦大学[②]的副教授沼野一男[③]就曾参加过斯金纳教学机器的研讨大会，之后在日本出版了《程序学习入门（プログラム学習入門理論と実際のすべて）》一书[④]，此书在日本相当畅销。而当时的日本学术界还没有“教育工学”这样的词语，所以，沼野一男副教授把斯金纳的“technology of teaching”翻译为“教学工学”，当时的意愿也并非就是把“教育工学”“技术”化，而是促进教育的整体改革。[⑤] 而改革的核心为“教学”，期望能用新的方式改变以往旧的理念与方法。

---

① 水越敏行等：《授業研究と教育工学》，日本：ミネルヴァ書房，2012，第130页。

② 东邦大学，英文名为Toho University。1925年建立，1950年开设大学教育的日本私立大学。

③ 沼野一男，1923年出生于东京，毕业于庆应义塾大学，教育工学研究者，历任东邦大学副教授、教授，玉川大学教授，1994年退休，2013年3月离世。

④ 沼野一男：《プログラム学習入門理論と実際のすべて》，日本：講談社，1962。

⑤ 日本教育工学会：《日本教育工学会第23回全国大会講演论文集》，早稻田大学，2007，第39—42页。

1962年，坂元昂先生在日本的《学习心理学》杂志9月号上发表论文首次正式提出“教授工学”与“教育工学”这些日本特有的“土著”概念。[①] 与工学相对应的英语为“Engineering”，可是日本学者却把教育工学翻译成“Educational Technology ”，这与日本的文化有关，我们在对日本教育工学研究专家进行访谈时，上越教育大学南部昌敏教授认为，在日本，“技术”往往被理解为“技艺”，而“工学”才是我们所理解的“Technology”，技艺是技术的下一层次概念，有“工匠”之意，而“工学”不仅具有“技术”一词的含义，还包括操作技术的人的思想、理念与价值观。

“Educational Technology”这一术语，在日本也是一个“外来语”，日本教育工学研究者于1964年时从美国吸收并引入，但并没有直接按照字面的英文意思将其翻译为“技术”，而是采用了具有日本特色的“工学”一词与西文相对应。这种看似矛盾的日英对照其实恰恰是上述理论基础中所论及的日本文化的这种“保守”所特有的一种方式。所以，即便是日本教育工学专家以“Educational Technology”为代表的教育工学与美国AECT进行学术交流，但并没有完全照搬照抄美国AECT关于教育技术的定义，而是从美国教育技术定义的过程中汲取营养，不是对美国教育技术定义结果的简单应用。也可以说，日本教育工学的发展与美国教育技术的发展是同步的，因为20世纪60年代坂元昂先生就从美国获得心理学博士学位回到日本东京工业大学发展以改善学与教为目的的“教育工学”，仅从时间的流变来看，日美两国的教育技术发展几乎是同步进行的。可以说，日本教育工学的发展是学习与借鉴了美国教育技术发展的过程思想，而不是完全依靠美国教育技术的学术成果而建立的，而习得这种思想仅体现在前期上。并且，在日本与教育工学相关的杂志与著作中都很少看到有专门去探讨AECT相关定义的内容，这进一步验证了美国教育技术的

---

① 徐晓东、希建华、坂元昂：《教育技术学托起开放学习的未来——第三届中日教育技术学研究与发展论坛中的三人谈》，《开放教育研究》2009年第5期。

定义结果并没有多大实际应用价值，它只不过是一个人或几个人的思想总结，不能称其为一门学问领域的指南针，更不能成为一个国家构建教育技术学科体系的“圣经”，不加以批判，不加以改造是不行的。正如日本女子大学吉崎静夫在接受我们访谈时，问及“教育工学也是一个从国外引进的概念，那么，发展过程中是如何受美国 AECT 的影响而走上自己的本土化之路的？教育工学学问领域的创新之处在哪里？［教育工学の発展の過程の中で、アメリカのAECT（Association for Educational Communications Technology）からどのような影響を受け日本で広まったのでしょうか？また、今日の教育工学という分野において中心的な関心領域（例えば、教師教育など）はどのようなところにあるとお考えでしょうか？］”这一问题时，先生斩钉截铁地回答：“日本教育工学没怎么受美国教育技术的影响，是日本很多教育工学研究者独自开辟的学问领域，与其说从某某学来，不如说是在教育现场中获得的（AECTの影響はあまりない、日本は独自に進んできた最初の先生方がいろいろな影響の受け方をした〇〇から学んだというよりかは、現場に行って学んだ）。”

教育工学从实践中来又到实践中去，不依赖于任何国家或某个人的学说确实是作为研究者一种极为自信的表现，我们缺少的就是这种从内心深处生发出的教育技术观。所以，在很多日本教育工学研究者看来，美国教育技术学对日本教育工学的影响只存在于早期，影响的也仅仅是那么几个人而已，没有全盘接受，更不会“一窝蜂”式的去追赶，因为每一个研究者有自己真正要做的教学实践，这促使了后来的日本教育工学研究者凭借着自己的努力探索出了一条真正属于本国教育工学的发展路线，尤其是在教师教育研究领域中关于教师培训的研究可谓举世闻名。并且，作为日本教育工学发源地的东京工业大学中山实教授在接受访谈时，回答到与其说现在的日本教育工学受美国的影响，不如说现在日本 ICT 有关的教育研究受英国信息技术教育的影响更多一些，这可能与日本明治维新时学习英国体制有关。这足可以说明，日本教育工学是一个“开放”的学术领域，广泛汲取世界各个国家的先进经验进行本土化探索。

然而，翻开我国教育技术相关期刊与相关学者的著述，关于美国AECT热烈讨论的文章可谓是“汗牛充栋”，即便是这样，最终也并没有形成能真正代表中国特色的教育技术学术定义，而正如某位学者慨叹，似乎我们只会对美国AECT定义进行文字的“摆排”，根本原因是要寻找定义的“源头”即创造这一定义的过程，而我们却非常错误地将其忽略了，以至于我们成为了别人的附庸，永远没有自己的想法，即便是今天，很多大学教育技术专业的学生乃至教师在被问及什么是教育技术时，还会“朗朗上口”地把美国AECT94或AECT05定义“倒背如流”，可见这种“毒害”之深，真是令人难以想象。

可以说，日本教育工学研究者是比较早参与到美国AECT学术交流活动中的亚洲国家之一，这与其教育工学创始人的国际化视野密不可分，在不断的交流过程中得到了AECT的学术给养，使教育工学这一学问领域在日本得到了长足的进步与发展，甚至于反过来对美国AECT都或多或少也有些影响，在某种程度上形成了日本教育工学独特的学术定义，使其能成为一种独特的方法存在于教育教学领域之中。日本教育工学研究者吸收与借鉴的不是“什么是教育技术”，而是该如何界定教育技术以及界定教育技术的思想过程，而这个过程往往比结果更为重要。这正如罗兰·斯特龙伯格所言，了解人是如何想的，比了解他们是如何做的更有意义。①

三 教育工学思想的内化与延伸

古人德谟克利特认为，思想来自于经验，经验以某种方式在人脑中留下记忆。② 正是日本教育工学研究者在实践中勇于探索，并在探索中总结经验才形成了日本教育工学的独特学术思想，这与我国几乎完全按照美国AECT的研究框架进行的学科建设与发展显然是完全不

---

① ［美］罗兰·斯特龙伯格：《西方现代思想史》，刘北成等译，金城出版社2013年版，第3页。

② 同上书，第5页。

同的，毕竟由于不同国家、不同文化的差别，势必会引起引进理论的一些“水土不服”，而只有在自己的学术实践中才能真正获得本真性的理念、思想与方法。所以，日本教育工学就是在这种本土化建构与西学东渐进程中逐渐获得了在本国学术界的声望与地位，其深邃的思想也影响了其他国家，我国早期的电化教育就是在日本教育工学的影响下摸索着发展的。

思想的形成往往是极为漫长的，但某种思想一旦形成就会像信仰一样扎根于人的内心。在日本，教育工学从一开始就设定为是一门实践之学，并且一直作为一种能改善教育教学的现有状况而存在的一门学问领域，注重对教学过程中的所有因素进行有机整合，以此达到更为有效的学习效果，追求“最优化”，这也是工学研究中系统性的进一步体现。当然，日本教育工学也并未始终如一坚持这一理念，在推进的过程之中也在不断加以完善与改变，就拿教学设计来说，他们更加强调的是各种教学要素之间的“关系性”而非“系统性”。[①] 之所以这样，归根结底是因为日本教育工学在早期已经形成了一套完整的具有本国特色的思想体系，而这一强大的思想体系犹如信仰一样扎根于教育工学研究者的内心，所以，从表面上看，日本教育工学相关的著作与论文中，很少有关于教育工学基本理论的探讨，大都是实践性的探索。当然，这并不是日本教育工学研究者忽视理论的研究，而是因为教育工学界都信仰初期形成的一套理论，不像在我国教育技术研究领域，任何人都可以任意妄为地大谈特谈教育技术基本理论，都可以提出一套理论架构，而往往这些看似“百花齐放”的“浮华”学术表面背后，却始终没有形成一套真正意义上能代表我国教育技术的思想体系，形成不了一种强大的精神信仰支撑着教育技术学界以此为“指南针”进行实践的探索，所以，国内教育技术学界理论研究得不到应有的内化与延伸，只能是作为一种“口号”不断在学界内“翻

---

① 李芒：《从系统论到关系论——论信息社会教学设计理论的新发展》，《电化教育研究》2001 年第 2 期。

炒”。日本教育工学思想在不断吸收中得到了进一步的发展，凝练出具有可扎根于本国土壤的“学术基因”，在这种学术基因控制的“遗传”下，培养了一代又一代教育工学的实践性，使之学术精粹得以传承与发扬。可以说，如果形成不了属于自己的“学术基因”，那么我们只能在自己的土地上不断繁衍别人的“子孙后代”，这是非常可怕的。

第二节　教育工学之“工”

回到日本教育工学的原点，首先应该拷问教育工学这一学科之名，这也是本研究一开始就留下的一个问题，为什么叫教育工学？教育工学这一名称来自于哪里？其中有何奥秘？等等诸如此类的问题，是一个不能也无法回避的重要问题。

莎士比亚曾说过：“名称有什么关系呢？玫瑰不叫玫瑰，依然芳香如故。”但是，在我国的教育技术语境下，名称还真是一个头等的大问题，并不是叫什么都可以的问题，而是该叫什么以及如何用名称规范我们研究视域的问题。诚然，我们不能过多地去追究教育工学与教育技术之间这两个概念的区别到底是什么，因为这种追究并没有多大意义。而主要是深入挖掘日本教育工学之“工”的多彩片段，让我们从名称上就体悟到日本教育工学的独特魅力。

一　“工”与 Technology

“工学”原本在英文中对照的词语为“Engineer”。从词源上看，英文的“engineer”（工程师）是从古拉丁文 ingenero 演变而来，“engineer”词尾中的“-er”代表“机关操作”之意。在中世纪（1325年左右），ingeniator 被用来称呼破城槌（battering rams）、抛石机（catapults）和其他军事机械的制造者，但有时也用于称呼其操作者。后来，由这个称呼行动者的名词演变出了动词“to engineer”和动名词“engineering”。其实，“engine”的词源是在 1250 年左右从法语

“ingenium”中产生出来的，一开始的意思是“先天的特征”，之后衍生为“聪明的发明”之意。之后在民间的桥梁和建筑物的建筑技法中开始使用“civil engineering”。从此，旧时代仅仅代表兵器之意的“engine”开始转向民间使用。到了18世纪，“civil engineering”（军事以外的技术）得到了进一步的发展，“engineering”开始有“工程师”即称呼蒸汽机的操作者的意思。“工”重在依照法度从事生产实践活动，既有章程又有规则，按照现代科学语境，就是依照科学原理或者设计按部就班照章执行相应步骤，可以简单概括为“工”即“做”。

“技术”（technology）一词源于希腊语“techne”，由techne和logy二词根组成。Techno源自希腊文techne，含有“艺术”（art）、手工艺（craft）和技巧（skill）之意。古希腊人把“techne”看成是“一种特殊的活动和一种知识”。柏拉图认为techne和episteme（有系统的或科学的知识）之间有密切的联系。亚里士多德也认为techne是指系统地运用知识来从事有智慧的人类活动。[①] 所以，技术不仅仅指从实践活动中获得相应技巧、技艺。技术的最原始概念是熟练，熟能生巧就是技术，技术远比科学古老，人类从类人猿中解放出来就有了生产工具的技术。[②] 法国科学家狄德罗主编的《百科全书》给技术下了一个简明的定义：“技术是为某一目的共同协作组成的各种工具和规则体系。”技术的这个定义，基本上指出了现代技术的主要特点，即目的性、社会性与多元性。

之所以日本教育工学研究者并没有将其对应英文直译为“Engineer”，并不是在日本学术共同体中没有“技术”这一概念，恰恰相反，“教育技术”这一组合词语在日本出现是非常早的，1939年日本教育学研究者海后胜雄就出版了一本名为《教育技术论》的著作，所以从教育学的视点把“教育技术学”翻译为“Educational Technolo-

① 焦建利：《教育技术学基本理论研究》，广东教育出版社2008年版，第3页。

② 日本教育方法学会：《新教育課程と人間的感性育成》，日本：明治図書，1989，第108页。

gy”。[①] 并且，即便是今天日本也有“教育技术协会”，只不过不是教育工学研究的主要力量而已。日本教育技术协会的创始人为向山洋一，“教育技术的法则化运动”就是他提出的，讨论教育技术的相关问题一般是在教育方法学中进行，聚焦的问题比较单一。但是，日本教育工学的创立者并不是一开始真正从事教育学研究的群体，他们大都出自心理学、物理学和信息工程学等理工类学科。所以，要能代表这一“特殊”群体去从一个新的视角考量教育教学研究，势必要有一个“新”的说法，这也是早期日本教育工学研究者的普遍想法，受访的十几名日本教育工学专家也一致认同，当然这或多或少也有一些“圈地”之意，并且也存在着各种争论，尤其是出身于文科的教育工学研究者对这一名称的抵制。因为，大部分教育工学的创立者都是“工学”出身，而他们的目的并不是进行真正的工学研究，因为教育不可能简单的看成是工厂，学生亦不能看成是没有生命能动性的螺丝钉。当时的意图仅仅是想将工学的一些思想融入教育教学领域，以此改善学与教的根本状况。就这样，这些工学研究者从事一种所谓“新”的教育研究的共同体被取了一个名字即“教育工学”，当然，这其中的“工”字也蕴含着很多巧妙之处。对此，日本的维基百科上是这样解释的，工学主要指技术者的相关培训，而教育工学却没有把“教育技术者”的培训作为首要目的，并且在日本的工学部并没有教育工学科、教育工学课程等的设计，而是大多在教育学部、人间社会科学学部和综合信息学部等设立教育工学这个学问领域。可以说，教育工学只是一个名称，代表着日本教育工学研究，却无法代表教育工学研究的全部，因为随着后来的一些文科研究者进入教育工学研究领域，早期的每次全国教育工学年会中也存在着关于教育工学中“工学”蕴意之探讨。

当然，之所以最后将“Educational Technology”翻译为教育工学而非教育技术学，也有与国际上“Educational Technology”这个概念

---

① 海后胜雄：《教育技术论》，日本：日本图书中心，1939。

相对应之意，并且在日本学术界往往将“教育技术”作为“教育工学”的子集而存在，是包含与被包含之关系，并不是平行线。日本教育工学会前会长永野和男教授就曾指出，当时没有把“Technology”翻译成“技术学”而翻译成“工学”，虽然教育工学在日本取得了多方面的发展，但也因“工学”二字产生了很多误解。因为工学会让人不自觉地联想到工业制品，那么顺理成章的就会把教育工学理解为生产教育机器的技术或为了研究应用机器（工具）的学问，[①] 即我们常常认为的“操作之学”。被贴上操作之标签并不可怕，可怕的是操作之意背后的“讽刺”与“鄙视”。

当然，将教育工学的英译改为“Educational Technology”，主要是怕学界认为教育工学是生产机器或使用机器这样的一门学问，虽说即便这样也没有逃脱这种被外界“误解”的命运，也许是与教育技术真正发源于程序教学或教学机器有很大关联，这种“刻板”式的印象在当初是“挥之不去”的。并且，毕竟教育工学前面有一个很大的词语“教育”，而如果把教育工学直译为“Educational Engineer”，那么教育工学就必须同电子工学、通信工学等一类的工学学术视同为一类，并将其专业设置在工学院，这与教育工学主要还是研究“人”而非“物”是相矛盾的，而即便是研究“物”，也是通过“物”来影响人的。所以，当时在日本采用了“教育工学”而又把英文转换翻译为“Educational Technology”，以此追求一种文字表面意思的“平衡”，最主要的原因是想利用“工学”的系统化思想研究教育，而又不能真正的将教育工学等同于真正意义上的“工学”，还要与国外学术交流达成专业术语的一致性，所以，既保留了“原滋原味”的工学特色，又达到了国外“取经”的效果，实在是聪明过顶的“全球性（globality）”与“在地化（locality）”的统一，没有在追逐全球化的进程中放弃在地化。当然，这与海德格尔所说的，在语言的本质和

---

① 坂元昂等：《教育工学とはどんな学問か》，日本：ミネルヴァ書房，2012。

支配作用中，起决定性作用的往往是一种命运也是相同的，[①] 我国教育技术学科的命运是“教育技术”，而日本教育工学的命运是“教育工学”，虽说两者在西文中都是“Educational Technology”，但翻译后却决定了两者的不同命运。

二　工之本身

日本教育工学早期奠基人之一、现京都教育大学名誉教授西之园晴夫先生曾对“工”这个日用汉字本身做过这样的释义：“‘工’这一字具有非常巧妙的意味。其中上面的‘一（横）’代表‘天’；下面的‘一（横）’代表‘地’；中间的‘I（竖）’表示天与地之间的连接。所以，‘工’的汉字意思是连接理想（天）与现实（地）的智慧。”[②] 这一解释道出了日本教育工学这一名称之“精髓”，精粹之处在于融入了文化中的精华，可以让人追寻到一门学科之根，这才是一个学科真正意义上的“魂”。[③] 虽然日本语中的汉字来自于中国，但在我国汉字体系里面对“工”的解释却为：“工：巧饰也。象人有规矩也，凡工之属皆从工。”并且，工的甲骨文“”，代表古代匠人多用途的器具，其中上面是“（丁字头）”，下面是可箍的圈“”。可以看出，当初造这个词的本义在于：“古代匠师的巧妙多用铁器，可量可画，可撬可锤，可劈可削。”如若简单的来讲，在中国字典中对“工”的解释大致可简单的理解为使用工具进行的一些活动，是操作者，是匠人。而按照西之园晴夫的解释，可见教育工学是理论与实践之间的“桥梁”，这个桥梁是一种智慧，更是一种思想，不是媒体、不是技术、更不是传统的我们所理解的教育技术就是简单的技术在教育中的应用。不同的解释代表了不同价值观，但西之园晴夫的解

---

① ［德］马丁·海德格尔：《演讲与论文集》，孙周兴译，生活·读书·新知三联书店2005年版，第49页。

② 坂元昂等：《教育工学とはどんな学問か》，日本：ミネルヴァ書房，2012，第48页。

③ 孙立会、李芒：《中国教育技术学科问题再审视》，《中国电化教育》2014年第11期。

释更多体现了教育工学的哲学思想和文化精髓，这一“可圈可点”的解释确实是我们学习的榜样，这种文化的超越也确实是我们盲目“引进”所需彻底反省的。

三 工与《天工开物》

华南师范大学徐晓东教授曾和笔者谈起过，日本教育工学学术共同体中有“三根柱子”，分别为东京工业大学坂元昂先生、京都教育大学西之园晴夫先生和大阪大学水越敏行先生。而作为三根柱子之一的西之园晴夫先生于1989年在冈山大学进行有关教育工学讲座课程时曾专门解释过工与《天工开物》的关系。因为当时徐晓东教授作为一名中国留学生坐在教室的第一排，这引起了西之园晴夫的注意，当西之园晴夫发现教室中有一名中国留学生时，瞬间决定讲一下日本教育工学与中国《天工开物》之关系。并且，后来徐晓东教授回国后，与李克东教授去参加日本教育工学年会时，还送给了西之园晴夫一套线装版的《天工开物》原版著作。在日本，很多老一辈教育工学专家都视《天工开物》为教育工学研究中的必读书目，而我国教育技术研究者又有多少人知晓《天工开物》？不知道也许并不可怕，可怕的是我们选择放弃知道。中国教育技术学科的改革号角促逼我们回到自己的文化上来，否则一切改变都是徒劳的。

《天工开物》是350多年前明代科学家宋应星（公元1587—约1666年）写的一部优秀的插图本科技著作。此书出现于17世纪30年代（1637年，明崇祯十年），即明代末期，是世界上第一部关于农业和手工业生产的综合性著作，是中国古代一部综合性的科学技术著作，[①] 外国学者称其为“中国17世纪的工艺百科全书”。三百余年来在中国国内产生了积极的影响，而且这影响也波及国外，特别是日本。在17世纪末，此书由商船带到日本，首先引起江户时代（公元1603—1868年）中期著名本草学家贝原笃信（公元1630—1714年）的注意，并于

① （明）宋应星：《天工开物》，潘吉星译注，上海古籍出版社2012年版，第1页。

1637年在日本开始流传,[①] 日本现代哲学家三枝博音将其视为足以与18世纪后半期法国狄德罗编纂的《百科全书》相匹敌的书籍。[②]

“天工开物”这四个字由“天工”和“开物”这两个词语组成。“天工”是与人类行为对应的自然界的行为，而“开物”则是根据人类生存的利益将自然界中所包藏的种种由人类加工出来。而仅从“天工”和“开物”字面来看，“天工”出自《书经》中的“天工人其代之”；“开物”出自《易经》中的“开物成务”。但是，对“天工开物”的解释却不能按照字面出处的解释，因为宋应星拼合这两个词是反其意而用之，给予“天工开物”正确解释的是日本科学史家三枝博音（公元1892—1963年）先生。三枝博音先生在《中国有代表性的技术书——宋应星的天工开物》（1942）一文中指出：“‘天工’是人类行为对应的自然界的行为，而‘开物’则是根据人类生存的利益将自然界中所包藏的种种由人类加工出来，所以，‘天工开物’思想强调人与天（自然界）相协调、人工（人力）与天工（自然力）相配合，通过技术从自然界中开发出有用之物，这种思想还有个内涵是，自然界本来蕴藏着取之不尽而用之不竭的美好而有益之物，但不会从天而降、轻易取得，而是‘巧生以待’，凭借人力和人的技术通过水火这种自然力的作用，再用金属、木石工具从自然界开发出来，为人所用。”[③] 这种思想也巧妙吻合了日本行为学派哲学家三木清的哲学观，三木清认为，技术产生于人与环境的对立，如果人与环境不是对立而是协调一致的话，本能就已足够，因为不可能完全一致，才产生了人为了适应环境而创造出的技术。[④]

正因为有日本近代哲学家三枝博音在学术界学术地位的衬托，并在大力研究《天工开物》取得成果之后在日本上下广为流传，促使

---

① 天工开物词条，维基百科，http：//ja. wikipedia. org/wiki/天工開物。

② （明）宋应星：《天工开物》，潘吉星译注，上海古籍出版社2012年版，第24、27页。

③ 同上书，第17页。

④ 王续琨、周心萍：《日本哲学家三木清及其〈技术哲学〉》，《科学技术与辩证法》2001年第4期。

日本各个学术领域都非常关注《天工开物》中所蕴含的技术哲学思想，而在20世纪40年代适逢日本教育工学萌芽的初期，也正是他们在寻找“立足点”与“迷茫”之际，而这时《天工开物》的广为流传势必给教育工学带来了发展的“着力点”，其哲学思想观成为了日本教育工学的哲学基础——行为科学的人类观，致使日本教育工学学术共同体一直坚持使用“工”字来代表日本教育技术学术领域，即便曾有过意见不统一之时，但最后还是在赞同与反对之间做了让步，继续沿用“教育工学”这一概念，因为这个名称确实不是舶来品，也不是没有历史源头的“口号”。

四　工与工学

1964年卢姆斯特丹（Lumsdaine，A. A）在阐述教育工学的概念时，绘制了一张教育工学与理工学、行动科学之关系图，如图1－1所示。[①] 从图中可以看出，教育工学学问领域由三大支流组成，即理工学、数学和行动科学。而其中的理工学这一支流主要是教育媒体、教育机器的开发，以此来支撑视觉教育的发展；数学主要是与心理实验相关，在数据解析中起作用；行动科学主要是提供一些理论基础，如学习理论。随着这三大支流的不断发展，最后相关的部分越来越多，从而汇聚成一点形成了一门新的学问领域——教育工学。虽然，这张图距离现在已经有半个世纪的历史，并且，在这50年时间历程中，教育工学的发展已然是“面目全非”，但不论是今天的日本教育工学还是中、美的教育技术都不可能与理工学之间画一条清晰的界限，尤其在我国，现在的教育技术本科、硕士和博士还可以授予理学学位，并且我们从事的研究也与理学和工学有极强的关联，只不过我们很少从根本性看待这些与生俱来具有的“亲密”关系而已，只是想尽可能地摆脱这些关系之束缚，独创一片天下，而往往又遍体鳞伤。

与欧美国家把科学分为自然科学和社会科学相比，日本首先把学

① 武村重和：《教育工学》，日本：福村出版，1995，第16页。

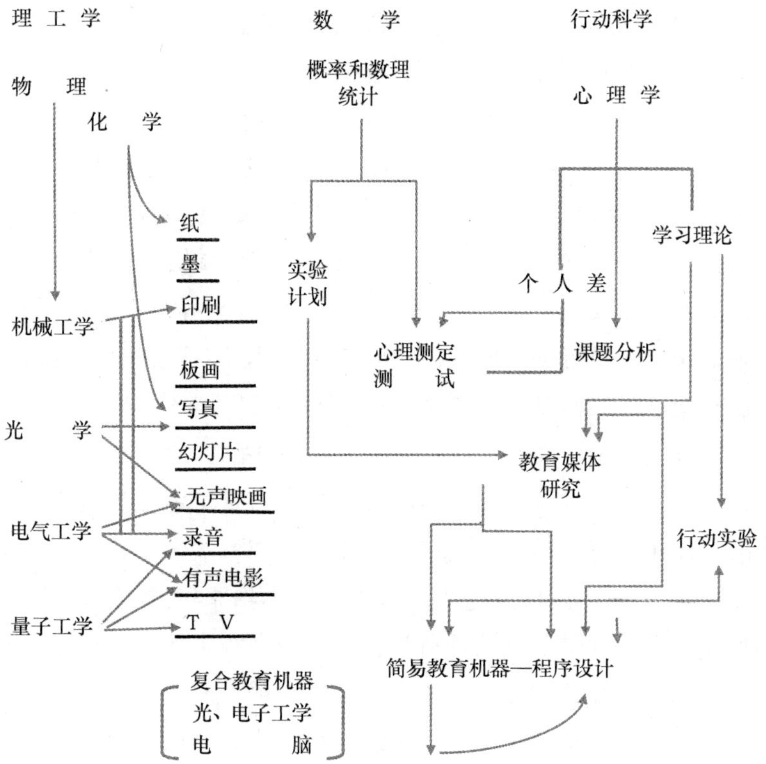

图 1 – 1　教育工学与理工学、行动科学之关系

资料来源：坂元昂：《教育工艺学简述》，钟启泉译，人民教育出版社 1979 年版。

科分为文科和理科。并且，在欧美运用科学进行解决问题的学问有医学和工学，而把这一类划分为应用科学。科学（广义上的理学）是说明包含人与人构成的社会的自然界法则或特征的学问，而工学则是运用这些法则或特征进行问题解决的学问，所以在日本，理学就是自然科学，工学就是应用理学的研究成果，应用于工业生产。当然，这是相对比较传统的日本工学的理解，而相对比较新的工学的定义是问题解决的学问领域，归根结底工学是设计之学。[①] 理学和工学的重要

① 松田稔树等：《学習者とともに取り組む授業改善－授業設計・教育の方法および技術・学習評価》，日本：学文社，2013，第 2 页。

区别是理学注重真理的追求，工学重视效果或效率，理学是工学的基础，工学是理学应用的具体体现，没有理学，工学将“欲罢不能”，没有工学，理学将“束之高阁”，具体关系可用图1－2来描绘。[①] 东京大学东洋教授就曾指出，之所以当时把这个领域称为“教育工学”，是因为如果称其为“教育技术”就和当时的教育方法中的实证研究没有区别，广义的教育方法学是根据实验、调查、观察等手段，验证理解人类以及现在人类行动特征的一些假说，同时发现教育原理和法则，诠释人类行动的原因。[②] 并且，“工学”是以实用价值为主，同时还有理学作为基础，使其研究过程确保了科学化。[③] 教育工学虽不是严格意义上的“工学”，但研究的方式符合工学是理学与实用之桥梁，工学不是求真而是求善，所以，日本教育工学在教育中的最主要目的是优化教育教学中的诸多教学要素，并将诸多要素进行合理的安排，以此达到教学的最优化，这也是工学追求的“最优化”之思想的具体体现。理学研究的是科学，要求研究越具体，越详细，越明白越好；工学研究的是技术，要求研究越简单，能把生产成本降得越低越好。所以，日本教育工学注重教育教学的效率以及用工学中的系统方法解决教育教学中的问题。

吉崎静夫教授在接受我们访谈时谈道：原本“教育方法”＋“工学”＝教育技术学，并首先在大阪大学开设了“教育技术学”相关的讲座，但由于“教育技术学”仅仅被看成是连接“教育学”与“媒体”的桥梁，研究的对象过于狭窄，为了未来能有一个更宽广的发展方向最终还是选择了“教育工学”而摒弃了“教育技术”。并且，20世纪七八十年代在日本的各大学增设了“教育工学研究中心”，但是在80年代后，有关教师培训的大学设立“教育工学”相关研究中心渐渐减少了，并且现在在教师的培训大学中基本已经看不

① 井上光洋：《教育工学》（教育学大全集29），日本：第一法规出版，1984，第7页。

② 徐晓东：《教育技术学的研究领域及其方法》，《电化教育研究》2003年第9期。

③ 东洋：《教育工学について》，《日本教育工学雑誌》（1），1976。

到“教育工学”这样的名称了，取而代之的是“教育实践指导研究中心。”（現に、教員養成系の大学の中で、「教育工学」という名前で授業を行う大学は現存しない。教育工学センターという名称も、教育実践研究指導センター，教育実践研究センターといった名前に置き換えられている。）所以在日本，为了削弱教育工学研究中“工学”的色彩，渐渐地取其研究核心——“实践”而代替工学。虽然工学是以实践为根基，但相比于工学一词，实践更适合与教育组合在一起，以此在教育现场中寻求立足点。

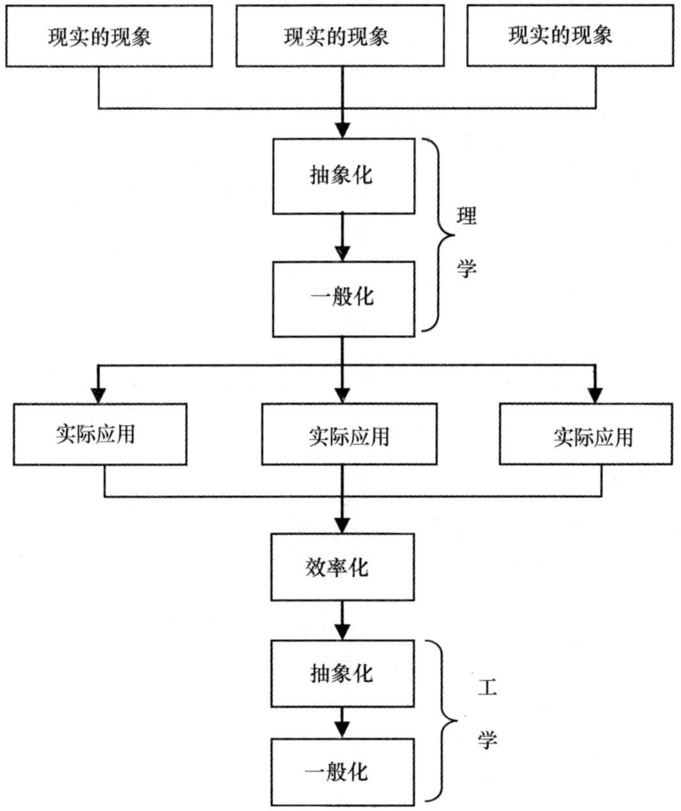

图 1-2　工学的抽象化与一般化

资料来源：井上光洋：《教育工学》，第一法规出版，1997。

第三节　教育工学的历史变迁

一　教育工学的孕育期

日本教育工学的发展也是经历了从直观教学到视听教育的孕育过程。日本视听教育的发展大致可以追溯到江户时代的“寺子屋”[①] 在教学中进行的“往来物”传递“知识”，所谓“往来”就是通过书信传播之意；而“往来物”就是搜集这些往来信件而形成的“教科书”，其大部分教学内容都是以习字、作文和书信等生活中的实用常识为主。[②] 这是一种没有基于任何教育理论的“平民”式教育的推广。据日本家庭教育研究者石川松太郎对“往来物”的考证，截至目前的“往来物”教材数量高达7000多种。但这时“教科书”中所呈现的内容几乎都是“文字”符号，而没有“图画解说”之易懂的教学内容，虽说在传递知识的形式上有些单一，但在一定程度上促进了文化的交流，为日后的明治维新奠定了文化基础。

在明治时代，因为受欧洲直观教育思想的影响，在教育教学中逐渐开始使用“挂图”，从此日本教学方法正式进入了“直观教育”时代。并且，在1880年和1881年，研究者高峰秀夫（1854—1910年）提出，在所有的教学中应该全部导入直观教学，此时“开发主义”教学思想进一步得到了具体的体现。但是，这种开发主义的教学方法在1890年左右受到了强烈的批判，理由是直观教学传递教学内容时亦过于死板。[③] 产生这种现象的原因是因为进入明治时代以后，日本教育界还处于讨论“应该教什么”的阶段，在应该教什么还不确定的时候，“如何教”的讨论势必会陷入“机械”的教学形式，所以，日本此时的直观教学距离佩斯泰洛奇的直观教学方法还很远，只不过

---

① 寺子屋是日本江户时代（公元1600—1868年）寺院所设的私塾，又作寺或寺小屋。

② 秋山隆志郎等：《視聴覺教育》，日本：樹村房，1985，第14页。

③ 同上书，第55页。

是对于一些事物的名称、性质或效果等的机械背诵。随着对直观教学的批判，1880 年（明治 13 年）左右，取而代之是赫尔巴特教学方法在日本开始逐渐流行。

另一方面，被誉为日本“工业教育之父”的手岛精一 1874 年从德国引入了“幻灯机”，并将这一“新媒体”向文部科学省谏言后得到采纳，之后“幻灯机”在教学中的应用在全国师范院校开始普及，但在 1883 年由于经济的原因，文部科学省废止了这一政策。尽管国家层面不再支持“幻灯机”在教学中的应用，但在社会上使用幻灯进行教学的研究还在不断的进行，尤其在 1887 年时，在全国各地广为流传。而在 1896 年时，日本就开始输入了“电影”这种新的“娱乐”手段，虽然电影中有对儿童发展不好的血腥、暴力等场面，但电影中也蕴含着很多文化的东西，更适合对现有教育方法的改良。所以，日本文部科学省为了能让儿童看更好的电影，并利用电影促进教学，在 1920 年设置了“儿童电影日”，之后利用电影进行教育教学的实验在日本全面展开推广了。例如，在 1933 年制作了小学地理电影教科书、1935 年制作了小学理科电影教科书。根据 1931 年的调查结果显示，在东京市内 175 所小学中，讲堂中可以放映电影的有 139 所，占 79.4%，而在教学中利用电影的学校有 54 所，占 30.9%，可以说此时利用电影进行教育手段是压倒一切的教学方法。[①] 当时也有一些关于直观教学与电影教学的争论，例如，倡导直观教学的东京赤羽小学的铃木喜代松和代表电影教育运动的理论家关野嘉雄之间的争论。

1925 年日本开始进行广播教育，1933 年大阪广播局开始制作学校广播节目，之后于 1935 年在全国中小学进行广播节目教育，日本放送协会（NHK）也开始陆续制作各科目的广播教材，主要有《广播体操》《朝礼训话》，等等。但是，当时文部科学省对利用广播促进教育的态度显得有些“暧昧”。一边担心广播教育可能会给以教师

① 秋山隆志郎等：《視聽覺教育》，日本：樹村房，1985，第 1—50 页。

和教科书为中心的教学带来混乱，一边也认可广播教育的价值。所以全国教师在利用广播节目时都非常“细心”。随着广播教育的推进，1938 年成立了关西广播教育研究联盟，1939 年成立了东京广播教育研究会，初步确定了广播教育的体制。1941 年全国广播教育利用调查结果显示，小学校接受率为 75%，在所有教学科目中，“初等科”的时间接受率为 79%—84%，“高等科”的时间接收率为 70% 左右。[①] 在此盛行之际，1941 年根据国民教育法令，文部大臣终于正式承认了广播节目在教学中的作用。其实在日本，广播教育的真正发展是在第二次世界大战后，以教师培训大学为中心，开设“视听教育”讲座，从此开启了系统认识视听教育的理论新篇章。1964 年日本视听教育学会正式成立。从此“教育工学”的孕育期正式结束了，大致经历了从“往来物”——直观教育——幻灯机——电影——广播这一发展历程，但无论这其中的哪一种“媒体”在教学中的具体应用，均可归结为“教育方法”的改善。所以，在日本教育工学早期隶属于“教育方法学”，而“教育方法学”又是日本教育学体系中特有的一个专有名词，在西方语言中并没有直接与之相对应的词汇，[②] 这也是日本教育工学孕育期的一个特殊形态。在这种特殊形态的培育下势必会发展出“特立独行”的教育工学学术领域。

二　教育工学的初创期

1924 年美国教育工学研究者波比特（Bobbit，F.）首次提出教育工学（Educational Engineer）这一术语，并在《课程建设》一书中提出了教育工学的相关原理、具体实施步骤与科学的研究方法。[③] 1945 年，课程建设者查斯特（Charters，w. w）也将“Educational Engineer”翻译为“教育工学”，从此这一受系统科学影响而产生的具有

① 日本放送协会：《学校放送 25 年歩み》，日本：日本放送协会，1960，第 99—100 页。

② 佐藤学：《教育方法学》，日本：岩波テキストブックス，2007，第 1 页。

③ 张诗亚、王伟廉：《教育科学学初探》，四川教育出版社 1990 年版，第 169 页。

工程学韵味的教育学研究开始走进了研究者们的视野。然而，随着时代的发展，代表工学意味的“Engineer”这一英文术语在不断地从研究者们的视域中消逝，取而代之的是1960年以后发展起来的“Technology”这一术语。这种悄然的变化主要是受科技革命的改变使然，尤其是第二次世界大战后经历的第四次以微型处理计算机为变革中心的科技革命。[①] 正是由于科学技术革命的变化，代表工学一词的“Engineer”已完全不能代表社会受科技影响而为教育带来的各种挑战与契机。所以顺势而行，“Technology”这一词语开始不断得到推广，尤其是先进的信息通信技术的发展在教育中的广泛应用，“Educational”和“Technology”两个词语的联姻也是一种必然。从此以后，与之相关的“Educational Technology”和“Instructional Technology”等术语被广泛地应用于教育教学领域。而“Educational Technology”这一西式用语之所以能在20世纪60年代流行于日本，广岛大学武村重和教授认为可能是以下几个原因所促使：其一，行为科学的发展（行动科学是约翰·杜威及库尔特·勒温两位前辈学说的发展）；其二，受第二次世界大战的影响，因为战争中需要对军人进行大量的培训，这需要借助先进的视听媒体设备，尤其是影音教育；其三，第二次工业革命时期产业技术的革新，尤其是电子工学、自动化和计算机等引入教育界；其四，教育内容现代化运动的展开；其五，1966年美国国会参众两院合同经济委员会召开了“教育中的技术”会议，讨论了教育工学研究中存在的各种各样的问题。[②] 行为科学这一理念一直是日本教育工学研究者改变教育教学现状的笃行信念与操作方针。所以，随着“Educational Technology”这一术语的大量传播，促逼日本教育工学不断向前发展。

据日本教育工学相关文献的记载，教育工学（Educational Technology）这一西式用语真正被介绍到日本并得到本土化发展与传播是

---

① 顾明远：《第三次工业革命与高等教育变革》，《教育学报》2013年第6期。

② 武村重和：《教育工学》，日本：福村出版，1995，第17页。

1964年,[1] 首次以“教育工学”为名称出版的著作是西本三十二和西本洋一的《教育工学》，此书由日本纪伊国书店出版。[2] 这标志着在日本，“教育工学”这一领域真正意义地朝着成熟化的路径前进，因为有了专门讨论某门学问领域的著作的出现，也意味着有了相对比较成熟的观点或思想，这是一门学问领域发展必不可少的第一步，尤其是初期的著作，可能会成为“经典”，引领后人进行探索。虽然此时在日本已经出现并逐步开始使用“教育工学”这一术语，但就从当时的研究状况来看，与其说是教育工学不如叫作“程序学习”或“教学机器”，这一点也可以从日本研究者将 *Teaching Machines and Programmed Learning* 翻译为《教育工学原论（原理）》得到验证，此书在日本第一版翻译出版为1961年，再版时间为1970年，发行量高达十万余册。“原论”一般具有起源之意，《Teaching Machines and Programmed Learning》理所当然地成为了日本教育工学这门学问领域的“根”，某种意义上可以说奠定了日本教育工学的未来，这也是“原论”的真正意义与价值，也是日本教育工学研究者之所以没有“直译”之根本。[3] 而 *Teaching Machines and Programmed Learning* 的中译本翻译到国内是1964年，由中国科学院心理学研究所刘范等人组织翻译，同样也于1979年再版了一次，共计印刷三万两千册。[4] 可以说，在70年代由于心理学的发展，尤其是实验心理学突飞猛进的发展，为教育工学的发展奠定了坚实的基础，也寻找到了自身的方法论源头，为后续的发展找到了学问领域的生长点。心理学是教育工学之母，在心理学的庇护与滋养之下才有日后教育工学的长足进步，日本教育工学奠基人坂元昂先生就是日本早期留学于美国的心

---

① 坂元昂等:《教育工学とはどんな学問か》，日本：ミネルヴァ書房，2012，刊のことば。

② 坂元昂:《日本の教育工学研究の原点》，《信息技术学报》2008年第1期。

③ A·A·ラムズディン:《教育工学原論》，西本三十二监译，日本：学習研究社，1961，第Ⅳ页。

④ ［美］普莱西等:《程序教学和教学机器》，刘范等译，人民教育出版社1964年版，第2页。

理学博士。

然而，这只是“教育工学”的萌芽时期，虽有建立一门独特研究教育领域之意识，但从严格意义上此时的“教育工学”并不是真正意义上的或今天在日本教育学界广为认同的“教育工学”。而真正代表教育工学这一概念实质意义的是坂元昂先生于1962年发表于《学习心理学》杂志9月号上的文章阐述的：“学习的关键并不是在现实的教学中失去其一般性，现实教学中的全部也并不是从学校心理学或以此类推而获得的解决办法。当然，教学现场有一些固定的教学法则，在不同的学科中，教学法则也可能不同，但是科学研究的方向是在这些特殊的法则中追求更一般的法则，也只有这样才能使其系统化。教师、科学家、教育学家、心理学家等共同努力，使其‘实验心理学’‘临床教授学’‘教学工学’‘教育工学’等这些新的研究领域得到了拓展，以期从教学现场中发现教学法则……”① 一般日本教育工学界以此时坂元昂先生所提出的“教育工学”为正式的教育工学这一学问领域的初始化之始。也就是从这时算起，日本教育工学研究正式进入了初期发展阶段，在其他领域的各种专家的共同努力下，不断完善教育工学的基本概念、理论体系以及所涉及的研究领域。

当然，在坂元昂先生提出“教学工学”和“教育工学”概念2年之后的1964年，日本教育工学引入了“Educational Technology”这一美国AECT的学术成果。如果只从“教育工学”的表面上去理解教育工学的意义是不行的，这样只能误读了“教育工学”的真正意义。因为教育工学并不是纯粹的工学，只是其中蕴含了工学的有关思想，尤其是“系统化”范式和实际应用即怎么做的学问本性。把“Technology”翻译成工学在日本教育工学学术共同体的共同努力之下，在关于教育工学的研究目的和方法的各种各样的争论中，最后确立了自己的学术地位。现在已经不是狭隘的工学，而是以教育学、心理学、社会学、生理学、信息科学和建筑学等各种研究领域为基础的一门以

---

① ［日］坂元昂：《教师的思考和孩子的思考》，《学习心理学》1962年第3期。

问题解决为主的学问领域。①

由于美国教育在20世纪六七十年代的大变革，促使了视听教育和程序学习的高度发展，使日本在教育教学中越来越重视教育工学这一研究。尤其是从1968年开始，日本文部科学省开始设置有关教育工学这门学问领域的科研教育研究辅助经费，第一批进行了三年的持续资助，后来又进行了二期六年时间的资助，合计一共九年，设置在科学教育的资助范围中，这九年为日本教育工学的伟大振兴做出了非常大的贡献。② 第一期一共公开召集了17个项目，其中主要以科学教育的意义、教育内容、实验法和教材教具的开发等以及科学教育专家为主，例如爱知教育大学今荣国晴教授的“在大学教育中CAI的应用”、筑波大学中山和彦教授的“在教育研究中应用计算机的分析”，等等。③ 在中小学教育中主要以理科教育和数学教育为主，大学教育中主要以自然科学教育作为研究对象。而真正与教育工学相关的直接研究主要是以计算机教育应用为主，但当时也仅仅有小林茂広班和大阪大学的田中正吴班。田中班主要以计算机系统开发、教学设计和学习效果等研究为主。而到了1969年增加了岐阜大学的広濑弘班，接着又增加了东京工业大学的谷口修班，从此以教育工学为系列的研究逐步真正得到了认可。谷口班进行了教学分析、教学系统技法的开发以及简单的教育机器的开发研究。④ 经历了日本文部科学省科研辅助经费的一期资助，教育工学在初创时期得到了迅猛的发展，而到第二期，在第一期的科学教育主体的研究经费辅助下，把教育本身作为了科学研究的对象，作为一种改善教育的支持研究，在特定研究领域下

① 坂元昂等:《教育工学とはどんな学問か》，日本：ミネルヴァ書房，2012，刊のことば。

② 大冢明郎:《特定研究科学教育における教育工学研究の经过と展望》，《日本教育工学会論文誌》，(1)，1976。

③ 教育工学研究成果刊行委员会:《教育工学の新しい展開》，第一法規出版，1977，第11页。

④ 坂元昂:《日本における教育工学創設期の状況：日本教育工学会設立の経緯》，《日本教育工学雑誌》2003年第1期。

设名称中明确标记出“教育工学”的研究领域，即“科学教育・教育工学”，从此教育工学这一研究领域真正意义上被日本学术界所公认，其意义对教育工学的后期发展是可想而知的。第二期主要以教育内容的分析与构造、各种媒体的开发与应用、学习技法和评价技法的开发以及与教育教学有关的各种因素的整合研究为主，在科学教育专家集团的影响以及科研经费的资助下，教育工学的研究和之前的科学教育专家的教育课程开发研究并列成为科学教育研究的重要力量，甚至也可以说教育工学的研究成果完全可以凌驾于科学教育课程开发研究本身，这一时期教育工学的成长是惊人的；[①] 第三期特定科学教育研究公开招募研究内容时，明确提出“科学教育的重要问题是为了改善其研究方法的有关教育工学的基础研究，并且把未来教育工学的发展作为拓宽教育研究领域的研究对象”这一研究课题，例如，1997 年日本文部科学省资助的学术成果——《教育工学新的展开》。[②] 从此，教育工学作为一个研究领域越来越得到不同学术界的高度评价。并且，其中所建立的研究班也培养了大量未来有志从事于教育工学研究的研究者，而这些研究者就是教育工学进入发展期的核心力量，继续支撑着教育工学的发展。[③] 第二期日本文部科学省历时九年的研究结束之后，将有关教育工学的研究成果汇编成二册，并作为未来教育工学研究者入门的必读文献。可以说，日本文部科学省的第二期资助之后，教育工学明显进入了摆脱依附其他领域的研究状态之中，在为能成为一个专门的学术领域蓄积力量。

另外，教育工学形成了一定的研究团体并有了相关的文献资料之后，有关学会的建设也与之同步而有序地开展起来。在日本代表

① 坂元昂：《日本における教育工学創設期の状況：日本教育工学会設立の経緯》，《日本教育工学雑誌》2003 年第 1 期。

② 教育工学研究成果刊行委员会：《教育工学の新しい展開》，第一法規出版，1977。

③ 坂元昂：《日本における教育工学創設期の状況：日本教育工学会設立の経緯》，《日本教育工学雑誌》2003 年第 1 期。

教育工学学会共同体的学会为教育工学会，而教育工学会的真正设立是在1984年，所以在教育工学会成立之前有很多与教育工学相关的学会进行着教育工学的学术交流活动。例如，1974年日本教育学会召开了“教育工学的可能性与局限”、日本教育心理学会召开了“教育工学与教育”等与教育工学有关的研讨。从1975年开始，向来以教育哲学与历史研究为主的日本教育学会，开始对教育工学的研究给予了极大的关注。除教育学相关学会以外，其他学会也对教育工学研究格外关心。例如，日本机械学会、日本电子通信学会、日本计算自动控制学会，等等，只要与工学相关的学会，教育工学就会在其研究中占有很大比例，尤其是电子信息通信学会对教育工学发展的影响。电子通信学会教育技术研究会每月以十份左右的报告讨论教育工学相关研究，仅仅是出版的印刷资料每年就高达700多页。①

而直接与教育工学研究相关的是战后的影音教育，在广播教育的基础上，1954年设立了“日本广播教育学会”，1964年设立了“日本视听教育学会”。② 在20世纪60年代左右，当时的日本教育研究还仍然以理论研究为主要导向，但是由于受美国教育变革的强烈刺激，尤其是利用新媒体促进教育教学效率的改变持续得到关注，所以教育工学这一学术领域就在这强烈的浪潮中不得不被教育研究者所接受。并且，当时教育工学研究者的一些学术成果急需得到发表，所以，1966年日本视听教育学会出版发行了《视听教育研究》，1971年日本广播教育学会出版发行了《广播教育研究》，之后在1994年日本视听教育学会和广播教育学会合并组成了“媒体教育研究”，后又在1998年更名为“日本教育媒体学会”，其演变历程如图1－3所示。③

① 教育工学研究成果刊行委员会：《教育工学の新しい展開》，第一法規出版，1977，第3—20页。

② 坂元昂：《日本における教育工学創設期の状況：日本教育工学会設立の経緯》，《日本教育工学雑誌》2003年第1期。

③ 小笠原喜康：《日本教育メディア学会の軌跡1：放送教育学会〈放送教育研究集録〉の時代》，《教育メディア研究》2012年第3期。

这些学会代表了20世纪60年代日本教育工学的发展状况，通过各种各样的学术讨论为教育工学的未来发展做出了很大的贡献。1967年，日本电子通信学会（现今的电子信息通信学会）成立教育技术研究会（后来发展为教育工学研究会），并且其他各种各样的学术杂志都刊发了有关教育工学研究的"特刊"。这一年被称为"日本教育工学之年"①。1971年，与教育工学相关的著作也出版了很多（例如坂元昂的《教育工学的原理和方法》、井上光洋的《教育工学的基础》等）。

日本教育工学协会成立的同时，在四所大学设立了教育工学研究中心，分别为北海道教育大学、东京学艺大学、爱知教育大学、福冈教育大学，其后又在京都教育大学、岐阜大学、长崎大学和冈山大学等设置了教育工学研究中心。② 后来几乎在全国的国立大学都设立了教育工学研究中心，从此进入了与"教育工学"名称真正相符合的教育工学研究时代，与我国在2000年左右全国上下兴办"教育技术"专业略有相似之处，但日本教育工学与美国教育技术一样，也是没有本科专业的。1972年教育工学协会（JAET）成立，第一代会长为大阪大学田中正吾教授（现任会长为东北大学堀田龙也教授）。相隔2年即1974年CAI（Computer Assisted Instruction）学会成立，CAI学会是现今教育信息系统学会的前身。1976年开始发行日本教育工学杂志，这本杂志作为日后的日本教育工学会（1984年设立）论文志一直持续至今。在这一时期，教育工学形成了学问领域本身的系统观、设计观和研究观，并且，以行为科学为科学基础，为促进教育教学效果的最大化为发展目标，更是作为一种崭新的研究教育教学的方法而立足于教育大家庭之中。

---

① 古藤泰弘：《教育工学における"最適化"に関する研究（1）》，《川村学園女子大学研究紀要》1997年第2期。

② 坂元昂等：《教育工学とはどんな学問か》，日本：ミネルヴァ書房，2012，第12页。

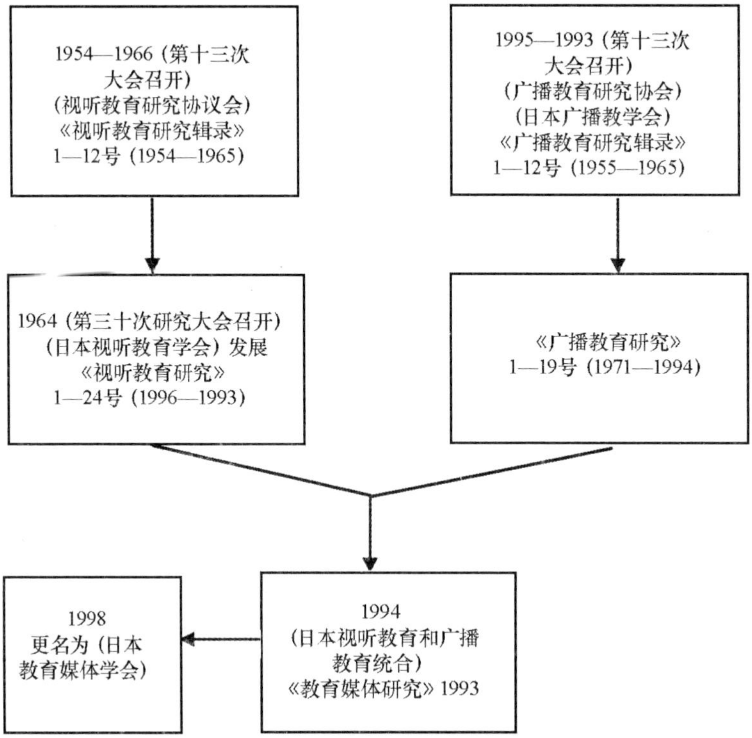

图1-3　日本教育媒体学会的发展脉络

资料来源：小笠原喜康：《日本教育媒体学会的轨迹1》，《教育媒体研究》2012年第3期。

而此时作为现今的ICT（Information and Communications Technology，ICT）研究领域，为了用计算机实现优秀教师的教学活动，开始开发了CAI和CMI（Computer Managed Instruction，CMI）学习与管理系统。进行教学活动的CAI，通过不同形式的程序学习形态，利用计算机控制教学——学习过程。而且整理和加工教育信息，伴随着以运用和管理为目的的CMI也得到了开发，关于各种各样的教育信息数据标准化和数据解析方法论的研究不断得到推进（例如构造分析、S-P表分析和IRS分析等）。

可见，教育工学这样的词语在日本开始使用大约是在20世纪60

年代，而作为一个研究领域大约开始于70年代。从这以后，教育工学的研究与实践开始盛行，表现在研究者的数量、研究实验校的数量、研究发表的场所、研究发表的数量、研究的设施与组织、研究经费等。从图1-4中也可以大致看出教育工学形成的简单路径，在以程序学习为发轫点之后，不断得到拓宽和外延。

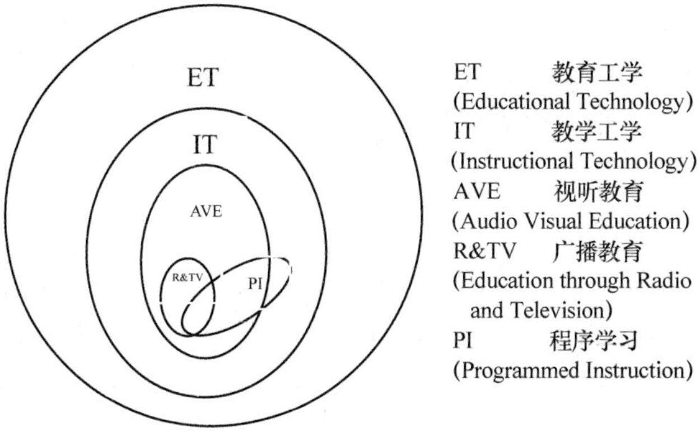

图1-4　视听教育与教育工学之间的关联

资料来源：坂元昂等：《教育工学とはどんな学問か》，ミネルヴァ書房，2012年版。

三　教育工学的发展期

随着教育工学给教育实践做出的贡献越来越被社会认可，这一学术领域从最初的懵懂时期快速进入了正式的发展轨道之中。并且从1974年开始，每年出版的《教育方法学年鉴》中都有关于教育工学研究展望和课题的记录，而且每年的发表量都在不断增加，1973年就高达100件。[①] 同年《现代教育工学》月刊杂志也正式出版发行，但后来改为季刊，发表了大量的教育工学研究成果，但因其他一些原因，《现代教育工学》也仅仅出版到第49卷而终止。而在这一时期的

① 坂元昂等：《教育工学とはどんな学問か》，日本：ミネルヴァ書房，2012，第19页。

教育工学研究班中，以东京学艺大学的堀内敏夫和香川大学的小林茂广等为主要研究者的程序学习、教学机器和计算机辅助教学等得到了一定的彰显，小范围的学术共同体不断形成，促成了日本教育工学协会的成立，而教育工学协会的意义就在于促进教育现场的实践研究，搭建了教育工学研究的更高、更专业、更系统化的学术平台。在教育工学协会第六代会长末武国弘于1982年上任之后，1984年11月日本教育工学会终于成立了，并于翌年3月29日在青山会馆召开了教育工学会成立的恳谈会，发起人一共365人，初始会员为716人，第一任会长为东洋，学会设立以来对推动日本教育工学的发展起到了积极的作用，学会的会员也不断地得到增加，但因1995年开始收取会费，会员数量有了一些减少，到后来还是在不断的增加，有越来越多的人参与到教育工学的研究队伍之中，会员数量变化如图1－5所示。① 但是，非常遗憾的是由于大学改革的原因，教育工学会初期设想的为了培养教育工学研究者而开设《教育工学讲座》课程并没有真正实现，所以，这时的教育工学还不是一个严格意义上的专业化学问领域，而会员的增多也大多是来自于各个不同的研究领域。② 与教育工学会相比，教育工学协会更进一步地综合了所有的教育现场的相关研究，其宗旨是促进教育工学相关的学术研究，这两个学会分别承担不同的任务，交相呼应助推日本教育工学向更广、更深的方向不断发展。表1－1展示了与教育工学相关的学会或团体组织及其研究内容。日本教育工学会成立之后一边发挥各学会和团体的专业性，一边推进教育工学的研究，巩固和加强了教育工学这门学问的基础和方法论。

可以说，日本教育工学在进入20世纪80年代以后，不仅作为一门学问领域的研究地位得到了一定的认可，研究对象也得到了一定的完善。从简单套用“工学”类的实验性研究对教育现象客观性的重视转变为重视教学者和学习者的经验和主观的相关研究。这一时期，计算机和

---

① http：//www. jset. gr. jp/profile/index. html.

② 坂元昂等：《教育工学とはどんな学問か》，日本：ミネルヴァ書房，2012，第16页。

各种新媒体大量的普及，从各种各样的视角对教育工学这一学问领域的研究开始盛行。并且研究的视点从工具应用的教育框架向系统论的方向转移，以计算机为基础的教育系统化成为教育工学研究的主流。

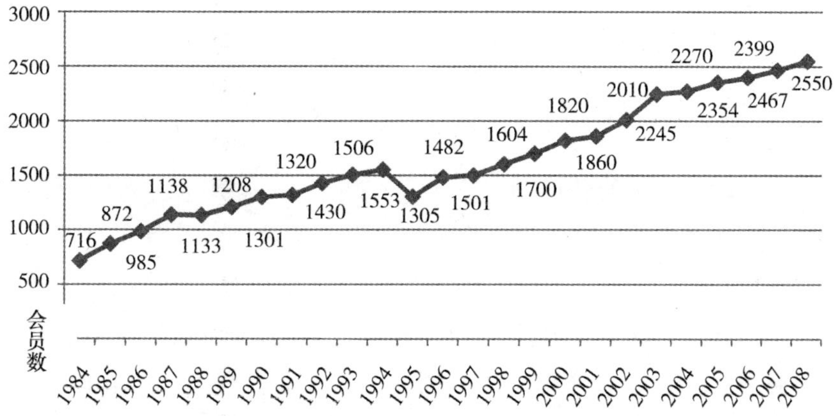

图 1－5 日本教育工学会员数（1984—2008）

资料来源：http：//www. jest. gr. jp/profile/index. html。

表 1－1 **教育工学相关学会和研究内容/对象**

学会名	主要的研究内容/对象（教育工学领域）
电子信息通信学会（ET：教育工学研究会）	以教育作为对象的工学研究、教育信息的解析方法、评价技术、CAI、CMI
教育系统信息学会（旧 CAI 学会）	CAI、ITS、CSCW/L、人工智能技术应用、分布式协作学习支持技术、信息教育
日本教育工学会	教学研究、教师教育、评价技术、教材开发、信息教育
视听·广播教育学会	教育中的媒体运用、学校广播教育
科学教育学会	物理·化学·生物·地学·数学领域的科学教育方法
教育方法学会	实践研究、教师教育、媒体运用能力
教育心理学会	学习·教学活动的心理研究
信息处理学会（CE：计算机和教育研究会）	信息处理教育·信息教育的内容和方法、教育信息处理系统
人工智能学会（ALST：先进学习科学和工学研究会）	ITS、ILE、数据解析、知识处理交互处理、CSCL
认知科学会	认知过程、学习·问题解决过程

资料来源：作者根据相关资料绘制。

在技术研究层面，随着教育学习观的变化，包含系统的教学功能在逐渐弱化，更加重视开发能实现具有适应力的教学—学习过程功能的智能教学系统（ITS）。再加上，这时发现学习以及假说—验证学习开始流行，到了20世纪80年代后半期，主要集中于具有定性功能的学习场验证假说的微型计算机的交互学习环境的相互主导的学习环境的开发。

四 教育工学的转换期

日本教育工学研究界进入20世纪90年代后，学习范式也发生了一些重要变化，教育工学的基础理论从行为科学转变为知识科学和认知科学。并且，这个时候教育工学作为一门综合研究领域在教育教学的研究中成为了一种主流。以此为背景，日本教育工学第五代会长、圣心女子大学永野和男教授1991年组织了“有关教育工学的学术基础研究”课题，并得到了日本文部科学省的资助，历经数年完善了教育工学的基础研究，对教育工学的定义、研究领域、研究方法等都一一做了界定。明确提出教育工学是教育中解决问题的学问领域，可以为教育问题提供五种解决方式或路径：基础知识、工具、技术、方法和问题的说明。而教育工学的研究是以人与人之间产生的所有相关的学与教为对象，研究方法也不是狭隘的工学研究方法，而是综合了教育学、心理学、信息科学、社会学和建筑学等多个领域的研究方法，不强调研究方法的唯一性，而关注与研究问题之间的适切性。[①] 为此，分散认知、社会情境认知理论受到了一定的关注，开始重视由社会相互作用产生的学习共同体和知识构成、知识创造的学习方式。

另外，社会教育信息化需求不断高涨，1991年文部科学省发布了《信息教育概论》报告书，使支持策划、设计、评价和以发表、表现、传达的学习活动为目的的教育工学研究开始盛行。由这种学习

① 坂元昂等：《教育工学とはどんな学問か》，日本：ミネルヴァ書房，2012，第18页。

范式引起的计算机支持的协作学习（CSCW/L）开始登场，并且，在学习环境下监测参与者的学习作用和成果功能的信息技术开始进一步得到推进。学习自己发现知识的意义与价值，在知识融合的过程中获得新的知识、概念与技能的支持系统开发成为教育工学系统开发的目标。其中，也有应用智能代理技术，进行虚拟学习和协作学习功能的开发。并且，集声音和动画为一体的多媒体技术的渗透，使支持应用多媒体特性的教材编辑系统和自适应学习系统等也得到了开发，目的是为了实现自主学习。在这种知识爆炸的时代，选择有用信息的能力就尤为重要，由此产生了信息选择与评价的方式，以这种方式为基础，产生了教育工学研究的智能化时期。可以说，在日本教育工学会成立后的十年间（1985—1994 年），日本教育工学取得了飞速的发展。仅从日本教育工学会的发表数量就可略知，如表 1 – 2 所示。①

表 1 – 2　　　**日本教育工学发表数量（1985—1994）**

年份	大会发表	研究会发表	论文志发表	合计
1985	166	0	15	181
1986	138	39	23	200
1987	163	74	13	250
1988	288（联合）	88	19	395
1989	180	82	27	289
1990	207	74	21	302
1991	336（联合）	68	23	427
1992	223	80	25	328
1993	220	94	20	334
1994	466（联合）	59	19	544
合计	2387	658	205	3250

资料来源：清水康敬：《教育工学研究発表の概要》，《日本教育工学雑誌》1997 年第 4 期。

① 清水康敬：《教育工学研究発表の概要》，《日本教育工学雑誌》1997 年第 4 期。

五　教育工学的智能化时期

21 世纪前夕，尤其是在 1998 年，对于教育工学来说是最大转换之期。因为在这一年，日本文部科学省把中小学校的“信息与计算机”科目设定为必修科目，同时在高中也新设置了“信息”这一必修科目。[①] 1999 年是日本教育工学会成立 15 周年，为了纪念教育工学会的成立，同时试图重新梳理教育工学研究中存在的一些基本的概念，以及为了不让外界误解教育工学仅仅是研究媒体之类的学问领域，教育工学会几乎所有的研究者共同编制了《教育工学事典》，其实关于《教育工学事典》的企划从 1994 年，也就是日本教育工学会成立 10 周年时就开始了，历时 5 年编制完成。[②]《教育工学事典》汇集了日本教育工学界最活跃的 115 位作者，编辑了 364 个项目，多达 5200 多个关键性教育工学学术术语，是日本教育工学发展历程中的一部“史诗”，不仅仅是对过去研究状况的梳理，更多的是为了未来更好地改善教育现状这一目的出发。

受 20 世纪 90 年代研究的影响，并伴随着互联网技术的飞速进步，“web2. 0”理念的崛起促使从信息、知识的数据挖掘转变到自动构成个人学习者模式和小组合作模式的开发，开始推荐适应性教材、开发自动推送的学习管理系统（Learning Management System）。另外，获取社会性网络服务（Social Networking Service）的功能，开发在共同学习场所支持进行协作学习活动的学习系统。其中，为了分析、应用共同体的特征，学习场域和学习内容的情景或者基于用户的个性化需求的知识管理技术也在不断得到体现。

另一方面，把各种各样的教育资源对象（组织、人、设施和资源等）全部数字化，使信息相互交换、共享和再利用成为可能，教育工学在将这些对象数字化的过程中提供理论依据，构建一种方法

---

① 清水康敬:《教育工学の現状と今後の展開》,《日本教育工学雑誌》1999 年第 3 期。

② 日本教育工学会:《教育工学事典》, 日本: 実教出版, 2000, 第 3 页。

论体系。在这种研究的基础上，标准化技术与内容以及教育服务相关的品质保障领域也显得尤为重要。再加上知识生产、流通模式和支持这一模式的信息基础也成为必要，为了开发整合信息的数据存储和将集成、标准化的元数据及本体添加在学习管理系统（LMS）的 e-learning 系统。今后，与上述相关联的信息、知识的集合体的管理和为了从其中抽出有用信息的知识地图结构都是非常重要的课题。

当然，此时的日本教育工学界也在不断反思之前日本教育工学研究的路径，尤其是对“客观性”和“科学性”的反思，基于建构主义的学习环境的构造呼声在不断增强，注重人与人之间的交互作用在知识传递中的价值作用，例如印第安纳大学教学系统博士、关西大学久保田贤一教授2000 年出版的《構成主義パラダイムと学習環境デザイン》曾连续五次印刷，这也源于日本新的学力观的改变以及由于媒体和网络导致的“全球化”。2007 年日本教育工学第五代会长赤堀侃司教授在日本教育工学会通讯会上关于教育工学的研究特征和今后的展开明确提出以下 7 点：①

第一，随着时代的发展，研究主题也在不断发生改变（時代と共に、テーマが移っていく）。

第二，与教育政策共同发挥作用（教育政策と連動して移っていく）。

第三，研究方法也随着时代不断地发生变化（研究方法も時代と共に、テーマが移っていく）。

第四，关注与教学相关的主题（教授に関わるテーマを追求する）。

第五，重视教育实践（教育実践を重視する）。

第六，深入工具本身（道具を持ち込む）。

---

① 村上正行、山田政宽：《大学教育・FDに関する研究における教育工学の役割》，《日本教育工学雑誌》，(3)，2012。

第七，对教育起作用（教育に役たつ）。

现在的教育工学的研究领域已经从学校教育扩大至企业、社会教育等更加广阔的领域，支持自适应和协作的教育活动技术，关于教育资源的开发、整合、利用和传播的研究也在不断进行。

总之，日本教育工学的历史发展大致可以概括为表1-3。①

表1-3　日本教育工学略史

年代	社会形势	教育与学力观	教育工学事件	课题
20世纪50年代	战后教育方针	经验主义（杜威教育思想的影响）	从灌输式教学到问题解决能力的培养	经验主义与模仿
20世纪60年代	技术革新、经济白皮书、工资倍增计划	认知主义、科学主义（斯金纳教育思想的影响）	教学内容的系统化、学习的结构化、程序学习、教育方法的科学化、教育内容的现代化	新干线教育
20世纪70年代	计算机在教育中应用的大众化	个性化、适当的交互作用、完全习得性学习	CAI、CMI教育信息的解释方法、系统化、教师教育	对机械主义的反思
20世纪80年代	石油危机、国际化与信息化、微型计算机的普及	知识建构主义、社会情境	只能CAI、教学研究、教授技能、元认知、反思、学习环境设计	终身学习、内省主义（introspection）的复苏
20世纪90年代	网络化、全球化、区域化与国际化	人类主义、协作与分散认知、生存力	信息教育、综合学习、CSCL、远距离教育系统、人工智能系统	多样化、复杂化、基础学力低下、问题学生

资料来源：冈本敏雄：《网络时代的教育情报工学（1）》，森北出版社2000年版。

小结　历史的本真之意

在日本教育工学研究者来看，日本教育工学的发展大致包含了"硬件（硬技术）"与"软件（软技术）"两个领域，前者主要是受技术学或工学的影响，后者主要是受行为科学的影响，而共同的方法论基础是系统方法。并且，代表硬技术研究领域的是视听教育，代表

① 冈本敏雄：《インターネット時代の教育情報工学（1）》，森北出版，2000，第4页。

软技术研究领域的是程序学习，这是日本教育工学发展的基本背景，而如今的日本教育工学虽取得了不同种程度的飞跃，但依旧是在这两个方向的延长线上，并没有脱离“初衷”。

人文社会科学的理论研究要求研究者在研究中具有历史意识，既要了解研究对象的发展历史，也要了解研究成果的积累历史。[①] 而教育学作为人文社会科学研究大家族中的一员，研究者也必须要有强烈历史意识。何齐宗就曾较早地指出，教育科学是人类科学体系的一个组成部分，它的发展要求教育工作者具有强烈的历史意识。[②] 然而，教育技术学又是教育学大家庭中的一分子，虽提出要具有历史意识的看法相对教育技术学科其他研究问题要稍晚一些，但中国教育技术研究者对“史”的重视却是非常早的，尤其是对美国教育技术史的梳理与研究，例如河北大学张立新2002年完成的博士论文《美国教育技术发展史研究》、华南师范大学宫淑红2003年完成的博士论文《美国教育技术学的历史与范式演变》，等等。对美国教育技术发展历史的梳理，在一定程度上对教育技术学科的“追本溯源”起到了相当大的促进作用，更是在增强我国教育技术学界对教育技术的根本认识方面起到了“科普”的作用，毕竟很大一部分教育技术研究者是从其他研究领域“跳槽”而来，所以，科普还是有很大的意义与价值的。就是在这种“根深蒂固”的学科背景的影响与渗透下，在不断地深化对美国教育技术的研究下，在对一些“美式概念”翻炒下，我国逐步从“电化教育”时代进入了与世界接轨的“教育技术”时代，看似可引以为豪的世界化，同时也是以牺牲一定的本土化为前提，从此我国大范围地在普通高等学校设置教育技术本科专业，以及硕士点和博士点，如若是经历过那个时代的研究者对今天教育技术走到“生死存亡”的关口，心情肯定也是难以释怀的。

然而，种种的迹象表明，我们从美国教育技术的发展历史中学到的

① 王炳照：《人文社会研究的历史意识》，《北京师范大学学报》（社会科学版）2009年第3期。

② 何齐宗：《简论教育科学的历史意识》，《教育评论》1989年第2期。

都是一门学科发展的“完成品”，是思想的结果而非思想的过程。如果我们能较早地认识到日本教育工学在汲取美国教育技术学科发展思想之后尝试着走的一条道路，也许我们就不会多做那么多“无用功”和少走一些“弯路”。就从“教育工学”的名称由来，就不禁让我国教育技术研究者“惭愧不已”，我们不知曾为“叫什么”争论过多少次，即便时至今日也还未真正形成统一的结果。如果当初我们在改名称之前，知道日本的教育工学来自于中国的《天工开物》、知道教育工学可以并不一定要完全与“Educational Technology”相对应、知道日本教育工学学习的是美国教育技术发展的思想过程而非结果，等等，也许我国今天的教育技术学科就不会出现这样或那样的诸多“疑难杂症”。

对国外教育技术历史研究的单一化，导致我国教育技术学科的发展历程难以摆脱“照搬照抄”的局面。虽说没有像《目睹教育技术之十大怪状》中批判的那样严重，但其中所阐述的问题或多或少都真实地存在于我国教育技术学科发展之中。之所以产生这一局面，主要原因还可归咎于我国教育技术研究者对本国教育技术发展历史梳理的滞后，我们只能通过“别人”知道未来要往哪里走，而我们是否走对了，就需要靠反思自己的发展历史了，恰恰我们意识到这一点的时候，确实是太晚了。我们不能“等”，如果自己不开口，长此下去可能就不敢做主了，甚至于连长在自己身体的大脑都不用了，对别人有了强烈的依赖性。

但是，随着近几年老一辈电化教育专家的集体努力，中国教育技术史的研究得到了空前的推动与发展，并且，作为培养中国教育技术史方面的教科书——《中国电化教育（教育技术）史》也于2013年由人民教育出版社正式出版了。就是在这种追忆中国电化教育的坎坷发展之路的过程中，人们越来越意识到日本教育工学与中国教育技术发展的一些“扯不断，理还乱”的关系，正如华南师范大学教育技术学科创始人李克东教授在《技术变革教育的探索——教育技术的历史回顾和展望》一书中论及走向世界的教育技术学科时，指出我国与日本教育工学会交流历史悠久，1978年中国电化教育重新起步之时，因缺少经验，得到了日本很多老一辈教育工学专家的帮助，他们来到北京、长春对中国新一代的电化教育工作者进行培训，培训内容包括介绍日本教育工学的理论、教育电视节目制作、微格教学的设计，等等。并且，当年接受培训的一大批青年教师现已成为我国教育技术领域的骨干力量。[①] 认真梳理中日教育发展中的历史关系对重新认识我国教育技术学科目前出现的“千姿百态”的“病理”是有一定“省察”作用的，这也就是张斌贤教授所谓的教育历史研究的“认识功用”观。[②] 尤其是在对日本教育工学的发展史的梳理过程中，我们会深刻地体悟到为什么日本研究者既可以保留“教育工学”又可以把“教育工学”翻译为“Educational Technology”，而我们为什么不能这样做——保留“电化教育”的称谓并将其译为“Educational Technology”。这也就揭发了教育技术史研究的“实践功用”观。正如吴式颖教授在谈及“教育史”研究的功用时指出，通过研究教育史，总结外国经验和教育家研究与解决教育问题、指导教育实践的经验，预示外国教育思想发展趋向，为新世纪我国教育理论建设和教育事业的发展提供启示与借鉴。[③] 虽然研究教育技术史不能直接解决目前教育技术学科中存在的一些基本问题，但可以帮助我们更为聪明地解决目前的实际问题。并且，清楚地认识和了解过去，可以提升教育技术研究者的自身修养，使之在未来研究中能够永立涛头。

当然，如果一个学科不重视历史，那么想要创新发展是不大可能的。马克思和恩格斯曾指出，历史不外是各个世代的依次交替，每一代都利用以前各代遗留下来的材料、资金和生产力；由于这个缘故，每一代一方面在完全改变了的条件下继续从事先辈的活动，另一方面

① 李克东：《技术变革教育的探索——教育技术的历史回顾和展望》，华南理工大学出版社 2013 年版，第 240 页。

② 张斌贤、高玲：《教育史研究的功用》，《河北师范大学学报》（教育科学版）2013 年第 9 期。

③ 吴式颖、任钟印：《外国教育思想通史》第 1 卷，湖南教育出版社 2002 年版，第 2 页。

又通过完全改变了的活动来改变旧的条件。① 历史研究无论其研究的内容是多么遥远的过去，在本质上却从不曾脱离现实。历史研究只有重视历史感与现实感的有机融合，才会生发出时代精神。通过对教育工学历史的梳理，可以看出日本教育工学在界定本领域发展起点时，并不追究非常遥远之过去，而注重能与现实结合的历史起点研究。历史是过去的现实，现实是未来的历史，历史就像一面镜子，瞻往可以察来，通过别人之镜更能体悟自己之“瑕疵”，在历史的比较中，寻找到我国教育技术学科新的生长点，使之重新焕发出光芒。“无限的过去都以现在为归宿。无限的未来都是以现在为渊源。”历史——现实——未来，是一个相互依存、相互渗透、互为因果的整体，把握住历史的发展路径才能够预测正确的未来，我们既不能走自己曾经走过的错误之路，也不能走别人走过的路，中国的教育技术学只能走自己的发展路线，任何一个国家的发展模式或历史进程都只能作为一种最为普通的参照，也仅仅是参照而已。历史之中有着丰富的营养和智慧，学习和总结历史，借鉴和运用历史经验，是我们应该重视并倡导的一个重要的思想和方法。前人如何思考对我们以后该如何思考问题至关重要，这也是一个学科思想文化的承载，只有在这历史的积淀中，学科的“接力赛”才能得以正确而系统地延续下去，而不至于如落叶，不知飞向哪里。历史的启迪和历史的教训，源于对现实的思考。历史研究，无论其研究的内容是多么遥远的过去，在本质上是与现实紧密相连的。历史之中有着丰富的营养和智慧，学习和总结历史，借鉴和运用历史经验，是我们应该重视并倡导的一个重要的思想和方法，这就是历史的本真之意，也是教育技术史研究之所以能存在的理由。

---

① 中共中央编译局：《马克思恩格斯全集》第3卷，人民出版社1956年版，第51页。

第二章

日本教育工学的理论研究

第一节　教育工学的理论体系

何为理论体系？潘懋元先生认为，学科的理论体系，是指该门学科的概念和联结这些概念的判断，通过推理、论证，形成一个层次分明、结构严密的理论系统。[①] 然而，这是以学科发展为向往的学术领域所追求的理论体系模式。日本教育工学并不像我国教育技术规划注重学科建设，所以，在日本的教育工学学术著作与期刊中，基本找寻不到与之相类似的文字描述，也就自然产生不出多种多样的分歧。但这不能说日本教育工学不重视理论的研究，因为在教育工学发展的早期，永和和男教授就曾以"教育工学的基础研究"为题做过系统的研究。而从另一个侧面也反映出，教育技术学理论研究不可能是所有人的事，也不需要所有人都从事基本理论研究，如果从事基础理论研究的人太多，只能越来越导致理论研究的泛化和实践领域研究越来越脆弱。从《中国教育技术学基础理论问题研究——关于理论体系的评述》一文中就可以看到，在探讨我国教育技术学科理论体系时就曾有过多种"标准答案"，并且每一个答案提出者都以己之长攻他人之短，[②] 以至于将本是"一家人"的

① 潘懋元：《关于高等教育学科建设的若干问题》，《高等教育研究》1993 年第 2 期。

② 钟柏昌、李艺：《中国教育技术学基础理论问题研究——关于理论体系的评述》，《电化教育研究》2014 年第 1 期。

“大电教（教育技术）”进行了分割，反而没有真正在学科的实践中起到实质性的作用，只能作为文字的堆积而存在着，不被流传、不被继承、更不能被批判，因为很多人的理论体系都是“闭门造车”之作。仔细考量日本教育工学理论体系，并没有如预想所期待的全新的体悟，只是作为“交叉性”学问领域，广阔吸收其他学问领域综合而成，并且坚固不可摧，也没有所谓学术共同体之间的争议，其主要原因是教育工学的理论体系是开放的、柔性的，可以吸收任何有价值的理论对其进行一定的改造，从而达到为我所用的目的。但是，教育工学体系中有三个基本的骨架作为支撑，第一是工程学的思想，用工程学的思想思考与研究教育中的问题；第二是心理学的方法论，教育工学始终未离开心理学的影响，从早期的行为主义心理学到认知主义心理学都是教育工学研究范式改变的重要依据，心理学是教育工学的内核；第三是教育学，尤其是学科教育学的影响，这给教育工学提供了内容，才能使教育工学研究有的放矢。所以，教育工学的理论体系由这三大基本骨架构成，它不是简单用工程学思想研究人，也不是纯粹的心理学的量化研究，更不是教育哲学的思辨研究，而是这三种研究的综合体。不能单独地从某一点看教育工学的理论体系，而是应该从整体观的角度思考教育工学的理论体系构成，因为从单独的视角来审视，教育工学确实没有严格意义上的理论体系，但从整体的视角来看，它也确实存在着一定的理论体系，只不过这些理论体系是其他理论综合而成。总之，教育工学就是在这种多学科的“庇护”下，按照某一种既定的“法度”，不断地在教育教学改革领域之中爬行。

一　基础理论

基础理论一般是指一门学科体系中起基础性作用并具有一定稳定性、根本性和普遍性的理论。稳定性强调的是理论的不变性，其实就是人们常说的公认度，是经得起时间和实践检验的理论，而不是某种推测、臆想或判断；根本即本源、根基，是理论推演中最源头的那一端，而非其他学科或领域综合而产生的某些理论；普遍性是指能涵盖

一门学科几乎所有的研究视域，而非只能指导某些单一问题，具有一定的广域性。所以，基础理论往往具有多学科性，并大都来自于公认度比较强且相当成熟的学科，明确这一点对构建跨学科性较强的学问领域的理论体系具有很强的指导与“声明”作用。那么，教育工学的基础理论就是指指导教育工学研究与实践的理论，而选择这些理论必须遵循理论基础的稳定性、根本性和普遍性三个原则。

日本研究者三宫真智子曾指出，教育工学最大的特征就是“学际性”（跨学科性）。[①] 然而，“教育工学”这种天生具有跨学科性质的学问领域，处在“工学”与“人文科学”的夹缝中努力地向上生长着。所以，教育工学出生之日的“杂种”性，导致了教育工学不可能只有一个“母亲”，而是众多母亲集体孕育而生的一个“宠儿”，所以，日本教育工学研究者在探求理论基础时，并不决意生发出一种理论，而是完全积极地吸收其他学科已非常成熟的理论作为本领域发展的基础理论。教育工学并不像“物理化学”这种完全由物理学与化学所结合而形成的交叉性领域一样，是从物理学的角度分析物质体系中化学行为的原理、规律和方法的学科。教育工学是由计算机科学、心理学、传播学和管理学等多种学科交叉而形成，而这些交叉学科在教育工学中所占的比重也完全没有形成一种固定的标准，所以，这就可能导致了教育工学在根据母学科而择其理论基础时，会陷入不全面或是普遍泛化的现象，以至于这一弱点成为其他兄弟学科可能攻击之“要害”。

虽然，综合考量日本教育工学半个世纪以来的发展面貌，没有创立所谓的理论的“过程说”“方法说”抑或是“结果说”，等等。但日本教育工学研究者非常清楚一门学问领域的根基在于理论，而选择哪一些理论来支撑这门学科的发展是关乎这个学科未来走向的。日本教育工学研究者紧紧抓住了教育工学是由好几个不同学科的理论基石融合的这一特殊现象，努力从交叉性学科中找寻到可能存在的一个交集点。例如，日文教育工学界为了纪念教育工学会成立 15 周年（2000

① 坂元昂等：《教育工学とはどんな学問か》，日本：ミネルヴァ書房，2012，第 79 页。

年）编写的《教育工学事典》中，为了说明教育工学的基础理论构成背景，引用了1989年乔纳森提出的构成模式，如图2－1所示。①

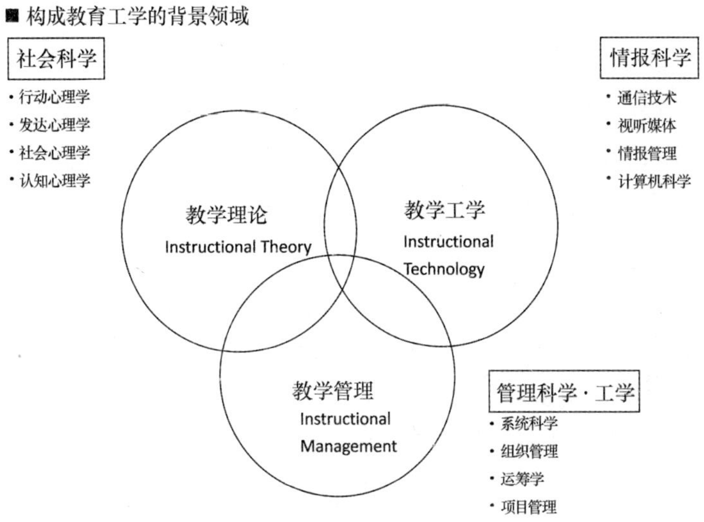

图2－1　构成教育工学的背景领域

资料来源：日本教育工学会：《教育工学事典》，实教出版社2000年版。

从图2－1中可以看出，支撑教育工学的三大理论主要是社会科学、情报（信息）科学和管理工程科学。而在社会科学研究领域中主要有行动心理学、发达心理学、社会心理学和认知心理学等；信息科学中主要有信息通信技术、视听媒体、情报管理和计算机科学等；管理科学中主要有系统科学、组织管理、运筹学和项目管理等。从这三大构成领域中可以看出社会科学研究领域主要提供的是与心理学相关的基础理论，而心理学的相关理论就是教育工学一开始获得发展的"行动指南"或称作"方法论"，例如教育工学发展初期在斯金纳的操作—条件反射的行为主义理论下进行的相关研究；信息科学提供的主要是媒体相关的基础理论，是指导具体"做事"的理论，例如教

① 日本教育工学会：《教育工学事典》，日本：实教出版，2000，第11页。

育工学发展早期在媒体传播理论视域下进行的有关教育教学研究；管理科学提供的是具体实践的方法，尤其是对后来教育工学发展起规范化作用的系统方法。这三大分支构成了教育工学的核心命脉，并且这三个分支起到的是相互促进作用，在教育工学推进过程中“互利共生”。这是日本教育工学从美国教育技术发展中借鉴而来的模式，从中可以明确地看出日本教育工学研究者非常清楚教育工学的“综合”之处在哪里、是由哪些综合而来。综合也是有一定逻辑和顺序的，综合并不是杂乱无章的，综合也并不是多多益善的。在综合之中择其善者而从之，是教育工学作为一门交叉性学问领域的生存之道，而如果避开或回避这种综合性，试图去创造一种所谓的“真”理论，是完全不可能的，当然，更是没有必要的。这种学习美国教育技术论述之思想过程是导致日本教育工学很少有论争理论体系架构到底由何而构成的主要原因，作为一门综合研究领域既不能生产新知识或新理论，又不能追求属于本身所固有的基础理论，这是日本教育工学理论研究中首要醒悟的一点，否则只能是歧路之中又见歧路。这也促使了日本教育工学在实践领域得到了长足的进步与发展。而我国教育技术研究领域的研究者把大部分时间都用在追求教育技术能成其为一门实然学科的独特理论体系构建过程之中，而最后所追求的那种纯粹的、普遍的原理性理论，并未真正得以实现，而仅仅是某一个研究者的“终极梦幻”而已。教育技术研究领域中永无可能出现力学中“牛顿定律”那般的基础理论，所以，也就不可能存在一个如经济学中的“商品”、几何学中的“点、线、面”等非常之独特的逻辑起点，本无有之事，而为何还要追其有可能呢？这是我国教育技术研究者在追寻教育技术的学科道路上应该理性对待的一个重要问题。

另外，日本教育工学前会长、东京工业大学清水康敬教授在《教育工学事典》中撰写“教育工学领域分类目录体系”时也曾指出，教育工学是人文科学、理学和工学以及关于人类发展的综合性学问领域，既包括教育学、心理学、社会学、语言学和人类科学等人文社会科学系，也包括电器电子工学、通信工学、控制工学、信息工学和人

类工学等理工学，具体如图 2－2 所示。其实这与从美国引介而来的模式并无本质上的区别，这进一步说明，日本教育工学学术共同体对基础理论选择的一致性，只有在这种一致性的认同下，具有不同学科背景的研究者才能互相统一并为未来教育工学的发展组建“合力”，发挥团体的最大效能，实现改善教育教学的伟大目标，而我们经常强调系统性，重视“1＋1 大于 2”的效果，但我们所在的这样一个统一的学问领域都无法达到彼此之间的有机融合，而又怎能让教学中的各种要素进行有机的组合呢？当然，如果随便地选择一些基础理论是比较容易的，而日本教育工学是真真正正地在这些基础理论指导中进行实践探索，并与每一个研究者的学科背景相结合，衍生出具体的实践研究领域，这就是日本教育工学学术界对 20 世纪 60 年代吸收美国“Educational Technology”之后的实践探索所做的全面总结，得出十个研究领域，这一论述将在本书第四章进行详细论述。

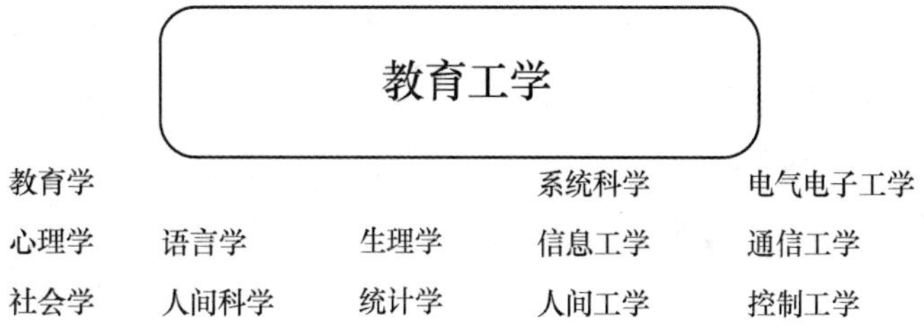

图 2－2　教育工学的学术背景

资料来源：日本教育工学会：《教育工学事典》，实教出版社 2000 年版。

以上的总论述，足以说明，日本教育工学是在借鉴其他兄弟学科相对比较成熟的理论基础上发展起来的综合性“学科”。更是人文科学、理学和工学三者之间完美结合的结果。人文科学是教育工学的最终落脚点，理学提供知识，工学提供方法，三者之间取长补短，达到了自然科学与人文科学的完美统一，这种统一不仅仅体现在方法论上，更是康德所说的“系统的统一性”（unity of system），这也体现

了教育工学的这种综合性的“理想”，虽不像很多标准化学科中的“范畴”概念那样具有“客观有效性”（objective validity），但却能实实在在地指导研究者行为的动力。[①] 人文社科研究提供的是研究的价值观，即便教育工学带有“工学”的色彩，但毕竟研究的是教育，而教育研究的主要是人，所以教育工学仍然是人文社会科学，而非研究纯粹之“物”的理学或工学。理学提供的是真理，而这真理一旦付诸实践就是工学的事情了，所以工学在理论的奠基下以一种方法的视角融入教育工学之中，这样教育工学就真的像“工学”，以此教育工学就更光明正大地追求“效率化”，对教学过程的诸多因素进行有效的组合，以求得更好的组合方式而改善教学。

教育工学研究学术共同体的这种对其他学问领域的积极态度，远比我国教育技术学人定要硬生发出一种所谓的固有的教育技术学理论更直接，也更有利于一门学科的发展，也更能促进实践的进步以及在其他教育学二级学科背景中脱颖而出。当然，即便是我们一直寻找的、我们所认可的那种独一无二的理论，今天也未能真正找寻到，也许这是最大的“讽刺”，也是最好的证明。即便从教育信息理论、现代教育媒体理论、现代传播教学理论以及现代教学设计理论等称谓来看已经建立起理论，但实际上与心理学、传播学等根本没有本质的区别，只不过是简单的文字游戏罢了，仅仅是其他学科理论的一些“迁移”，然后扣上一顶大帽子而已，如果细细地想一想就会明白，教育学这门大学科发展至今，也并没有生发出多少新的理论或知识，还是停留在心理学和哲学的“摇摆”之中，来回晃动。

西之园晴夫教授早在《探寻教育工学的哲学基础》一文中就曾明确指出，教育工学不是建立理论的，而是用来实践的，也就是说教育工学不是一种解释论而是一种方法论。[②] 所以，日本教育工学研究者

① 王巍：《科学说明和历史解释——论自然科学与人文学科的方法论统一性》，《中国社会科学》2002 年第 5 期。

② 西之园晴夫：《飞跃与谬误与新理论——探求教育工学的哲学》，《教育工学》1998 年第 3 期。

不曾追求教育工学的一般理论或者说教育工学也不需要一般理论。徐晓东教授曾根据自然科学及心理学等领域对朴实的一般性理论的探索过程推演出理论应具有的一些基本特征。[①]

（1）理论仅仅是一种假说，而验证这一假说的条件往往又很有限，所以，理论使用范围也有限。

（2）理论往往在获得证据之前具有一定的说服力。理论最主要的功能是解释现实世界，解释现象越多、越合埋，理论越具有说服力。

（3）另外，由于理论的上述特征，越用来解释万象，越会显示出其局限和不足。这说明，这一理论只是解释问题的一个视角，只是从某一假说或事实得出的结论，不适用于另一个截然不同的事物或现象。

（4）综合（2）、（3）的结论说明，我们这个世界抑或是某类学科需要多个理论，而不仅仅是一个所谓的“万能”理论。

所以，与其按照某种僵硬的学科限定去追求严格意义上的独创理论，不如仔细琢磨选择哪一些基础学科的理论比较适合中国的教育技术学科发展，这样做更有意义。

二　理论基础

对于一门综合性学科而言，基础理论来源于其他学问领域是没有问题的。但作为一门学科的“内核”即最核心的理论基础必然地要有其特殊性，这也是区别于其他学科抑或是本学科在学术之林中立足的关键所在。教育工学的理论基础是指指导构建教育技术学的基础理论或提供方法论的理论，作为理论的基础要具有一定的抽象性，而且对于教育工学这种天生具有相当强实践性的实践领域来说，这种高度凝练的理论基础一定是从实践中而来，并且作为“形而上”的学养之精华必然地要到实践中去得到“应验”，否则就是一种“空想”。

---

① 徐晓东：《存在万能的教育技术学基础理论吗?》，《电化教育研究》2004 年第 8 期。

在前面的文献综述部分，提及坂元昂先生的《教育工艺学简述》时就曾涉及日本教育工学的哲学基础。坂元昂先生作为日本教育工学的“精神领袖”，能在一门学问领域初创时期，树立起哲学的方法论，确实是为日后日本教育工学的发展做了很好的铺垫，而我国教育技术学科之所以“散”，与其没有树立起公认的理论基础有很大关系，而仅仅是停留在技术哲学、教育哲学甚至于纯粹的哲学视域中进行简单的移植应用，根本没有形成形而上的哲学思维。

在《教育工艺学简述》中坂元昂先生明确提出日本教育工学的哲学基础就是行为科学的人类观，这是源于行为主义心理学家华生 1913 年写的一篇题为《从行为主义者看心理学》的论文。① 华生的这种观点被后来霍尔、巴莱茵（Berlyne，D. E.）等人继承并发展，以至于后来形成了一种行为主义流派。该流派从行为的角度看人的发展，摒弃了传统心理学中主要考察人的心理活动的思辨之欠缺，其人类观把人看作以环境与行为为媒介的一连串行为系列以及环境与行为之间所表现的各种行为法则的集合。这与日本哲学家三木清的技术的“形”的哲学观完全相同，三木清在其所著的《学问与人生》中清楚地阐明：“近代学问中的理念以自然科学为立足点，因此深陷于抽象之中。相反，新学问必须以技术为立足点……科学与技术已在理论和实践的意义上对立起来。在技术中不仅仅是认识物的问题，而且是创造物的问题。与科学的理念是规律相对，技术的理念可以概括为形。”所以，技术的本质就是建立在人类存在的、内在的、超越的本质基础上的行为的形。② 当然，重要的是，人类一旦利用这些手段所把握的行为法则时（例如通过各种媒体手段），就可以预测由于某种环境变化引出的行为，并且可以通过持续不断地操纵环境的变化，进一步控制人的行为。③ 日本教育工学第一代会长东洋在 1976 年就提出，教育工学就是教育者选

---

① 坂元昂：《教育工艺学简述》，钟启泉译，人民教育出版社 1979 年版，第 36 页。

② 王续琨、周心萍：《日本哲学家三木清及其〈技术哲学〉》，《科学技术与辩证法》2001 年第 4 期。

③ 坂元昂：《教育工艺学简述》，钟启泉译，人民教育出版社 1979 年版，第 37 页。

择更恰当的教育行为的工学。所以，利用这种行为主义科学的人类观的哲学方法论，对于日本教育工学在教学中达成教育目标很有指导与促进意义。从而得出了教育工学的最基本的行动纲领，就是以行为科学的人类观为背景，运用科学中使用的各种样式的研究方法与现代的信息媒体技术进行教育教学的革新，从而为提高教育的效率而发挥重要作用的一门科学。当然，能从心理学的核心体系中抽离出哲学的意念作为日本教育工学的理论基础，这与坂元昂先生早期留学于美国并获得心理学博士学位不无关系。所以，一个人的学科背景对日后的研究至关重要，这决定研究者的立场，但这种立场决不能是简单看的“视角”，而应是从学科背景中能抽象出“核心”的内容，并能作为研究的“转动轴”，否则不同学科背景的研究者之间无法互相理解，以至于不同学科背景的学术观点无法“通约”。

以行为科学的人类观为指导思想的日本教育工学演变至今，逐渐地完全形成了一门行动科学的学问领域。所以，目前的日本教育工学，准确地说，应该是一门行动科学，在解决实际问题时，又能生产基础知识来提升自己；落脚点应该是人的“行为”，[①] 因为行动科学是一门探究人类相互间的行为是如何被设计并付诸行动的科学，因此，行动科学是一门实践科学，[②] 这与日本教育工学学术共同体一直践行的教育工学是一门“怎么做”的学问是极为相关的。教育工学就是设计一种范式来改善学与教，并在不断的实践中修正自己，最后因教育工学使教师的教学行为更有利于教学，学生的学习行为更有利于知识的获取与迁移，是改变教师的桥梁，也是改变学生的桥梁，更是改变教师与学生之间交往便利性的桥梁。教育工学表面被看成是一门工具之学，即运用由先进的科学技术而创生出的工具解决教育教学问题的学问，但这仅仅是旁观者的一种“看客”心态。作为一名合格抑或是出色的教育工学研究者不仅要

① 孙立会、李芒：《中国教育技术学科问题再审视》，《中国电化教育》2014 年第 11 期。

② ［美］克里斯·阿吉里斯等：《行动科学——探究与介入的概念、方法与技能》，夏林清译，教育科学出版社 2012 年版，第 3 页。

有思想，更要有行动，但想也不可空想，动也不能盲动，要在工具之中体悟技术之本质，在技术之本质中追问哲学之道理。

行为科学的人类观作为日本教育工学的基础理论不仅仅是坂元昂先生一人之说，同时也得到了其他研究者的肯定。东洋曾用有趣的数学逻辑关系来表示教育工学这种行为科学的过程，把可能的教育行为 a 的集合称作 A，把想给予的所有条件 x 的集称作 X，把教育行为 a 的结果 r 的集合称作 R，那么行为与条件之间的对应结果就是（a，x）和结果 r 连接的 r = ρ（a，x），教育工学就是让教育者在 x 的条件集合中促使 r 的最大化而选择出的教学行为 a，当这种最适合的教育行为选择出来之后，就在 A 的集合中进行扩展，这就是教育工学的“性格”，这里面的性格一词也有“灵魂”之意。所以，为了选择更恰当的教育行为，应该做到以下四点：①

第一，在教育中，要使用多样化的教学手段和详细地说明工具的开发过程与基本特征。

第二，学习者或学习者整体的特征、教具或教材的基本性质、学习环境的诸多条件，等等。具有与教育行为所产生的效果和交互作用直接相关的各种条件都要尽可能地详尽说明。

第三，明确教育的各种目标之后，开发其测定的方法，使其施加的条件能产生既定的教育行为，以此获得预期的结果。

第四，在施加条件的相互作用中，明确教育行为和结果之间是何种关系。

可见，“行为”是教育工学理论与实践的“纽带”，既是日本教育工学的“源头”，又是日本教育工学追寻的结果，更是在行为的不断改善中形成的过程。所以，行为科学的人类观作为日本教育工学的理论基础，并不是一种思辨，更不是技术哲学相关内涵的简单移植，而是从产生教育工学的学问背景即心理学中演化而来，是实践之物，

① 井上光洋：《教育工学》（教育学大全集 29），日本：第一法规出版，1984，第 4 页。

又是有可依据之学理，无论是否能直接迁移到我国教育技术学科的理论基础中来，这一哲学理论的创生过程以及创生过程中所生发出的思想都一定能给予我们更多的思考，以便于让我们能在理论与实践之间去寻求我国教育技术学科的哲学根基，并将这一哲学根基不断地为教育技术学科的发展提供“营养”，而不是永远停留在各种“假说”的讨论抑或是争辩之中。

第二节　教育工学与接近领域之关联

一　教育工学与教育学

日本教育工学早期研究者川合治男在1975年就曾发表论文表示，教育工学的基本作用是使用工学的研究方法来分析构成教育现象中的诸多因素，为了最大化各种要素的效果，对这些基本的要素进行排列组合，并在实施的过程中出色地使用不同的媒体。所以，教育工学是教育学的一个分支，不是工程学的分支。[①] 在教育工学初创时期能明确教育工学的定位对未来的发展至关重要，这和我国电化教育早期讨论姓“电”还是姓“教”有一定关系，但我们在发展初期一直处于“电”与“教”的摇摆之中。

之所以把日本教育工学与教育学之关系首当其冲地摆出来，这不仅仅取决于教育工学这个名称中有一个“教育”词语，更多的是教育工学与教育学的千丝万缕之联系。教育工学离不开教育，就如同赤堀侃司会长在接受我们访谈时谈到，教育给教育工学提供内容，如果没有内容，教育工学就是一个空架子；但也不能没有工学，如果没有工学那也就没有其特色了，这个领域存在的意义也就可想而知了。虽然，在日本教育工学初创时期，也被教育学研究者认为仅仅是使用工具或生产工具的学问领域而被排斥，但经过半个世纪的发展，已经形

① 川合治男：《教育工学の成立と展開——行動科学的立場から》，《教育方法学研究》1975年第4期。

成了一种“鱼和水”的关系，所以，我们将日本教育工学与教育学之关系概括为“真实的伙伴”。正如日本筑波大学君岛浩教授在自己的研究室网站上阐述教育工学与教学之关系时指出，教育学是有关教育理论的集合；教育工学是在教育中使用各种实践的方法论、技法、技术和工具的集合。简单地说，教育工学是教育学的一部分，并在教育学中对教学的改善起着至关重要的作用。[①] 西之园晴夫先生也曾说，与其把教育工学当作在教育中的应用技术输入（technology）不如说是需求拉动（demand pull）。[②] 不是教育工学研究者单方面想把技术强硬塞进课堂，而是时代发展的结果。今天的课堂不可能与夸美纽斯时代的课堂一样，今天学生的价值观也不可能回到20世纪七八十年代，所以，教育学的发展注入技术的力量是时代使然，也是教育学科发展的必然，任何排斥技术的教育者都必将走向“故步自封”。

之所以选择“真实的伙伴”概括日本教育工学与教育学之关系的主要原因是从我国教育技术学与教育学之关系的“纠葛”中思索而来。在我国，教育技术学科是从教育学的二级学科课程与教学论中发展而来，后又从课程与教学论中独立出来成为教育学一级学科目录下的二级学科，这种“命运”安排的“不恰当”，总促使着我国教育技术学科试图“挣脱”与教育学之关系，尤其是近几年关于教育技术学升格为一级学科的探讨在学术界已然是“沸沸扬扬”，但即便教育技术学界同人的一致努力，今天的教育技术学仍然无法摆脱与教育学之“被包含”关系，相比于日本教育工学与教育学的关系而言，我们将我国教育技术学与教育学的关系称为“勉强的伙伴”，而在日本教育工学研究共同体中，像中国教育技术学者这样大肆讨论教育技术学与教育学到底应该是什么关系的现象却比较少见，只是在20世纪八九十年代日本教育工学进入正式发展期时，有关《教育工学》的相关著作中或多或少都有一章或一节去论述教育工学与教育学之关系。并且，这种关系完全

---

① http：//web. thn. jp/kimijima/body/ISD/00isd. htm.

② 西之园晴夫：《飛躍と誤謬と新理論——教育工学の哲学を求めて》，《日本教育工学雑誌》1998 年第 4 期。

是从实践的层面演绎而来，所有研究者基本都将教育工学定位在对教育教学的改善这种目标框架下，因为传统的教育学往往“刻意”地避开实践而走向个人的观念世界。[①] 日本早期的教育学研究，主要重视教育史和教育哲学的研究，形而上居多，形而下太少，没有具体的实践操作纲领，所以，很长时间日本教育学饱受国民的“攻击”。教育工学就是在这种反思传统教育学的研究范式基础之上逐渐发展而进步的，恰是解决教育学发展瓶颈而产生，注重教学的实践研究，把教学现场作为研究的主要对象，携众人之力为实现既定的教育目标而努力，把形而上的教育学研究彻底地从研究者大脑中解放出来，让研究者走进课堂，离开“象牙塔”。故此，在日本教育工学研究领域，所有人的研究，也包括与教育工学研究直接相关的教育方法学研究专家，就好像是在画同一个同心圆，越画越圆，而并不是永远强调这个圆该怎么画。后人所做的工作是进行“修订”而非全盘否定式的推翻，那样将一点意义都没有。因为即便提出了一套所谓全新的教育技术学理论，甚至说只有教育技术学才是整个教育学中唯一能生产知识的学术领域，这种逃避与夸大式的研究是不可取的，这与一个孩子出现了问题，我们不能抛弃他，而应该想办法解决问题是大同小异的，即使你再“生”一个孩子（新的理论），也不能确保没有问题。立足当下，才能放眼未来。我们应该在了解教育技术发展现状的同时，对存在的诸多问题提出各种假设和可能，并相应采取比较合理的方法去解决它，一定要有行动，而不是关在“象牙塔”，不管外面的冬夏与春秋。[②]

从日本教育工学发展的整个历程来看，不论是教育工学早期（1984 年）井上光洋的《教育工学》还是近来由日本教育工学会组织出版的《教育工学とはどんな学問か》都用了很大一部分篇幅来说明教育工学与教育学之间的关系。这足以说明正确的看待和处理教育工学与教育学之关系对教育工学的发展至关重要，这是一个不论任何

---

① 日本教育方法学会：《现代教育方法事典》，日本：図書文化，2004，第 20 页。

② 孙立会：《关于教育技术研究中几个基本问题的探讨》，《电化教育研究》2013 年第 6 期。

国家、任何一个与教育技术相关的研究领域都无法避开的问题。

日本教育学研究者城户幡太郎在《学问论》中阐述为何教育学研究领域需要教育工学时明确指出，教育科学研究是发现需要解决的问题，而将研究怎样解决问题的方法称为设计研究，也可以说教育学中的理论研究就是教育学中的“科学”，意义在于发现问题；而教育工学就是教育学研究中的“工程学”研究，意义在于应用已有的理论解决教育学基本理论研究中发现的问题，所以，两者是一个不可分割的整体。这就说明整个大教育学是一门综合研究的学问，而往往为了能更好地解决问题，必须进行多种视角以及多种元素之间的“混合式”的综合研究，综合研究需要理论与实践的统一。而在这之前将科学分为基础科学或理论科学，一提起科学就意味着理论科学，与之相对的应用科学称为技术。但是，从现在理论与实践的统一来看，科学与技术的对立不再被认可，而是将其合并在一起统称为“科学技术”，这样与技术相关的技术学或工学自然就得到了学术界的认同，而“工学”的发展促进了其在教育学领域中的应用，由此就形成了以教学和学习的改善为目标的教育工学这一研究领域。[①] 当然，这绝不是“工学”与“教育”之间的简单耦合，更不是“工学”的学术思想简单地在教育中应用，而是一门继承与超越了“工学”又结合了国外“技术学”的思想精华而形成的一门独特领域——“教育工学”。

从城户幡太郎的观点中可以看出教育的科学研究是发现问题和研究问题的解决方法，通过这个研究过程走向更深的基础研究，而在这一过程中需要认真体悟理论与实践的统一关系。其实这就必然绕不开工学中的系统工学的方法论，所以促逼着教育学研究中方法论的改变，使教育工学在教育学的研究中“崭露头角”。并且，教育学的科学研究中往往会遇到理论解决实践之困难，尤其是教育理论的“可操作”性往往令实践者不大满意，所以就需要其他学问领域的帮助，而这就给教育工学在教育学中的发展提供了良好的契机。所以，在探讨日本的

① 城户幡太郎：《学問》，日本：第一法規出版，1978。

教育工学与教育学之间关系时，并不是从教育工学需要教育学支撑入手，而是从教育学在解决具体的教育问题而不能达到其预定的目标下手，来说明教育工学在教育学中的应用是教育学发展的一种必然。

虽然教育工学具有明显的“工学”色彩，并且也正如日本长崎大学教育工学研究中心大谷尚教授所言，最初的教育工学研究领域的专家大都出身于信息工学、控制工学或心理学，甚至是课程与教学论等专业，而真正出身于教育学专业从事教育工学相关研究的学者也仅仅只有二三人左右，数量是非常少的。[①] 但是，教育工学与教育学之间却存在着犹如“鱼和水”的关系，关键的问题是如何处理好这一层关系，换句话说，就是如何在教育学大背景中摆放好教育工学的位置。

坂元昂先生就教育工学与教育学之间的关系曾多次论及，并明确提出，教育工学是作为一种独特的研究教育的方法而存在的一门学问领域，是一门实践之学。教育工学是对关系到教育的所有可操作的因素加以分析、选择、组合和控制，然后进行实验性的实际研究，以取得最大效果的一门工学。这些操作因素有教育目标、教育内容、教学目标、教学内容一类的教育信息，教材教具、教学机器一类的教育媒体，教育方法，讲授方法，教育环境，学生行为，教师行为和师生编组以及上述因素的相互关系。[②] 并且，日本教育工学第五代会长、现日本白鸥大学赤堀侃司教授于2002年出版的一本类似于我国“教育技术学导论”的著作——《教育工学入门——教育的问题解决的方法论》（此书已于2013年再版），也明确地说明教育工学就是一门解决问题的方法论，是一门“怎么做”的学问，绝不是思辨之学。按照布雷岑卡的教育学分类观点，应将教育工学归为实践教育学这一类，实践教育学研究的是“实践”的问题，即是“怎样做”的问题，其任务就是告诉生活在一定社会文化环境中的教育者应实现的教育任务，并为他们提供有效地实现这些任务的方法。决不能将教育工学归

① 坂元昂等：《教育工学とはどんな学問か》，日本：ミネルヴァ書房，2012，第91页。

② 坂元昂：《教育工艺学简述》，钟启泉译，人民教育出版社1979年版，第19页。

为教育科学或教育哲学，教育科学研究的是“科学”的问题，即“是什么”的问题；教育哲学研究的是哲学的问题，即是“应该是什么”和“应该做什么”的问题。日本教育工学专家坂元昂先生也曾多次提及教育工学所做的事情绝不能与“教育哲学”一样，教育中涉及的价值观问题并不是教育工学所关心的问题，而教育工学旨在作为一种研究方法去解决教育中面临的诸多问题，是一门实践之学，但这并不能简单地说成完全是一门应用之学，也有其“形而上”的基本理论，只不过这些理论是在实践中得来的，而不是简单的建构主义、行为主义甚至是联结主义在教育实践中的应用，或者也可以说，教育工学研究更应该是自下而上的，而不是自上而下的。

二　教育工学与其他学问领域

从日本教育工学研究的相关期刊论文和著作中，刻意从除教育学以外的其他学问领域中考察与教育工学之关系的文献相对较少。因为教育工学是教育与工学，一般只会出现两种“摇摆”的现象，根据研究者的立场要么倾向于教育，要么倾向于工学。倾向于教育的研究者主要是受行为主义的影响，并依据人类学、社会学和心理学等研究学习者个人差别、教学内容的选择等学与教之间的各种问题，并作为程序学习的一派。倾向于工学研究者受媒体的影响，并依据工学、技术学或物理学等把媒体当作教学的一种辅助手段来提高教学效果，并作为视听教育的一派。

除教育学之外，对教育工学影响最深的是心理学，日本教育工学专家将心理学等母学科作为一种“原论”而在教育工学的发展中起作用。[①] 日本关西大学久保田贤一教授在接受笔者访谈，被问及教育工学的理论基础时，完全是围绕心理学的发展轨迹而进行一一说明的。日本教育工学研究者三宫真智子认为，心理学尤其是认知心理学是支撑教育

① A. A. ラムズディン：《教育工学原論》，西本三十二监译，日本：学習研究社，1961，第 iv 页。

工学最主要的学问领域。[1] 简单地说，认知心理学（cognitive psychology）就是探究人类认知的心理学，在 20 世纪 50 年代成为西方一种比较重要的心理学思潮。而此时，正是教育工学发展的初期阶段，也正是教育工学迫切需要方法论的时候，所以，认知心理学引入教育工学研究领域，不仅仅是作为一种支撑的理论而对其产生了重大的影响，而是渐渐使其成为教育工学研究中的最为重要的一个分支而存在着。

和我国教育技术研究一样，在日本教学设计也作为教育工学研究比较重要的主题。而在教学设计中，为了出色地设计教学活动，往往会按照计划、实施、评价和改善的方式进行设计，这就需要从认知心理学的视点进行考察，尤其是认知心理学中的元认知，如图 2－3 所示的教学设计过程，[2] 就是在心理学的基础上完成的。

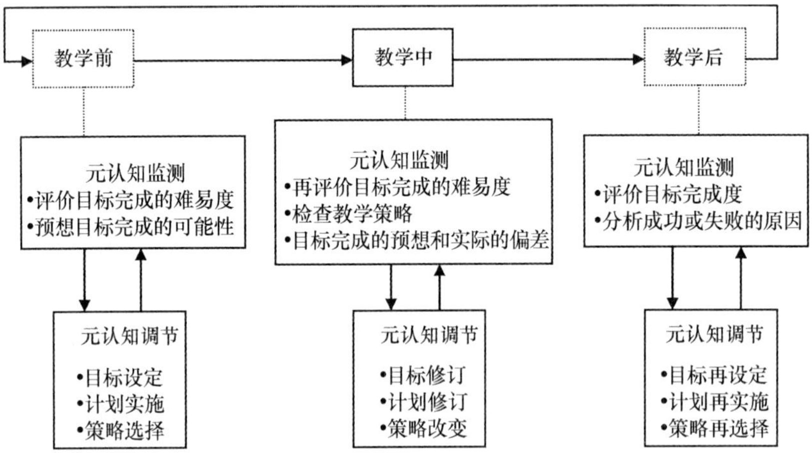

图 2－3　教学各阶段元认知的活动

资料来源：三宮真智子：《メタ認知—学習力を支える高次認知機能》，北大路书房 2008 年版。

---

① 坂元昂等：《教育工学とはどんな学問か》，日本：ミネルヴァ書房，2012，第 79 页。

② 三宮真智子：《メタ認知—学習力を支える高次認知機能》，日本：北大路書房，2008，第 1—16 页。

然而，日本教育工学会新近出版的《教育工学とはどんな学問か》一书中，又提出学习科学对教育工学的影响。[①] 学习科学作为一个鲜为人知的研究领域大约出现在 1990 年。学习科学是指借助心理学、认知科学、教育学、计算机科学、人类学、社会学、神经科学、设计研究等领域的研究成果，从不同学科视角揭示人类学习规律的一个跨学科的研究领域。学习科学家研究多种场景中的学习，不仅包括学校课堂中的较为正式的学习，也包括发生在家庭中、工作中和同伴间的非正式学习，致力于更好地理解产生最有效的学习的认知和社会过程，并运用这方面的知识去重新设计课堂和其他学习环境，如在线远程学习、社会性学习和计算机辅助学习等，以提高学习绩效。而日本教育工学研究视域中主要涉及学习科学中的“学习环境设计”[②]。学习环境，简单地说就是支持学习者学习的内部条件和外部条件。“学习环境设计”这一术语对于日本教育工学的研究者来说有其特别的意义，因为日本教育工学的研究者在履历中介绍自己的研究方向时，“学习环境设计”是使用最多的一个词语，并不像我国教育技术研究者惯常使用的“教育技术基本理论”“信息技术教育”“教学设计”，等等。其实，在国内对学习科学与教育技术之间的关系的重视，近几年才有所增长。

之所以学习科学能在教育工学研究中起到作用，关键在于基于教授主义和行为主义而产生的教育软件无法真正促进学习者成绩的提高，因为到 2000 年还没有任何一个证据表明学生成绩的提升是使用计算机进行教学的结果，[③] 也就是说计算机对教育的影响是极其微弱的，就是在这种反思之下学习科学的研究诞生了。

总之，正如在教育工学第 30 次全国年会上，慈城大学铃木荣幸教授在 SIG（Special Interest Group）报告中说道，关联是创造的源泉，

① 坂元昂等：《教育工学とはどんな学問か》，日本：ミネルヴァ書房，2012，第 iv 页。

② 同上书，第 67 页。

③ ［美］R. 基思·索耶：《剑桥学习科学手册》，徐晓东等译，教育科学出版社 2010 年版，第 9 页。

如果避开这个，新的研究就无法真正展开。所以，教育工学的创新必然地要体现在与这些相关学科的关联之中。

第三节　教育工学的学术品格

一　教育工学的目标

“目标”这个词语在日本教育教学研究者中非常“敏感”，在日本的著作中一般用“ねらい”来表示，而“ねらい”又具有关键之意，这也是日本研究者强调之用意。“目标”往往指个人、部门或一个组织所期望的结果。一个人的人生有一定的目标，一堂课有既定的教学目标，一门学科或一门学问领域也应有其存在的目标，没有目标的学科，就如同进入了没有磁场区域的鸟儿，失去了方向，只能在天空中盘旋。

日本早期教育工学研究者，广岛大学教育学部武村重和教授在教职科学讲座第16卷《教育工学》一书中就提出了教育工学的目标。[①]武村重和教授指出，教育工学经常被外界误解为主要研究如何在教育中使用机器的学问，没有“机器”这种“硬件”似乎教育工学作为一个单独的研究领域就无法存在。正因为这种天生的不太被看好的“姻缘”成为其他学科，尤其是从事理论教育学研究者所一直批判的根源，他们的理由是“冰冷的机器不利于人类的成长”。理所当然，这种简单的批判是站不住脚的，但教育工学研究又确实与机器不可分割，即便是在今天，教育工学也存在着这种现象，只不过现在的机器更智能而已，教育工学的研究确实与机器不可分割，但对机器的研究并不是教育工学的全部，正如日本大阪大学名誉教授水越敏行教授在接受访谈时所言，教育工学是一个及其庞大的学问领域［教育工学はものすごく大きな領域なので、これ（使用计算机等机器进行的研究）が教育工学の全てではない］，是众多研究者按照不同的“印象地图”去寻找研究的兴趣点，从而为了实现更好的教育目标而进行

① 武村重和：《教育工学》，日本：福村出版，1995，第11页。

“交叉”，所以研究的节点越来越多，研究的视域越来越大。如今，已变成参天大树，枝繁叶茂，曾经的刻板印象已是大树中的一片树叶而已，即便这片树叶再特别，也无法代替大树本身。

问题的关键是教育工学的这种现象造就了外界对教育工学的认识只是“知其然”而不能“知其所以然”，批判的“旁观者”未能“看清”事实的本质。也就是说外界清楚教育工学能做些什么，但不知道教育工学为什么要这么做，这就涉及教育工学有别于教育学研究领域中其他学问领域的独特之处到底在哪里，抑或是教育工学的目标或使命到底是什么的问题。

虽然，在教育工学发展的早期这些批判严重误读了教育工学在教育研究中的真正“使命”，但却在教育工学研究者不断的追求中渐渐得到化解。诚然，教育工学研究领域中有一部分研究是使用 OHP（投影机）、VTR（磁带录像机）、计算机等来提高教育效果，但是这并不能简单地给教育工学打上一个“冰冷的教育”烙印。好比于，虽然我们家庭生活中使用冰箱、空调等很多电器，但出色地利用这些，会形成温暖的幸福家庭生活一样。温暖而具有心灵沟通的教育是使用那些“家庭电器”的人类，即由学生和教师创建的。也就是在这种多方误解的压力下，当时除了电器工学和机器工学外，像信息工学、经营工学、社会工学这样的新的工学研究领域在不断的产生。这并不仅限于在信息、经营和社会活动中使用机器来提高效率，而是通过对信息的分析、经营和在社会中的构造，对各种要素进行优化组合，从而创建出更好的信息处理系统、经营系统和社会系统，教育工学亦是这样。教育工学的目标并不在于如何使用机器，而是用机器改变传统课堂教学效率，改善既定的教学环境。

教育工学不仅限于在教育的现场中使用机器来提高效率，而是要通过分析教学过程的基本构造，解析促进教学改善的多种元素，从而最优组合构成教学过程之中的各种元素，创建出提高教学效果并能完成既定教育目标的教学系统。所以，武村重和教授认为教育工学应这样定义：为了出色地完成教育目标，把教学过程系统化，①追求构成教学过程系统的各种要素的最佳组合；②开发和利用对这些元素起作用的各种技法与工具；③把①和②的构造系统化。最后经过反复设计、实施和评价开展系统性研究。把教学过程系统化，涉及教学过程中的因素包括：教学目标、内容和指导方法等这样的信息（知识）；教师、学生、管理者和行政人员等这样的人；设施、设备、媒体、教材等这样的物。所以，教学过程就是人、物与知识相互发生作用的过程，是一种“关系”。而欲想出色地完成这个过程就必然要最恰当地组合这些元素，并反复设计找出“最佳方案”以此达到对教学效果的“最优化”，并在之后的教学过程中不断实施与再评价，继续找寻相对更好的教学系统。

教育工学就是为了改善现实的教育提供具体的策略和方法。中照野海也曾指出，从教育工学的历史渊源来看，主要的作用就是向传统教育发出各式各样的挑战。从整体性教学到作为个性化学习的程序学习，从人与人之间面对面交流的教育形式到单方向传播的广播教育，从一个教师的教学到多个教师进行的小组教学，等等。这些都意味着教育工学对传统教育的颠覆与改变，是极其具有实践性特征的学问研究领域。[①] 这与1977年美国AECT的定义相同，即“教育技术是分析与人类学习所有方面相关的各种问题，研究解决这些问题的具体方案，然后实施、评价、运营，因此包含工具、组织复杂的统合过程”。AECT仅限于把教授这个场合的过程叫作教学技术。这与坂元昂先生早期提出的教育工学定义是基本相同的。教育工学是分析教育中所有可能具有可操作性的要素，即像教育目标、教育内容、教学目标、教学内容的教育信息；像教材、教具，教育机器这样的教育媒体；教育方法、教学方法、教育环境、学习者的行动、教师的行动和那些集团编程以及以上各种要素之间的相互作用，选择、构成、控制，把教育效果最大化的实证研究，并且是实践的研究工学，教育财政、学校班级管理经营和知育、训育、辅导等的教学活动，以及教育信息的收集、整理、利用，上课时间安排、出勤、成绩等的教务这样的实践领域，利用工业技术、情报科学、理学、

① 中野照海：《教育工学》，日本：学習研究社，1979，第1—10页。

行为科学、人类工学的成果，来提高教育效率的研究领域。①

总之，教育工学把现实教育过程的改善作为目标，极其具有未来的倾向性，而未来往往又具有一定的不可测性。这一点与通过理论特别是先哲的教育思想来研究教育理念的哲学，以及回顾现实和过去发生的教育现象都是完全不同的。教育工学的知识积累在于从具体的改善“教学实践”中形成，形成的目的并不是为了构造“教育工学”之“学”，而是更好地进行下一步的教学实践，可以说，在日本教育工学界，为了“学科”而存在的教育工学研究几乎是不存在的。并且，任何学科都不是天然的，都是在具体的实践经验中逐渐形成的，后人在总结前人的研究成果时才会提出“某某学”。

即便时过境迁，教育工学最初所确立的促使教学效果最大化的目标并没有改变。例如，日本教育工学研究者中又一巨擘西之园晴夫先生在2004年编著的《教育的方法和技术》一书中也指出教育工学的研究并不是通过假定的模式反映现实的世界，而是想把预想的教学目标变为现实而提供的能促进教学效果最大化的一种学与教的模式，从中体现出工学研究的基本思想，模式仅仅是手段，主要应是按照从模式产生的诱导策略而引发为了完成教学目标的行动，对教育活动产生影响。如图2－4所示。

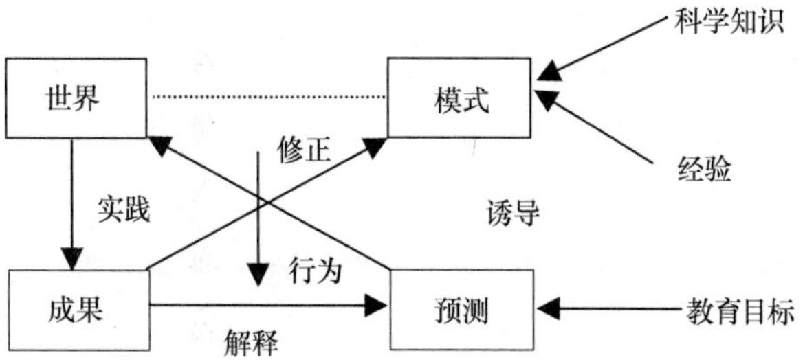

图2－4　教育工学研究目标

资料来源：西之园晴夫等：《教育的方法和技术》，ミネルヴァ書房2004年版。

① 坂元昂：《教育工艺学简述》，钟启泉译，人民教育出版社1979年版，第35页。

教育工学是通过使用硬件技术和软件技术，在教育过程中起作用后得到不断的发展这也是事实。把这一模式叫作“由技术而产生的教育（テクノロジーによる教育）”，在这一重要的前提下，还必须认清教育工学是“作为技术的教育（テクノロジーとして教育）”，把教育作为一个技术的过程进行研究是教育工学未来发展方向，并不是技术的发展促逼着教育的改变，恰恰相反是因为教育发生问题而“呼吁”技术的参与，技术对教育的改变并不是被动，而是直接参与。教育工学发展的初期受斯金纳行为主义心理学的影响把“程序学习＝教育工学”这样的“硬”思考作为教育工学的“基本原理”，其实教育工学本来的目标并不是简单地作为对传统教育的批判，而是从多种视角、观点来思考教育现象的“软”思考。[①]

二　教育工学的原理

“原理”一般是指具有普遍规律的、最基本的、最一般的，并且是可以作为其他规律之基础的规律。“教育技术原理”作为一个系统的科学概念提出并论及在教育技术研究领域中的必要性是李芒教授在申报 2008 年全国教育科学规划“十一五”课题时提出的。[②] 然而，与教育技术学科相比的其他学科，不管是人文学科还是自然学科都有有关本学科原理方面的著作。例如，教育学有《教育学原理》、哲学有《哲学原理》、物理学有《物理学原理》，等等。而日本教育工学的“原理”研究是 1971 年坂元昂先生在《教育工学の原理と方法》中首次提出的，并系统地对其进行了详尽的论述。

《教育工学の原理と方法》是日本教育工学研究者入门的必读书目，也是日本教育工学期刊论文引用次数最多的著作之一。在此著作中，并不像我们所理解的“原理”那样，动不动就是“技术哲学”和“教育哲学”的大框架，而是从非常简单的学习与过程开始说起，

① 中野照海：《教育工学》，日本：学習研究社，1979，第 15 页。

② 李芒：《论教育技术的“原理”》，《电化教育研究》2011 年第 8 期。

并明确指出教育过程中的学习会产生教师与学生之间的所有活动，确定了教育过程中的学习位置，如图 2－5 所示。坂元昂先生的思路与 1994 年美国 AECT 提出的 AECT94 定义类似，教学技术是对学习过程和学习资源进行设计、开发、使用、管理和评价的理论，与实践存在着“天然的耦合”关系，但从时间的维度来讲，其将学习过程作为日本教育工学原理研究首要论及的对象要比美国 AECT 早 23 年，就从这一点来讲，日本教育工学的发展还是走在了世界的前列。

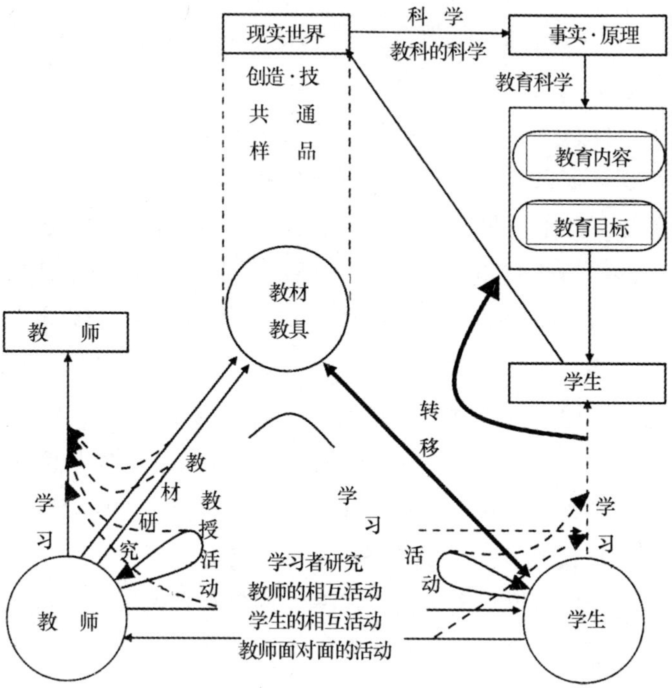

图 2－5　教学过程中学习的位置

资料来源：坂元昂：《教育工学の原理と方法》，明治图书出版社 1971 年版。

《教育工学の原理と方法》一书主要分为八个部分：第一部分为学习与教学；第二个部分为在教育工学之中进行的教学改善；第三部分为教学学习活动的相关分析；第四部分为教学系统化的原理和方法；第五部分为教育中的系统观；第六部分为教育工学的构想；第七

部分为教育工学的现状与动向；第八部分为教育工学的研究方向。[①]可谓是通篇没有见到“媒体”这一教育技术学研究中似乎不可或缺的“字样”，这才是真正的“原理”，犹如X光一样对整个教育工学进行了深度“透视”。媒体虽说是教育技术研究中的主要对象，但媒体仅仅是教育技术研究过程中的工具而已，工具不可能被称为“原理”是再简单不过的道理。其实，坂元昂先生所说的“学习与过程”就是教育工学的逻辑起点。按照黑格尔的说法，逻辑起点就是一门学问领域的开端。学习与教学之所以能被称为教育工学的逻辑起点，不仅仅是因为学习与教学是教育工学研究中的最简单、最基本的概念，还与教育工学所追求的目标直接相关，如果教育工学研究者不知道什么是学习、什么是教学、学习与教学之间的关系等等诸如此类的最本源性的问题，那么教育工学研究者怎可能通过研究对教学进行改善，以此达到学习效果的最大化？这一点也非常值得我国教育技术研究者注意，无论身为“技术派”还是“理论派”的教育技术研究者，如果不深谙学习与教学的“真谛”，其研究成果要么是纯粹的“教育学”研究，要么是纯粹的“计算机科学”研究，但最为尴尬的是教育学研究者和计算机研究者都对我们的研究成果“嗤之以鼻”，这种悲哀的“原宗罪”就体现为我国教育技术研究者仅仅是为了论述逻辑起点而论述教育技术学的逻辑起点，把教育技术的实践研究完全避开，完全没有做到作为一门学科逻辑起点的“承前启后”的作用。例如有研究者总结了十余种具有代表性的教育技术学界研究者提出的教育技术学逻辑起点：“现代教育媒体的研究和应用”“借助技术的学习”“教育中的学习”“借助媒体的教育”以及“借助技术的教育活动”，等等。[②]从这些代表性的逻辑起点来看，我国教育技术研究者还是摆脱不开“媒体”的束缚抑或是停留在“文字游戏”的表面，这一研究取向亟待解决与突破。

---

① 坂元昂：《教育工学の原理と方法》，日本：明治図書出版，1971，第1—10页。

② 安涛、李艺：《探寻教育学逻辑起点研究的“逻辑”》，《电化教育研究》2013年第8期。

既然学科原理是学科之中最一般的规律，那么如何从个性化的问题解决教学之中总结出教育工学的一般规律，可从图2－6和图2－7中找到答案。教育是一个复杂的过程，教育研究的研究者是人，研究的结果所指向的也是人，人是有生命的、鲜活的个体，不是机器，不能严格地执行某些标准。同样的教学方案，不同的教师授课，面向不同的学生，哪怕是同一个教师面对同一个学生，在不同的时间也会产生不同甚至是反差极大的教学结果，这也是很正常的。但即便是个性化的问题解决过程都有一个基本的模式，这个模式就是图2－7的流程，而教育工学中所蕴含的原理就是在这众多模式之中寻找到最一般的模式，并总结出事实与方法、概念与原理。所以，原理应从教学实践中产生，不是研究者凭借大脑杜撰而来，更不可能是形而上的逻辑归纳，是真真切切蕴藏在千变万化的基于教育工学解决的具体教学活动之中。

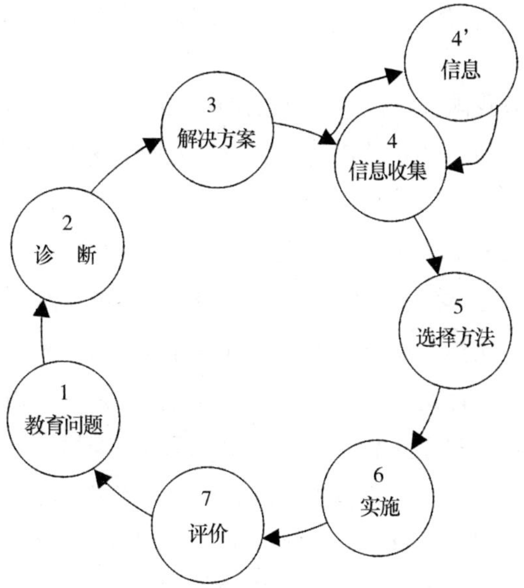

图2－6　教育问题解决的过程

资料来源：坂元昂：《教育工学の原理と方法》，明治图书出版社1971年版。

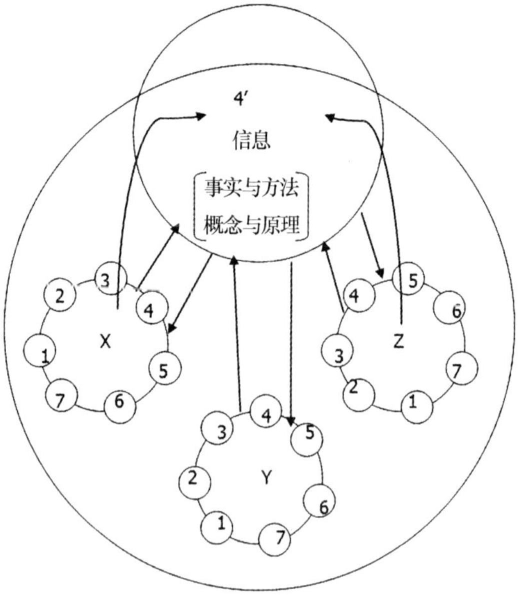

图 2－7　从个别解决问题过程到一般过程

资料来源：坂元昂：《教育工学の原理と方法》，明治图书出版社 1971 年版。

然而，细数我国教育技术学科已出版大量的著作，重复研究一个问题的不在少数，却不见“教育技术原理”方面的著作，虽然我们出版了大量的《教育技术学》著作，可也未能逃离“文献的罗列”“国外研究的简单引介”等相对比较低等的层次，并且几乎“千篇一律”，“换汤不换药”。我们用太多的时间去关注教育技术的“应然”状态，却忽略了教育技术的“实然”状态。我们一直在寻找教育技术有别于其他学科的独特之处，却一直找不到一个可以真正说服“叫板”教育技术的那些人，这些人中不乏教育技术领域的专家。但很奇怪的是这些教育技术领域专家都是大“否定”教育技术而成为教育技术领域专家的。

教育技术原理意味教育技术之“道”，就是探讨教育技术发展变化的必然性，也可以说是教育技术发展变化的过程，还可以说是教育技术发展变化的内部矛盾，总括为教育技术之规律。研究教育技术之“道”不是以具体的教育技术学的知识产出为目的，而是为了提高教育技术研究者的“心智”，进而有重建教育技术学科理论体系的动力。①

三　教育工学的信仰

信仰，简单地说是人们对人生观、价值观和世界观等的选择和持有。一个国家、一个民族、一个人都应有一定的信仰，没有信仰是非常可怕的。美国当代社会学家希尔斯教授说过，历史上成就的精神范型必须引发人们的信仰，然后才能得以传衍。② 那么，一门学科也应有自己的信仰，而这门学科的信仰是建立在研究者学术共同体之中的，如果建立不起来这种信仰，这门学科就不会有强大的凝聚力，任何事情都不会达到统一，每一个人也都不会因为集体利益而放弃自己的利益。学术信仰对一个学科内的个体和学科整体的成功而言，是一个必要条件。任何学科的学者，自觉不自觉地会产生这种心灵之物。李芒教授提出教育技术学科的信仰就是王阳明在《传习录》中的“知行合一”③。当然，这是我国教育技术研究者习惯性的“上位”概括，严格意义上来说，这种信仰只能是个人的信仰，而不能构成一个学科的信仰，而且并未直接概括出教育技术学科的本质特征。

日本教育工学发展特点之一是注重学会建设，从而促进理论研究的发展。④ 为什么注重学会建设？简单地说就是让所有研究教育工学理论与实践的人有一个归属感，而在这种强烈的归属感之中就能生发出一种持久性的动力，这种动力就是信仰。笔者于 2014 年 9 月 19 日参加日本教育工学全国大会时深有体悟，无论是年长抑或是年轻的研究者，只要是隶属于这个教育工学会都会不远千里参加。即便是耄耋之年的西之园晴夫、近藤熏、水越敏行等都亲自参会，没有陪同，没有邀请，与普通的教育工学研究者没有分别，和年轻人一样作报告、

① 孙立会、李芒：《论教育技术之“道”》，《现代教育技术》2013 年第 1 期。

② 刘梦溪：《大师与传统》，中国青年出版社 2007 年版，第 28 页。

③ 李芒：《教育技术的学科自觉：学格论》，《电化教育研究》2012 年第 11 期。

④ 李芒、成国志、于丽娜：《日本现代教育技术发展特点评价》，《比较教育研究》2000 年第 1 期。

听报告，在不同教室之间穿梭听自己感兴趣的内容，与老朋友见面，也结交新的年轻朋友。之所以这样，归根结底是教育工学所有研究者之中存在着一定的信仰，这种信仰就是一种凝聚力，是一种人与人心目中默认的规则，这种规则可能无法用语言概括，但却真实存在于教育工学研究之中。在教育工学大会上，根据自己的兴趣聆听不同研究者的学术报告，也把自己的思考展现给所有对此感兴趣的研究者，既是学术的交流，更是学科文化的基本传承。

日本学术研究领域共同的特点是每一个研究者至少应属于一个学会，因为如果不属于某一个学会就无法向这个学会的杂志投递稿件。日本教育工学会是日本教育工学最为重要的学术共同体，而与此相反，在我国虽也有一定的学会组织，这些学会组织往往与外界交往时才能体现其价值，而在促进本国的研究进展方面并没有起到实质性作用，仅仅是一个“招牌”。

当然，注重学会建设仅仅是外人所看到的表面现象，如果从日本所处的社会文化来讲，这是日本所特有的“间人社会”影响的结果。所谓间人社会，就是把人作为处于“人与人之间”的一种存在来把握，把人视为一种无法脱离人际关系的存在。用我们所熟悉的概念来讲，这就是集团意识。所以在日本，个人的思考必须从属于集团的利益，重视全体的协调性和共同体意识。① 就是在这种文化的影响下，在每一个研究者的内心中都形成了一定的信仰，这种信仰就是“教学改善”，每一个人无论学科背景是什么，无论从事哪一类研究，但都有一个共同的目标就是为了教育教学改善，这是无法改变的，这就是信仰的力量，也因为这种信仰，即便是研究者之间关注的角度存在较大差别，也会有“可通约性”。

日本教育工学会就是作为教育工学研究者的“教堂”一样，每一年都要举行一次全国意义上的代表大会，确立一个主题，并进行发表与研讨，2014 年代表大会适逢“30 岁生日”，于 9 月 19 日在日本岐阜大学召开，并专门设置了 30 周岁纪念的研讨，还为以后的课题研究组织了

① 杨伟：《日本文化论》，重庆出版社 2008 年版，第 4 页。

SIG（Special Interest Group）活动。[①] 之所以有这种信仰的存在，所有的研究者都遵从会长的领导，在既定的框架下进行科学研究，最为明显的一个特征就是在日本教育工学研究领域中从事理论研究的研究者特别少，这并不是说明教育工学对理论的不重视，恰恰相反，是非常之重视。之所以没有人如我国教育技术研究中夸夸其谈“定义、理论、方法与逻辑”的原因是一些前辈们提出的概念已作为一种信仰根植于研究者的内心，一旦形成了信仰就犹如真理一样永远是实践探索之指导武器。所以，虽距离坂元昂提出教育工学定义已有半个世纪，但今天日本的教育工学界仍然坚定地认可这个概念体系。而在我国，从有了“教育技术”这一概念起，就开始讨论“什么是教育技术”，即使在今天，也仍然没有最终的讨论结果，当然，这种“争鸣”未必不是一件好事，可由此反映出来的问题却也不可忽视，每一个人在争辩中都不屈服，每一个人都有自己的“小团体”，以至于我国今天的教育技术看似“全国电教是一家”，其实分裂之重是众所周知的。所以，我们没有学派，没有真正的学术共同体，更没有目标一致的学会，当然，更没有信仰。

小结 理论本源性之追问

透视日本教育工学有关基本理论的研究，并没有搜寻到如我国教育技术学科在基础理论研究中那样“琳琅满目”的成果，甚至可以说日本教育工学研究者的著作和期刊论文没有一例是一本或一篇“像样”的探究基础理论的文献。并且，通过“教育工学是一门实践之学，但一般情况下实践需要理论的指导，那能请您谈谈教育工学的理论有哪些呢？它们又是如何在实践中指导实践的呢？（教育工学は一つの実践学ですが、一般的な状况下で理論に基づいてその実践が行われる。で、教育工学の理論について、ご紹介していただきたいん

① 日本教育工学会：《日本教育工学会第30回全国大会講演论文集》，岐阜大学，2014，第12页。

です。そしていかに実践を指導しているかをご説明願えませんか）”这一访谈题目，也可以看出日本教育工学研究者在思考这一类问题时的与众不同之处。大部分教育工学研究者在面对这一问题时都一致认为这是一个非常难回答的问题，这足以说明一个学科的基础理论研究绝非易事，太多人都涉足于基础理论研究也绝非好事。日本教育工学研究者普遍认为，如果追溯教育工学理论的本源，还应从心理学说起，尤其是斯金纳的行为主义心理学作为教育工学的基础理论对教育工学的影响。可以说，日本教育工学研究者在基础理论研究中非常重视理论的应用取向，而非理论本身，完全创设一套真正意义上属于教育工学的理论体系是不可能的，也是没有必要的，因为教育工学不是生产知识的学科而是应用知识的学科。教育工学是多学科交叉而产生的一门学问，所以，借鉴其他学科的理论是必然的一种选择，而如果去研究这些理论本身那也就不是“教育工学”这个领域所能做之事了。他们很清楚自己是谁，自己想要什么。

可是在我国，教育技术学科长期以学科建设为终极追求目标，在这一追寻的道路上有许多人立志于构建一套完全属于教育技术学科的理论体系，更有人提出只有教育技术是教育学中唯一可能产生知识的学科。其实，教育技术学科中的实际内容本就属于其他相关学科，而硬性地将其说成是研究者的一种独创，以至于招来其他兄弟学科的“白眼”，甚至于多少留下了一些“骂名”。正如陈晓慧教授所言：“教育技术学理论体系要从教育实践中建构并发现体系本身存在的问题，然后进行认真思考、总结规律、进而形成严密的理论体系构架。也有学者称缺少教育技术学理论的指导，这种等着要现成理论的想法是不切实际的。目前所看到的国内教育技术学的文献，真正属于教育技术学自身理论的很难找到，所谓理论基础几乎清一色的学习理论，特别是建构主义学习理论。说明我们自身的理论建设确实是严重缺失。”①

① 陈晓慧：《对教育技术学发展若干问题的思考》，《现代远距离教育》2009 年第 4 期。

但是，我们也必须清醒地认识到，教育技术学必须要与其他学科关联，而不能仅仅停留在学习理论的研究上，还有更多的与教育技术学相关的理论需要研究者去探讨。在某一时期停留于某一种理论，无外乎就是一种概念的“炒作”，这是不理智的，更为有趣的是吵的人并不做，只思能吵之势，因为吵完这个还会吵下一个。而更应像日本教育工学一样，深入挖掘一些不变的、客观的理论，对这些理论做深入研究，重新找到我国教育技术学的“锚点”。当然，因为教育技术学科的学术共同体成员之间“学科跨度”太大，以至于在还不大清楚教育技术到底是什么时，就被划归到这个领域，甚至于以“挂羊头，卖狗肉”的方式招收博士研究生。这些情况都足以说明我国教育技术学科理论问题之“乱”，而现在应该在这些“乱”之中梳理出一条清晰的发展路线，在追问理论本源性时，切忌闭门造车，独坐于象牙塔之中。

第三章

日本教育工学的方法研究

第一节　实践取向的教育工学方法论

一　教育工学研究的指向性

在教育工学研究中，有关教育实践和研究之间关系的探讨有很多。例如，永野和男教授于1992年进行的关于“教育工学学术基础的综合研究”的课题，明确提出从实践研究的取向进行有关教育工学研究方法的探讨；2002年冈本敏雄教授在“构成现代化中的教育工学体系化的综合研究”的课题中也指出，以实践研究的体系化作为目标进行教育方法的研究；大谷尚教授也提出为了让教育工学的实践研究更好的发展，必须关注作为实践研究取向的教育工学之研究方法；[①] 等等。并且，关于对教育工学研究方法的认识，冈本敏雄教授进一步指出，一般情况下，学术研究活动中包含依赖于学问本身内容的方法论和普遍意义上的方法论，越是普遍意义的方法论对具体学科内的研究方法越具有指导性，相反，越是依赖于具体学科而存在的方法论越注意具体实践操作过程的本身特征，也就是说，具体学科内的研究方法论在一般方法论的指引下进行应用的同时，要凝练本学科方法论的独特之处，

---

① 大谷尚、生田孝至：《教育実践研究における研究方法論》，《日本教育工学雑誌》，(3)，2002。

如图 3－1 所示。第一轴代表“理论和实践”，方法是从具体的实践中总结而来并形成一定的理论供后人使用与研究；第二轴代表人类的学术观和科学知识观，科学的形成是以人的基本认识为出发的，假说的确立往往也是研究者主观的一种行为；第三轴代表主观（质的）和客观（量的），最初的研究方法一定是主观的，但后来形成一定的基础数据之后才得以使客观成为可能。作为教育工学研究者在这三个坐标轴中找寻到自己的位置，是形成教育工学方法论的必要前提。教育工学可能与其他学科共同研究某一教育中的具体现象，但研究方法背后的方法论总是不一样的，或者说使用不同研究方法进行研究的教育工学研究者背后的方法论基本是一致的，这就是库恩曾提出的“范式”，范式往往是研究者群体中默认的规则。

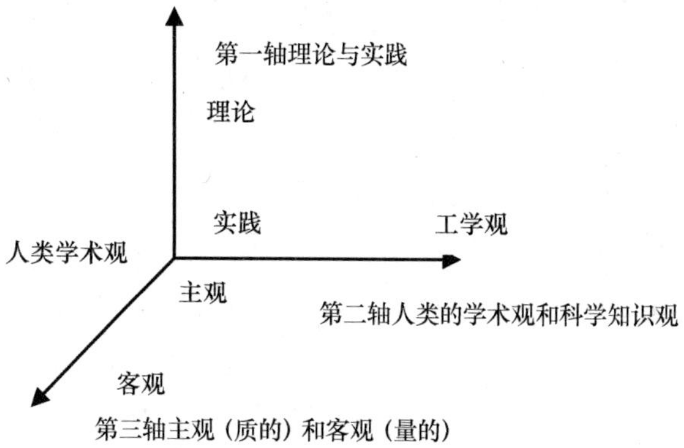

图 3－1　教育工学研究方法论视点

资料来源：清水康敬等：《教育工学研究の方法》，ミネルヴァ書房 2012 年版。

可以说，日本教育工学研究学术界关于研究方法的探讨，是建立在教育工学是一门实践性学术领域基础之上进行研究的，所以，日本教育工学在经历半个多世纪的发展之后，于 2012 年才正式出版了一本关于教育工学研究方法的系统化书籍——《教育工学研究の方法》，而我国早在 2002 年组织编写面向 21 世纪课程教材时，就由华南师范大学李克东教授编写了一本名为《教育技术学研究方法》的著作，相比之下，我国教育技术研究更注重对具体研究方法的探讨，方法在先、事情在后的基本思想是我们的基本方针。而与之不同的是，东京工业大学中山实教授在《教育工学研究の方法》的总论中明确提出“作为实践取向的教育工学方法论”，并指出教育工学的研究方法就是为了促进教育教学效果最优化而进行的有关研究方法。而从教育工学与行动科学、教育学、心理学等其他学科之关系的基础上指出，教育工学的研究方法和与之相关的学术领域的研究方法密不可分，例如，要从行动科学研究领域中借鉴研究方法时要参照池田央的《行动科学研究方法》中的第三章到第十三章；从教育学中借鉴研究方法时要参照佐藤《教育学得方法》中的第六、七、九、十章，等等。[①] 这体现了教育工学作为一门多学科交叉的综合研究领域，吸收与借鉴其他学科的研究方法是理所当然的，也是必然的，这也正如中山实教授在接受我们访谈时，对研究方法的说明：“伴随着以理论与实践为研究对象的教育工学，选择能使用的研究方法很重要，能使用的抑或是好用的方法无论哪一学科都会应用，这是正常的，所以，教育工学应该从多角度进行思考（理論と実践が伴った対象を研究している。使えるものは何でも使うということが必要。使えるアプローチは使って、多角的に捉えることが重要）。”这也正如永野和男教授认为的教育工学没有自身的研究方法并不是一种悲哀。[②] 悲哀的是我们主动放弃使用其他学科研究方法研究教育技术，而一味地去追求本就不可能追求到的教育技术研究方法的独特性。无论哪一学科，哪一类研究方法，只要能对教育实践起作用，就必然的要选择它去解决教育实践中的具体问题。这也是日本东北大学堀田龙也教授所提倡的：“我认为，教育工学没有自己的研究方法很好（教育工学研究の方法に独自性が無いことが、とてもいいことだと思う）。”

从研究方法论的横切面来看，越是临近的学科，互相影响的方面

---

① 清水康敬等：《教育工学研究の方法》，日本：ミネルヴァ書房，2012，第16页。

② 孙立会、李芒：《教育技术学之传记研究方法》，《现代远程教育研究》2013年第1期。

就越多越具体。可是，在同一层次中不同学科之间相互影响的强度可能会不大一样，成熟的学科与规范的学科对新兴学科与不太规范的学科影响力强，甚至于先行的一些成熟学科的方法论有一定的事例作用，但弱势学科的研究方法被影响之后，本身也是对成熟学科研究方法的一种再检验与修正，以此发现其中可能存在的诸多问题，可以说，影响不一定都是单方面的，而是互相的。基于此，如若过于死板地强调这种综合性交叉学科的独特研究方法，其实本身就与“交叉”性相矛盾，在众多学科的交叉中产生的教育工学，必定要受其他学科研究方法之影响，而教育工学研究者积极地利用这些研究方法也是正确发展教育工学研究方法之道。我们不仅仅要利用其他学科已经形成了的具体研究方法，更要根据学科的性质对它进行改造，从而为完善此种研究方法做贡献。而在我国，教育技术学是否有或者应该有自己的研究方法是教育技术学研究领域一直存在的一个争议问题。这不仅仅与教育技术学科本身矛盾，更与方法的意旨相违背。科学研究中，欲想得到正确的结果选择恰当和合理的研究方法是非常必要的。然而，研究方法的选择与利用是一个灵活、辩证的过程。不同的研究问题，可以使用相同的研究方法；同样的研究问题也可以使用不同的研究方法。在以往的科学研究中，大部分人都认为方法是受研究的假设与问题限制的，所以很多研究套用现成的死板的研究方法，忽略了研究对象和范围的灵活性，这样看待研究方法在研究中的价值和作用是极为不可取的。方法的选择除了与研究问题有关外，还与研究者所要达到的目的息息相关。①

诚然，任何一个领域或者学科都没有必要强求专属于本领域或本学科的研究方法，“形异而实同”的研究方法只会束缚研究者的研究视角、研究模式、研究思维，损害研究的成果，不利于学科的健康和谐的有序发展。如果概览整个学科之林的基本发展规律，我

---

① 张君仁:《传记研究方法——一种针对个体研究对象的方法论》,《音乐研究》2002年第12期。

们就会发现，不同学科的概念体系、研究对话语方式和研究方法等都存在着一定的“共享”现象。并且，随着多媒体网络技术的迅猛发展，很多学科领域的界限逐渐模糊，学科之间的综合包容意识逐渐增强。教育技术学科天生的跨学科性质也必然决定了它多角度观察和全方位的方法论视角，但无论怎样，教育技术学的研究方法一定指向具体的实践，否则就会回到具体的哲学思辨之中。

二　认识论与教育工学之方法

早稻田大学向后千春教授曾指出，教育工学研究者关心的研究领域有很多，但是作为教育工学研究者如何进行这些领域的研究往往又各有千秋。① 而这就自然与研究者的学术出身以及看待问题的方式有关，这就是哲学中的认识论。简单地说，认识论就是探讨人类认识的本质、结构，认识与客观实在的关系，认识的前提和基础，认识发生、发展的过程及其规律，认识的真理标准等问题的哲学学说，这也就是研究者世界观的问题。

教育工学所关注的教育问题会随着时代的变迁而不断发生变化，即便是常规意义上的“教学研究”，不同年代的不同学习者、学习环境、教师的教学方式、教学工具等诸多方面都存在着巨大的差异，所以，处于不同时代的研究者的研究认识也会有各种不同，斯金纳时代与乔纳森时代对教学问题的认识是不会相同的，否则社会就不会进步，知识就得不到积累，人类也得不到进化。当然，这种带有人文性质的学科与传统的化学、生物学等实验性学科不同，因为这些学科凭借实验发现规律的实质是不会改变的，所以，他们的研究方法是固定的，是没有可讨论空间的，这些学科若想取得实质性的进步，不能靠方法，只能靠方法的方法即方法论，例如，20 世纪初，相对论、量子力学的诞生，不是传统物理研究方法所能发现的，而是对物理学背后牛顿力学方法论的挑战。教育则不然，我们应该看到不同学科的相似之处，

① 清水康敬等：《教育工学研究の方法》，日本：ミネルヴァ書房，2012，第 28 页。

更应该看到不同学科的特质性，尤其是教育学这种与“人”直接相关的学科。具有不同认识论的研究者即便是研究同一问题也会采取不同的研究方法，注重因果关系的研究者往往具有实证主义认识论，而注重基础研究的研究者往往具有理论主义认识论。实证主义认识论与理论主义认识论并无好坏优劣之分，只是从不同的视角去看待教育问题而已，两者并不是矛盾的而是相互检验与促进的，教育研究中既需要教育哲学也需要提供具体可操作性的技术学。认识论的不同首先产生出研究目的的不同，从而因研究目的的不同导致研究方法的不同。当研究者选定某一研究对象时，就会思考用什么样的方法进行研究，这就依赖于研究者自身事先想从研究的过程中了解什么，而这一过程是与人的认识密不可分的。

李克东教授在《教育技术学研究方法》一书中也提及认识论，即“从科学的角度来看，认识过程，可分为……”① 显然，李克东教授是从科学的认识角度出发去论述研究方法之重要性，但并没有说明认识论与研究者之间的关系，而恰恰因为不同的研究者之间的认识论存在很大差别，尤其是教育技术学研究领域，研究者来自于不同的研究领域，这势必会导致对使用何种研究方法去研究教育技术问题带来众多的分歧与不同。我们不仅要科学地认识教育技术学科研究方法，更要科学地认识教育技术学研究中“人”的存在与研究立场。如果我们的立场相同，那么研究取向汇聚一点的可能性就会很大；如果我们的研究立场不同，那么硬性地让所有人去追寻一个统一并固有的研究方法是极为不可能的，也是没有必要的。日本教育工学研究者明确自己从事的研究领域是一门实践性极强的学问领域，这是一个学术共同体中一个普遍的认识，而这种认识往往是隐藏于研究领域之内部的，如同物理学、化学和生物学等，从事这些研究的科学研究者之间都存在着一种普遍的价值追求，而站在这种普遍的价值追求的立场前提去从事个人所感兴趣的研究课题，就会由于认识论的不同而使用不同的

① 李克东：《教育技术学研究方法》，北京师范大学出版社 2002 年版，第 14 页。

研究方法。而如果我们不清楚我国教育技术学科到底是一门什么样的学问，即便是真正有教育技术学科特有的研究方法，对这个领域的研究也会不起任何作用。更何况，现今我国教育技术学科依然不具有一种统一的认识前提，那么就更没有必要强调专属本领域之独特研究方法之意义。而应从研究者的认识论出发，去找寻解决不同问题乃至同一问题的不同路径，尽可能地让所有的研究者的研究路线交叉于某一点，并以此点为研究者之间的共同认识点。只有这样，即便我们使用不同的研究方法，所有的教育技术研究者研究成果都会汇聚一点，只有慢慢统一与达成所有研究者的认识观，这个汇聚点才会越来越清晰，也只有这样才能解决我们在找寻教育技术学科之特有方法的路途中“无果而归”的问题，也只有这样才能消解教育技术学科关于研究方法研究的“误区”，而回归于研究问题中来，也只有这样才能让我国所有的教育技术研究者团结起来，为一个学科的统一目标而奋斗，而不至于“各走各路”。

交叉性学科（二级学科）更多是用一门学科的方法研究另一门学科的理论，所以，教育工学本身就是一种方法论，是一种解决教育教学中问题的方法论，也是工学的思想在教育中应用的具体写照，更是教育革命性变化中产生的一种方法论学科。与其“责难”教育技术学研究方法的独特性问题，不如追究教育技术学“方法论”的问题，从表面上看，方法论与解决具体的教育技术研究问题离得很远，像磁场一样，看不见也摸不着，但方法论研究可以提高研究人员的研究力与研究素养是公认的，否则库恩的“科学革命的结构”就不会历久不衰。之所以强调方法论的重要性好比刀作为工具可以划入人的身体，但如果是医生为病人治病而划入，就会与坏人为了行凶而划入完全不同。这在某种意义上告诉我们“方法”可能相同，但因为“方法论”不同，而导致了同一种研究方法截然不同的两种取向，一个是救人，另一个是杀人。而这背后就是方法使用者的思考，这种思考往往就是“方法论”的雏形。方法论本身虽并不是一类知识，但它所能提供给研究者的并不仅仅是简单的知识，而是知识背后的那种方法、精神与原则。[1] 这对于社会科学研究至关重要，正如马克思论及经济形势分析时所说的那样，社会科学研究“既不能用显微镜，也不能用化学试剂”，[2] 主要的工具是大脑。而人脑的思考有赖于方法论。

第二节　教育工学研究方法的多元化

一　教育工学研究方法的基本框架

在理解教育工学研究方法时，首先应了解教育工学研究的基本框架，尤其是跨学科的教育工学必然要与各种不同的方法论结缘，这在上一节已经详细论述过。其实，研究方法并不能从真空中产生，应该以研究者感兴趣的研究对象作为出发点。AECT 曾经公开发布过“Getting Started in Instructional Technology Research”，在此资料中提出研究教育技术的 7 个步骤：①确定选题；②寻找研究点；③进行文献研究；④确定应该解决的具体问题；⑤设计研究框架；⑥选择研究方法；⑦分析数据。但是，其中在介绍研究方法时主要介绍的是量化研究，而教育技术研究中不可能仅仅只靠量化研究解释教学中的基本规律，势必会呈现出“千姿百态”的现象。因为在教育工学研究中也存在基础研究、开发研究和实践研究，各种不同研究范型中都有各自的研究方法。

徐晓东教授曾通过归纳日本教育工学研究专家赤堀侃司、永野和男和向后千春等人的观点，得出教育工学研究方法的简单分类，如表 3－1 所示。[3] 分类，对于现实生活中的我们并不陌生。可以说，我们无不时时刻刻进行着分类，例如按照性别把人分成两类，也可以按照年龄分成老年、中年和青年，还可以按照长相分为美与丑，等等。当然，这也仅仅是一个简单的形式而已，而就从这简单的分类中体悟到分类之多样性，寻求一个人人认可的分类方式是行不通的，分类是相对的而不是绝对的。正如有学者论断，即便是任何分类方式，当我们用

① 叶澜：《教育研究方法论初探》，上海教育出版社 2014 年版，第 4 页。

② 中央编译局：《资本论》，人民出版社 2004 年版，第 8 页。

③ 徐晓东：《教育技术学的研究领域及其研究方法》，《电化教育研究》2003 年第 9 期。

"奥卡姆剃刀"刮掉关于分类的种种内容与现象时，可得到的分类的内核便在于某种尺度，或者说一定的标准，这标准将保证分类的顺利进行，并达到条理化和清晰化的目的。① 所以，首要的问题是，按照什么样的标准进行分类以及标准从何而来？

表 3－1　　**日本教育工作研究方法类目**

研究方法	基本特征	应用范围	益处	弊端
实验计划法	通过对比的方法验证实验组与控制组假设	媒体应用研究；教学设计与模式的开发研究	试验计划较易实施；统计结果比较明确	试验方法本身固有的问题；大多数结果知识属于常识性的；分组实验会引发教育伦理道德问题
认知研究方法	对学习过程比较重视，典型的方法有"口语报告分析"和"计算机模拟"	学习与教学的基本过程研究；媒体应用研究；教师教育研究，等等	清晰地揭示各种学习过程，可以回答"为什么"的问题	分析困难；只能使用较少被试，不能保证结果的有效性和可信性；分析使用的模型还需要验证
数学模型研究法	提出假想（虚拟）现实模型（环境），并提出解决方案和算法	教育教学系统、环境设计与开发；数据分析；计算机与网络技术应用等	有共同的研究标准，易于在研究者之间进行沟通；创新性明显	缺少与教育的接点（这一算法或教学模型在多大程度上反映学习者特征）
系统研究方法	与数学模型方法类似，多用于开发教育中有用的工具和系统	CAI；CAL；CMI；CSCL 等	在某些领域中有效并实用；结果很少依赖被试特征；创新性明显	需要大量的资金投入；研究者个人无法与教育产业竞争；研究成果受开发环境制约
行动研究方法	来源于教育实践现场，采用对整体进行研究（不分割因素）的方法，研究依赖于具体情境	学与教研究；交流、交互研究；认知研究；各种系统设计开发；教师教育等	适合质的研究方法；不分组也可避免区别；研究结果直接反馈到实践之中，以此获得丰富的实践性知识	研究成果依赖于具体情境，几乎没有统一的标准；研究结果缺乏普适性，公认度很低
内省研究方法	重视专家的主观性，根据主观思辨获取深层的洞察和知识	认知研究；计算机模拟；学与教过程研究；结果分析、处理；媒体应用研究等	可以获得敏锐的洞察和知识	如何向其他研究者传达？如何理解专家观点？如何表现客观性？如何设定同一价值基准？等等

资料来源：徐晓东：《教育技术学的研究领域及其方法》，《电化教育研究》2003 年第 9 期。

① 章伟民、曹揆申：《教育技术学》，人民教育出版社 2000 年版，第 2 页。

日本教育工学会于2012年出版的《教育工学研究の方法》中，向后千春教授从研究者的位置、研究对象和实践情境这三方面提出教育工学研究方法的分类，如图3－2所示。研究者的位置主要是从研究对象与研究者之间的关系来划分，有外侧、内侧和中侧三种位置。外侧就是研究者与研究对象之间没有直接的影响，完全是主客体对立的形式，这主要体现在教育工学发展初期，尤其是受行为主义心理学的影响而追求“客观化”的发展方向使然；而内侧主要是受“建构主义”在教育工学研究中的影响，建构主义认为知识的获取不是客观的，而是在人与人之间的相互作用中产生，每一个学习者都有一个理解世界的方法，此理论在批判客观主义的研究方法时，使得质性研究在教学实践中逐渐展开，强调的是研究者与被研究者之间是互相影响的。而中侧往往是一种“折中主义”，在客观性与独特性之间寻求一种平衡点，毕竟在具体研究问题之中，根本不会存在彻头彻尾的客观主义与彻头彻尾的建构主义，往往根据研究问题而选择，例如在基础研究中一般会选择实证主义，而在实践研究中大多选择建构主义；另外，按照研究对象又可以分为有关教学策略的研究方法、教学技术的研究方法、教学模式的研究方法和设计、开发研究方法；按照实践的情境又可分为实践取向和理论取向两类。[①] 可见，按照不同的标准与目的，教育工学的分类也呈现出一定的多样性。

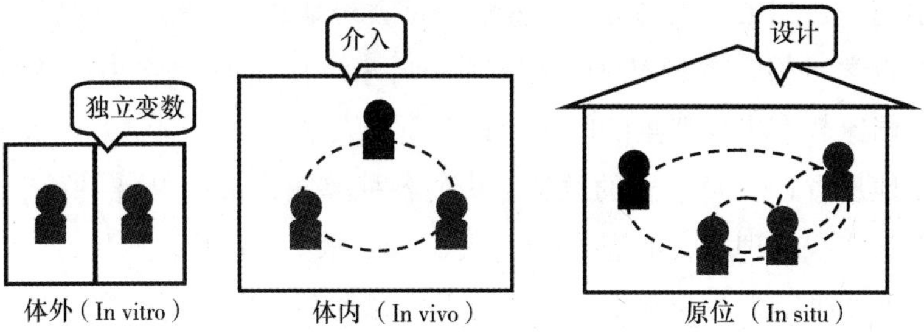

图3－2　根据研究者位置进行教育工学研究方法的分类

资料来源：清水康敬等：《教育工学研究の方法》，ミネルヴァ書房2012年版。

① 清水康敬等：《教育工学研究の方法》，日本：ミネルヴァ書房，2012，第32—40页。

当然，之所以论述教育工学研究方法的分类，意旨还是让研究从混沌走向有序。在很多时候，我们不能把教育技术研究方法简单地分为“量化研究”与“质性研究”，而是应该按照教育技术学特有的学科属性进行划分，这样不仅仅有利于满足研究者研究的需要，更有利于教育技术相关人才的培养。

二 教育工学研究方法与研究目标

方法是人类面对世界时自信的微笑和沉着的出招。一句“我有法子”，就意味着人面对千变万化、千头万绪的世界所提出的问题，有了应对的手段，其间牵动着感觉和理智，融合着知识和智慧，转化出计谋和方略，落实到工具和手段、程序和步骤，围绕着预设性和可行性、实践性和有效性，最终指向人类文明多姿多彩的成果的获取和创造。[①] 研究方法本是一种哲学用语，通常指在研究中发现新现象、新事物，或提出新理论、新观点，揭示事物内在规律的工具或手段。可以说，方法是研究者为达到其研究所预设的目的而选择的“工具”，研究方法与目的不可分割。教育工学研究早期的目的是使用各种不同的研究方法以期达到学习与教学效果的“最优化”。[②] 所以，当时的教育工学研究在“行为主义”心理学的指引下，注重实验性，重视教学前一切相关因素的分析，然后按部就班地逐一实施，以此完成既定的教学目标，重视教师的“教”。后来，由于日本学力的不断下降，国家教育出现严重的问题，并在新的人本主义的刺激下，研究者不断地反省“工学”式的教学方法的各种弊端，最后得出“罗生门”式教学实践的理解，如表 3 －2、表 3 －3、表 3 －4 所示。

虽然决定学习与教学效果的因素极为复杂，但无论教育工学研究者来自于何领域，使用何研究方法，都以此目的为所追求的终极目标。如果没有目的也就无法检测研究方法的有效性，研究方法与研究

---

① 杨义：《现代中国学术方法综论》，《中国社会科学》2005 年第 5 期。

② 坂元昂：《教育工学の原理と方法》，日本：明治図書出版，1971，第 3 页。

目的是一个“互相佐证”的关系，根据研究者的不同目标，可以采取不同的研究方法，而目的作为工具“研究方法”产生的结果，又可以验证研究方法的“效度”。剥离具体问题而仅仅是从“学科”的发展层面去讨论研究方法完全不符合研究方法的内在逻辑规则，研究方法与研究问题、研究者的视点息息相关，方法与方法之间没有本真的可比性，只有以问题情境为根据的适用性，并且不同的方法得出的不同结果也是互为完善的前提。

表3－2　　**「工学的接近」与「罗生门的接近」的对比之一**

——一般的手段——

工学的接近 (technological approach)	罗生门的接近 (Rashomon approach)
一般的目标（general objectives） ↓ 特殊目标（specific objectives） ↓ 「行动的目标」(behavioral objectives) ↓ 教材（teaching materials） ↓ 教授・学习过程（teaching-learning processes） ↓ 基于行动目标的评价 (evaluation based upon behavioralobjectives)	一般的目标（general objectives） ↓ 创造的教授・学习活动 (creation teaching・learning activition) ↓ 记述（description） ↓ 一般目标参照下的判断评价 (judgement against general objectives)

资料来源：佐藤学：《教育方法学》，岩波テキストブックス出版社2007年版。

表3－3　　**「工学的接近」与「罗生门的接近」的对比之二**

——评价与研究——

工学的接近	罗生门的接近
目标参照下的评价 (goal-reference evaluation)	目标游离评价 (goal-free evaluation)
一般的评价模式 (general schema)	各种各样的视点 (various perspectives)
心理测定的实验 (psychommetric tests)	常识的记述 (common sense decription)
标本抽出法 (sampling method)	事例法 (case method)

资料来源：佐藤学：《教育方法学》，岩波テキストブックス出版社2007年版。

表 3-4　「工学的接近」与「罗生门的接近」的对比之三
——目标、教材、教授学习过程——

	工学的接近	罗门生的接近
目标	「行动的目标」 (behavioral objectives)	「非行动的目标」 (non-behavioral objectives)
	「特殊的具体的目标」 (be spectific !)	「一般的目标」 (be general !)
教材	教材的计划的参照配置上 (sampling from material pool and "planned allocation")	教授学习过程中的中心教材的价值在发现上 (discovering the value of materials in teaching-learning processes)
教授学习过程	既定的教授学习过程 (predecided)	即兴的重视 (impromptu)
强调点	教材的精选，配列 (design of teaching materials)	教员养成 (teaching training in-service training)

资料来源：佐藤学：《教育方法学》，岩波テキストブックス出版社 2007 年版。

第三节　教育工学研究方法的本质特征

一　教育工学研究方法的评论

日本教育工学研究视域中，几乎没有专门探讨研究方法的相关文献，也就是说类似于“论教育技术之研究方法”这种类别的文献是找不到的，他们主张应在特定的语境中（研究对象）使用特定的研究方法和知识体系来解决特定的问题，例如山室公司的《日本教育工学会論文誌の研究動向に関する考察：研究方法と研究対象からみた分析》①、中山实的《教育工学研究の指向性と論文の評価傾向分析の試み》②，等等。一味的只是为了方法而讲方法只能是“纸上谈兵”。所以，日本教育工学会自 1984 年成立至今，才正式于 2012 年出版过一本专门研究教育工学研究方法的著作——《教育工学研究の方法》。在这本著作中，并不是“自上而下”地讨论研究方法，而是

① 山室公司，久保田贤一：《日本教育工学会論文誌の研究動向に関する考察：研究方法と研究対象からみた分析》，《日本教育工学雑誌》，(12)，2010。

② 中山实等：《教育工学研究の指向性と論文の評価傾向分析の試み》，《日本教育工学会論文誌》，(1)，2006。

结合了近几十年日本教育工学学术论文中常见的一些研究方法，通过“自下而上”的方式进行归纳总结，教育工学的研究中到底使用何种方法是研究者在实践中解决具体教育问题时，所采用的不同种类型的教育方法。教育工学是一门解决实践问题的学问，这决定了其研究方法必然要从实践中归纳而来。正如坂元昂先生曾说过，“只凭大脑去思考什么是教育、什么是教学，最后的结果仍然无法改善旧有的教学状况，而应该在解决具体的教学问题时思考何为教育、何为教学”，[①] 而如何解决就是方法，这种方法与实践相关，必然地产生于具体的实践之中。教育工学研究并不是作为其他学科的研究方法“检验”领域而存在，任何一种研究方法在具体的教育问题中应用时，都应是为了满足实际需要，而不是研究者“为了研究而研究”的“植入”方式，每一种研究方法都有其一定的适用性与局限性。

当然，在教育工学研究领域中也存在着“量”与“质”的讨论，尤其是冠以“工学”名称的教育工学，很容易长期受实证主义所影响，因为早期坂元昂先生就曾指出，工学的特征就是追求客观性、可再现性、可测量性和可操作性，并且明确指出教育工学研究中所使用的方法论，就是以这种可再现性为前提的。[②] 日本关西大学内恒户贵之指出，教育工学是一个多学科交叉的学问领域，以“技术在教育中的应用”为不同研究者共同关注的焦点。由于每一个研究者的学科背景不同，在研究中固然会选择不同的研究方法，从 1970 年开始行为主义心理学成为主流时，实证主义研究就成为主流。其后，由于引进认知心理学中的信息处理方式，量化研究成为日本教育工学研究的主流。此时，质性研究方法还没有在教育工学研究中得到应用。一直到 20 世纪 90 年代后期才开始渐渐地认识到质性研究方法的重要性。并且，在 2003 年的日本教育工学会的全国大会上，对于使用质性研究方法撰写论文的研究者给予了奖励，这标志着质性研究方法在教育工

① 坂元昂：《授業改造の技法》，日本：明治図書出版，1980，第 1—5 页。
② 坂元昂：《教育工艺学简述》，钟启泉译，人民教育出版社 1979 年版，第 19 页。

学研究中正式得到认可并逐渐开始受到重视，这对于提高作为多学科交叉而形成的教育工学的研究水平来说非常重要。① 质性研究方法在教育工学研究中的应用代表着教育工学研究范式在发生变化，渐渐开始注重利用有限的资源进行小范围的解释性研究。正如佐藤仁认为质性研究方法这种立足于文化人类学的基础上，对于解决现代社会的诸多问题，是行之有效的。②

日本教育工学研究者在处理研究方法时，从学问领域的本性出发，重视其实践性，其目的是在已经发表过的学术论文中归纳出一些特点，以便于以后教育工学研究者更好地进行学术研究和撰写学术论文，是站在一个学会抑或是一个学术共同体的角度进行探究的，强调实用性和操作性。

二 教育工学研究方法的本源性

目前国外教育技术研究者 Merriënboer 和 Bruin 总结了八类不同的研究范式对教育技术理论研究产生的影响，其指出从格式塔派心理学家的角度，洞察力和理解力是影响学习最主要的因素；从行为主义和新行为主义的角度，强化是影响学习最主要的因素；发展心理学认为学习是认知发展的过程；文化历史学观则把学习看成是人与世界的互动；信息处理理论认为学习是积极及深入处理信息的过程；认知资源模型（cognitive resource model）认为学习反映了人类心智有限的理解能力，而社会建构主义则认为学习是意义的社会建构过程③。可见，如此之多的研究范式必将催生出不同的研究方法以此解决不同的具体教育技术的实践问题。可谓是不同学科之间虽门墙藩篱，不可逾越。

---

① 内垣戸贵之等：《教育工学における質的研究法に基づいた論文の分析》，《日本教育工学会論文誌》，(4)，2005。

② 佐藤仁：《開発研究における事例分析の意義と特徴》，《国際開発研究》2003 年第 1 期。

③ van Merriënboer, J. J., & de Bruin, A. B. "Research paradigms and perspectives on learning," In *Handbook of Research on Educational Communications and Technology*, Springer New York, 2014, pp. 21 – 29.

但方法规模可竞相仿效。①

如果概括一下教育工学研究方法的独特性，也只能用一个“杂”字来说明。他们并不以“学科”的建制来衡量研究方法的唯一性。所以，日本教育工学研究领域也不存在对某种具体研究方法的讨论，只是在发展之中对方法论不断进行反思。方法论是方法的哲学概括，虽不是具体的某一种方法但却比方法更重要，而在很多时候我们也往往忽视方法论（哲学 philosophy）与方法（method）的区别。例如久保田贤一教授曾指出，建构主义不是方法而是哲学，而之前教学系统设计（ISD：instructional systems design）研究中使用的系统化研究不是哲学而是为了完成某一目的方法。② 教育工学这门学问领域本身就是作为一种连接教育理论与实践之间的桥梁性的“方法”，而在教育工学研究中所使用的具体研究方法的独特性也在于能发挥其桥梁性作用而选择的特定研究方法。正如赤堀侃司教授在接受我们访谈时所说，“与其他学科使用相同的实验研究、行动研究、量化研究与质性研究，但也许连接理论与实践之间的桥梁方法可以作为教育工学独特的研究方法［他の学問と同じ実験計画法、アクションリサーチ、量的および質的研究法、および、実践と理論を行き来しながらの研究法（教育工学として独自的な）］”，在日本教育工学研究者看来，教育工学研究方法的特殊之处就在于搭建理论与实践之间的桥梁，思辨式的理论推演与实验性的实践研究之方法都不会明显“奏效”，这正是教育工学研究之魅力所在，它既不是纯粹理论的亦不是纯粹实践的。

教育工学所处理的都是教学现场中存在的诸多问题，它不能靠研究者的假想、推断去指导教学实践。所以，关于教育工学研究方法本身的思考并不是研究者所要做的事情，研究者是按照问题与目的选择既定的研究方法，从而发现教学的规律，改善教学中存在的问题。只

① 钱穆：《文化与教育》，生活·读书·新知三联书店2010年版，第50页。

② 久保田贤一：《構成主義パラダイムと学習環境デザイン》，日本：関西大学出版部，2000，第34页。

有我们深刻理解了教育技术学研究方法的本源性，才不会在讨论研究方法时偏离方法意义之本身。

小结　系统方法之固有性问题

系统这个概念发展起来契机源于军队训练，美国空军在20世纪50年代训练时就运用了系统的思想，而将这个概念最大化发挥作用是原子弹的爆发。在自然科学领域，系统中各种要素可以是相互分离的，在不同的条件下各种要素的功能也是明确的，单独的操作或调节这些要素是非常容易的，素材与产物之间的"质与量"也是清晰的，从而通过输入和输出的比较进行客观评价也极为简单。相反，在社会科学研究领域中的系统，各种要素之间的关系是非常复杂的，并不能轻而易举地单独获得其中的某一个元素，并将其从系统中分离出来，所以，追求因果关系也极为困难。可以按照系统的理念去思考与设计教育中诸多要素之关联，但绝不能像亨利·福特制造T型廉价汽车时，把操作工序分成7882种[①]这般流水线式的机械化。

日本教育工学专家中野照海在1979年就曾指出，证明系统方法是教育工学的特许权是相当之难（システム的思考が、教育工学の専売特許ともなっている必然性を証明することは困難である）。但是，在其他的教育研究领域把教育活动作为系统化进行意识的考察相当少这也是事实，恐怕也只能有这点理由了，这可以说明，系统方法并不专属于教育工学。而在我国教育技术学科追寻成为一门应然学科的发展道路中，永远设想能有一种专门适合于教育技术学的独特方法，而这种方法很多研究者界定为是系统方法。很显然，这种界定是得不到学术界广泛认同的，原因很简单，系统方法是以对系统的基本认识为依据，应用系统科学、系统思维、系统理论、系统工程与系统分析等

① ［美］阿尔温·托夫勒：《第三次浪潮》，朱志焱等译，生活·读书·新知三联书店1984年版，第8页。

方法，用以指导人们研究和处理科学技术问题的一种科学方法。而如今在各个研究领域，都必须考量作为研究对象的系统性，以及对其各个要素之间的有机结合进行度量，而并非只有在教育教学领域中，对诸多要素进行系统性研究。所以，在教育技术研究领域注重系统方法是非常重要的，但一定要将其设定为教育技术学所特有的独特方法是牵强的。并且，我们更应该清楚地认识到，系统方法（木桶理论）在解决具体的教学问题时也有一定局限，实际上，木桶是物，而教学中的教师与学生是人，水平面和学生的学习水平并不是同一回事，水平面以木桶最低的那一块为主，即短板效应，而在真实的教育现场之中，学习者的水平可能以最强那一面的能力为标志，完全可能和木桶相反，教学系统中的每个要素不可能都处于最完美状态，而总是在一定的限制条件下实施教学。① 所以，系统方法直接拿来作为教育技术的理论基础很显然是行不通的。

虽然在日本，教育工学并没有走一条形如我国的学科发展之路，相比于我国教育技术学科在进行研究方法说明时，仅仅是一些常用的研究方法在教育技术研究领域中的应用，甚至于更糟糕的是还将系统方法硬性的塞进教育技术之所以能成其为一门学科的框架中。我们过多注重了研究方法本身，而没有在教育技术的理论与实践之间寻求一种可以沟通的研究方法，而如果教育技术学科中可能存在一种特有的研究方法，也只能在理论与实践之间去找寻，而非套用其他已经存在的研究方法。所以，为了能正确认识教育技术学的研究方法，不仅仅要确立研究对象和范围，更要确定研究者的位置，作为中小学教师的教育技术研究者和作为大学教师的教育技术研究者即便是研究相同的对象，看待问题的方式也会是完全不同的，并且，即使是同一个研究者在不同时期或不同情境，在面对同样的研究对象时，也可能会使用不同的研究方法，研究方法不能离开人（研究者）而单独存在，这必然地要与人的认识论相关。所以，在教育技术学科的发展道路中，

① 李芒等：《论教学设计研究领域中的基本问题》，《远程教育杂志》2012 年第 1 期。

追寻研究方法与研究问题的适切性是可以的，但某一类问题必然地要使用某种特定的研究方法或某一种研究方法必然地要适用于唯一的一类问题，这种一一对应的关系法则是完全行不通的，而也恰恰在这种非一一对应的多元关系中，教育技术学这种人文性学术领域变得分外的“五彩斑斓”。

总之，要辩证地看待教育技术学科能成其为一门学科而必然要有一种独特的研究方法这一假设，更要注意系统方法是作为教育技术学学科特有的研究方法而存在的这一“伪命题”。

第四章

日本教育工学的实践研究

第一节　教育工学的研究对象

我国教育哲学代表性人物黄济先生认为，研究任何一门科学，必须首先申明这门科学的研究对象，它的特定研究范围和领域。否则，这门科学便不能成立。[①] 海德格尔也曾说过，对一个对象领域的研究必须在其工作中深入探讨相关对象的特殊性。界定对象领域，把对象领域划分为专业领域，这种方式本质上并不是要把各门学科分裂开来，而是首先提供各门学科之间的一种边界交流，由此使边缘领域凸显出来。[②]

其实，确立一门学科的研究对象就是对这门学科进行研究范围的勘定，哪些研究隶属于这门学科，哪些研究不属于。然而，我国教育技术学科无论追求的是“与教育相关的技术”这种宽泛的研究对象，[③] 抑或是“把媒体在教育中的应用”这种相对比较狭窄的研究对象，[④] 都无法在教育技术研究学术共同体中形成统一的认可。[⑤] 这种认可，就

---

① 黄济：《教育哲学通论》，山西教育出版社 2004 年版。

② ［德］海德格尔：《演讲与论文集》，孙周兴译，生活·读书·新知三联书店 2011 年版，第 54 页。

③ 李龙：《教育技术学科的定义体系》，《电化教育研究》2003 年第 9 期。

④ 李康：《教育技术与教育技术学的研究对象》，《电化教育研究》2004 年第 1 期。

⑤ 钟柏昌：《中国教育技术学基础理论研究——关于研究对象的评述》，《电化教育研究》2013 年第 9 期。

是教育技术学人要追求的类似于经济学研究中的“商品”、生物学研究中的“细胞”和几何学研究中的“点线面”等。换一个角度来讲，在这种对固定的、独特的研究对象的追求中失败的情况下，可不可以暂且认为对于教育技术这种天生的跨越性极强的学科根本就不存在一个确定的研究对象呢，毕竟教育技术与教育哲学是完全不同的两类学科，教育技术是一门会变的学科。所以，笔者认为，在信息化高度发展的现代化社会，这种追求某门学科具有专门研究对象的时代必然地要成为历史，在某种意义上讲，任何世界上存在的现象与问题都可以被任何人研究，更不能以旧时代的思想框定现代人的理念，应适应这种变化之潮流。归根结底，之所以教育研究学人的学科背景复杂，与教育技术学研究入门的门槛相对较低有关，毕竟教育技术仍属于教育学的范畴，而人人均接受过多年的教育训练，亦能以自己接受教育的角度讨论教育，更何况如今科学技术高度发展的社会，技术已无缝连接到我们的学习与生活，而我们亦能讨论教育技术相关现象也就更不足为奇了。

当然，理解“唯一性”或“专门性”也要站在动态变化的视角上，在某一个历史阶段，某门学科的研究对象可能是不变的，这也是一种“唯一性”，“唯一”并不代表“永久”，虽然每个研究者都可以讨论“唯一”，但确实存在此“唯一”非彼“唯一”的现象，所以，我们不能仅仅停留在文字的静态语义上释读，文字是死的，但人是活的。正如王策三先生也认为，任何一个学科在其发展的历史过程中，不仅研究的观点不断变化，而且研究对象也不断变化，因而一个学科的研究性质也会发生改变，[①] 这是正常的，也是可以的，我们不能永远站在二元对立的角度审视现今的学科问题，学科研究对象的变化也是学科发展的“蜕变”与“进化”的必然结果，故并不能硬性地规定某门学科永远研究某一个对象，这对于教育技术学这种交叉性学科

---

① 王策三：《教学论学科发展三题》，《北京师范大学学报》（社会科学版）1992 年第 5 期。

也是不利的。

我国考量教育技术学科研究对象时是从“学科”取向考量的，所以会追求刻板的“唯一”性，近些年或多或少有了一些根本上的“消解”，这一点还是可喜可贺的。日本教育工学虽然不是严格意义上的学科建制的发展模式，但也非常重视对研究对象的限定与讨论，这在某种意义上也是与其他研究领域做一划分，尤其是与教育方法学这门领域的区别，因为在日本教育工学研究领域，与教育方法学之间是一种“暧昧”而又亲密的关系，正如梅原利夫在总结日本教育方法学固有性时指出，教育工学学会是从教育方法学会分离出来独自从一个特别视角研究教育实践的学会，而在初期教育工学研究者是隶属于教育方法学会的。①

当然，划定研究领域，与其他兄弟学科“划清界限”也是研究者学术共同体的一种“圈地”运动。早期日本教育工学的目标是教育的“最优化”和教育的“现代化”，其核心研究对象是学习者，包括作为学习者客体的媒体应用和作为学习者主体的学习者思考与行为的调节。坂元昂先生也曾指出，狭隘的教育工学研究对象仅限于教学方法，它属于旨在提高教学方法的效率而研究并引进科学技术成果的方法论领域，其含义与英语中的 Instructional Technology 相同。所以，简单地说，可以将教育工学界定义为一门方法之学。在这一点上，日本研究者并没有将教学技术与教育技术视为同一件事情，而是看作一种包含关系，教学技术代替不了教育技术，教育技术更不可能完全是教学技术。在日本也有关于教育技术研究的协会，而这一协会完全是由一批中小学教师构成，是彻底的“行动派”，既独立于教育工学学会而存在，又有其自己的运作模式和特征。并且，在教育方法学会早期出版的机关志《教育方法学》有过专门探讨教育技术的章节，例如 1988 年在《教育方法を問い直す》② 中有“教育技术一般化的基本问题”，1991 年

---

① 日本教育方法学会：《教育方法学研究ハンドブック》，日本：学文社，2014，第 14 页。

② 日本教育方法学会：《教育方法を問い直す》，日本：明治図書出版，1988。

《学校文化の創造と教育技術の課題》① 中有“所谓教育技术是什么”，等等。这与我国研究者在 AECT94 定义中把“Instructional Technology”翻译为教育技术，甚至将教学技术等同于教育技术是完全不一样的，更有一些研究者公开承认教育技术与教学技术完全是一回事，是同一件事情的不同种说法，类似于中国人的“大名”与“小名”之分。显然，我们这种仅从字面上理解与揣测是肤浅的，更多的是停留在了西文的表面语义上，没有将其放在词语的具体语境中去考量，决不能以“加括号”的形式处理教育技术与教学技术之关系。其实，日本教育工学研究者所认为的“教学技术”更精准地说是“教育中的方法和技术”，基本与我国“现代教育技术”这一研究相吻合，是培养未来教师所需的基本技能，并在 20 世纪 60 年代随着教育工学的不断发展而形成的为一线教师提供实践教学指导力的研究领域，② 其主要包括教学设计、教学媒体和教学方法，等等。

当然，这是教育工学的简单解释。教育工学不仅局限于教学方法层次上是肯定的。从更广义的角度来看，教育工学不仅指教学方法的研究，而且还应包括班级管理、学校经营、教育计划的研究在内，囊括了在教育领域中积极地应用最新科学技术成果的一切尝试，③ 这与加涅的教育技术观基本相同，教育技术就是致力于将技术应用于改善教学的设计与传输上。④ 教育工学作为在教育研究领域中的一分子，最主要的作用就是为教育实践提供最优化的手段和方法，借以确实地实现既定的教育目标。而设定怎样的教育目标这种伴有教育价值观判断的范畴并不列入教育工学的研究领域，虽然在这一点上有教育工学

---

① 日本教育方法学会：《学校文化の創造と教育技術の課題》，日本：明治図書出版，1991。

② 坂元昂：《教育の方法と技術》，日本：明治図書出版，1990，第 3 页。

③ “囊括了在教育领域中积极地应用最新科学技术成果的一切尝试”这一句话的深层次解读就是“研究工具的教学应用，才是教育技术学科与其他兄弟学科能分离出来的唯一的勉强的特征”。

④ 徐晓雄：《教育技术学究竟是什么？——解读加涅教育技术观引发的思考》，《开放教育研究》2005 年第 3 期。

本身的局限。但教育工学究其根本是从属于教育原理与课程，是运用教育科学研究成果的一个领域。教育工学不仅仅与教育研究中的其他研究领域不同，而且是与整个教育密切相关而又探讨形成独自方法论前景的一门科学。[①] 可见，日本教育工学为了树立自己的研究领域明确与教学方法论（课程教学论）划清界限。划分的原则就是"是否有价值判断"，教育工学是具体操作层面的学术领域，而教学论是一种理论层面的学科，是以教学的普遍问题和一般规律为研究对象，并依靠和概括其他众多学科的成果，同时向他们提供最一般的图景、发展线索和原理原则。[②] 所以，从根本上讲，教学方法论是从教育思想中寻求出发点，而将其归结为一种旨在实现教育思想的方法论。而教育工学并不包括教育思想，它是由于行为科学的进步带来的科学知识，工业技术发展带来的各种教育机器及媒体，以及作为现代科学成果的控制论、系统工程学等的技术概念作为基础，依据教学过程的客观性、可再现性、可测量性和可操作性进行综合研究的学问领域，注重应用性、实用性与可操作性。

第二节　教育工学与教育实践

教育学无论在哪个时代都被社会所期望能解决各种各样的教育问题。然而，随着社会的复杂程度越来越高，教育问题的复杂性也就越来越深刻。而之前在教育学实践研究领域中主要有教育经营学、教育社会学、教育心理学、教育临床学和教育方法学，等等。而当这些作为实践的研究领域已不能解决具体的信息化社会中教学的各式各样的问题时，教育工学在教育实践中的作用越来越显得重要起来。教育工学作为教育实践中的一个特定研究领域，并不是以构建教育实践学为目的，而是研究不同的知识体系、工具和方法在具体的教育实践中的

① 坂元昂：《教育工艺学简述》，钟启泉译，人民教育出版社 1979 年版，第 2 页。

② 王策三：《教学论学科发展三题》，《北京师范大学学报》（社会科学版）1992 年第 5 期。

应用，以此来揭示教育实践学的本质。①

坂元昂先生 1971 年在《教育工学の原理と方法》这本著作的导言中明确指出："从现场中发现教学法则（現場から授業の法則を発見する）"，并继续申明："教育工学是实践之学，与教育科学具有不同的性格，但是两者可以互相辅助为教育做贡献（教育工学は実践学であり、教育科学とは性格を異にするものの、両者は相助け合って教育に貢献するとしている）。"② 在坂元昂先生看来，教育科学研究的是教育中的基本原理，相比教育工学是"形而上"之学，而教育工学是在教育科学提出的基本原理与阐述的基本问题基础上，进行实际操作解决问题的一门学问。教育工学离不开教育科学的指导，但如果没有教育工学，教育科学往往只能停留在研究者的"大脑"之中，无法得到具体的实践显现，从而也就失去了教育学本身应该肩负的时代使命。日本教育工学研究也确实彻底地在具体的研究中落实了这一明确的指导方针，例如日本教育工学研究者发表成果的重要学术期刊——《日本教育工学论文志》，分别于 1995 年和 2002 年专门出版了有关实践研究论文的"特刊号"，并且，为了能支撑教育工学实践向更好的方向发展，有关其研究方法论的探讨也日渐热烈。③

东京工业大学中山实教授根据坂元昂先生 1971 年关于教育工学的定义指出了教育工学与教育实践之间的构造，这个构造完全体现了笔者在第一章所描述西之园晴夫先生在阐述教育工学之"工"时对"工"的汉字释读，教育工学是理论与实践之间的桥梁，是应用不同学科的理论基础而进行教育实践研究的学问领域，着重解决具体的、真实的教育教学实践中的基本问题，如图 4－1 所示，所有

---

① 西之园晴夫：《教育実践の研究方法としての教育工学》，《日本教育工学雑誌》，(2)，1999。

② 坂元昂：《教育工学の原理と方法》，日本：明治図書出版，1971，第 1 页。

③ 大谷上、生田孝至：《教育実践研究における研究方法論》，《日本教育工学雑誌》，(3)，2002。

的研究取向均指向实践。可以说，教育工学这门学问领域存在的根本意义就在于天生的“实践性”，虽然表面上看学科地位不高，但确实是教育学科体系中的“顶梁柱”，是怎么做的学问，不是思辨之学，更不是如哲学需要思考“一根针尖上能站多少个天使”般的“玄学”。正如赤堀侃司教授所言，教育工学以现实的教育问题为研究对象，并不是如外界所简单的认为是各种媒体在教育中的应用，当然，媒体确实是教育工学研究所不可绕开的一个“关键性术语”，但教育工学是一个涉及从教学研究到教师教育、从学习环境的设计、信息化教育到综合的学习内容等极为广泛的研究领域，当然不论怎样教育工学都不是追求理念、法则和思考方式的学问领域。①任何一个国家的教育学研究与发展都充斥着无数“病理”。而在日本，教育工学研究者就是解决这些病理的“医生”，但绝不像教育学原理、教育哲学等学问领域那样负责发现病理，教育工学旨在“治病”而非“看病”，所以，教育工学必须走进教学现场，必须接近教师与学生，如果你研究教学设计，就必然要与教师一起备课、上课和评课等，否则你怎知晓一线教师需要什么样的教学设计以及什么样的教学设计才是教师课堂中真正好的执行方案，所以，教育工学研究者必须身体力行地研究教学实践，不可空洞的、纸上谈兵抑或隔靴搔痒式的“坐而论道”，那样只会与教育工学越走越远，以至于完全脱离了教育工学的研究视域。

实践性是教育工学的主要特征，在日本教育工学研究者看来，教育工学绝不是产生基础知识的学问领域，而是应用某些具体知识解决教育实践中的基本问题的学问领域。我国教育技术学人可能与此有些偏差，我们过于喜欢炒概念、炮制理论，即便那些标榜自己是技术开发者的专家，也完全胜任不了自己想做的工作，他们能做的只有“价值判断”，“说者痛快，听者迷茫”的现象普遍存在于教育技术的理

① 赤堀侃司：《教育工学への招待－教育の問題解決の方法論》，日本：ジャストシステム，2002，第10页。

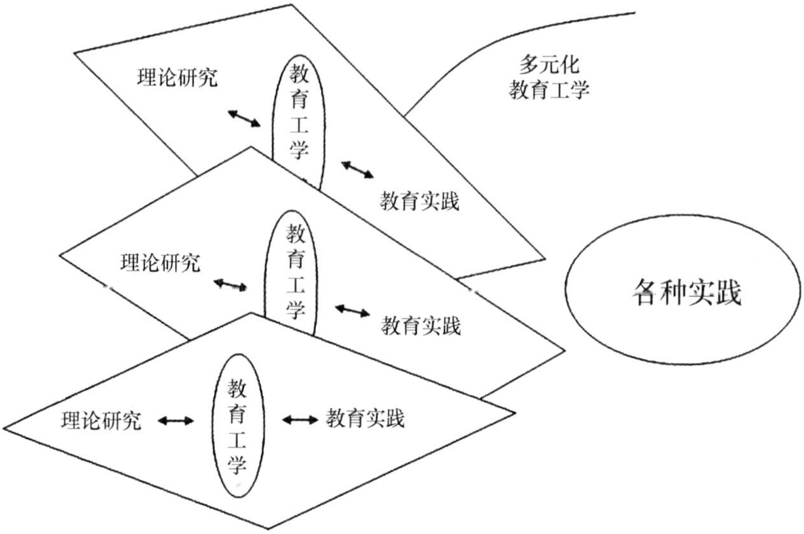

图 4－1　教育工学与教育实践之构造

资料来源：清水康敬等：《教育工学研究の方法》，ミネルヴァ書房 2012 年版。

论与实践之中，以至于形成一条可能无法修复的“沟壑”，凄凉之意便油然而生。日本教育工学研究者在实践中得到认识然后再进行实践，以知识来源于实践、应用于实践为基本前提。我们常常议论教育技术研究中“理论”与“实践”脱节，两层皮现象过于明显，但这也仅仅把“理论与实践”停留在脑中“思考”，唇边“言说”，而真正需要的是“动身实践”，① 在实践中理解“理论与实践”，而不是靠思辨去顿悟。

然而，明确教育工学的实践性之后，必不可少的是要去探讨实践背后的理性问题，这与一把刀既可以切水果，又可以杀人的道理是基本相同的，用恰当的理性支撑教育工学的实践是使教育工学在正确的轨迹上前进的基本前提。西之园晴夫指出，把教育作为实践研究，实践理性和判断力是非常重要的。实践理性，简单地说就是指导人类实

① 李政涛：《实践哲学场域内的教育学派之构建——重申“理论与实践关系”的初步探讨》，《学术月刊》2014 年第 6 期。

践活动的行为，往往与理论理性相对，也是理论理性在实践中的一种应用形式，当然理论理性与实践理性也有区别，康德在《实践理性批判》中指出，理论理性和实践理性的区别在于前者只处理认识能力，其客观存在性须依赖于直观经验，后者则处理意志（即欲求能力），所谓意志就是自己实现对象的能力，[①] 实践理性的意义在于促进行动的不断进步。

在《教育工学における教育実践研究》的绪论“所谓的在教育工学研究视域中的教育实践是什么”中西之园晴夫引用了康德的《实践理性批判》中的基本观点。[②] 西之园晴夫指出，以往的教育学实践研究非常重视从实践理性中描绘出“道德——实践”的原理，而“道德——实践”的原理是自由概念的前提。康德所认为的“实践理性”是指实践主体的意志。而意志又是人的实践行为的动因，实践理性批判就是考察那些规定道德行为的意志的本质以及它们遵循的原则。[③] 但是，“道德——实践”的这个原理并不能满足如今日益变化的社会。过去的教学是以教师讲授为主，而现在的教学主要是以学生为中心，而这种转变就需要以“技术——实践”原理进行思考教学，而“技术——实践”原理是自然概念的前提。这是康德把实践划分为“遵循自然概念的实践”和“遵循自由概念的实践”的具体体现。“遵循自然概念的实践”属于现象领域和认识论，是人们认识和改造自然的实践活动，即“技术地实践”；“遵循自由概念的实践”属于本体论，是人们运用道德法则处理相互之间关系的实践互动，即“道德地实践”。[④] 所以，面向信息化时代的“道德——实践”原理框架并不适合于教育工学，而应在“技术——实践原理”的框架模式下指导教学，这也就是日本哲学家三枝博音提出的“作为创造人类的技术

---

① 康德：《实践理性批判》，邓晓芒译，人民出版社 2003 年版，第 2 页。

② 西之园晴夫等：《教育工学における教育実践研究》，日本：ミネルヴァ書房，2012，第 5 页。

③ 康德：《实践理性批判》，邓晓芒译，人民出版社 2003 年版，第 1—10 页。

④ 张晓红、李兆友：《追求理性尊严与独立价值的技术实践——康德技术实践思想研究》，《东北大学学报》（社会科学版）2012 年第 3 期。

教育（人間をつくる技術として教育）的思考模式。”西之园晴夫先生汲取了康德关于技术实践理性中“人为自然立法”的基本思想，遵循了技术实践成为理性的体现和人类追求“至善”的活动，其中的“至善”就是教育工学在教育实践中所追求的“最优化”，这是融会贯通的结果，这也就是我们为何要汲取别的学科的营养，精通的目的不在于模仿而在于引用与转化。并且从三枝博音所提出的观点也可以看出，日本教育工学在实践中尤为重视人在技术活动之下的能动性，确立人在教育实践中的主体地位，而不是对技术“工具主义”的一种“喧嚣”。

教育工学的研究始于行动主义和客观主义，后来随着技术的不断进步与发展，教学中越来越需要教育工学来解决问题，故渐渐地就包含了教育实践研究。但是教育工学的思考方式和教育实践的思考方式不矛盾也不连续。其最典型的特征是，教育实践与教育工学、训练工学不同的是注重价值，与系统工学不同的是注重实践者的主观和经验。① 虽然教育实践的科学研究追求的是普遍性和一般性，但也必须注重其中的特殊性。教育工学早期过于追求实证主义与客观主义也是不对的，教学是有关人的行为活动，而人与物的最大不同就是有其能动性，不可控制。所以，教育技术研究不能受限于自然科学研究领域中追求客观性、再现性和可检验性的价值取向。教育技术研究乃至整个教育研究的研究者是人，研究的结果所指向的也是人，人是有生命的、鲜活的个体，不是机器，不能严格地执行某些标准。同样的教学方案，不同的教师授课，面向不同的学生，哪怕是同一个教师面对同一个学生，在不同的时间也会产生不同甚至是反差极大的教学结果，这也是很正常的，过多地关注于技术化、工程化、科学化，那不是真正的教育，只能把教育变为研究者的“屠宰场”，这也是教育工学在教育实践中必须要省察的问题。

---

① 西之园晴夫等：《教育工学における教育実践研究》，日本：ミネルヴァ書房，2012，第1页。

第三节 教育工学实践的本源

随着科学技术的进步，在日本，改善现行教育系统的呼声日益强烈，构造新的教育系统将势在必行。这主要是因为在新的社会情形下，大学生毕业之后并不能确保找到合适的工作，并且随着一些企业的破产而导致离职率的大幅升高，很多人都需要在极短的时间内进行转行，投身于其他领域进行工作，这就需要在大学期间能提供给学习者更多、更适切的教学服务，这对于大学教师思考教育实践是必不可少的。这就说明教育工学研究者的实践首要应来自于自己的实践教学，通过什么样的教学方式才能改变教育观和学习观以此提高学习者的"学力"就显得尤为重要。这正如西之园晴夫所言，教育工学的实践研究应从本身的实践研究开始。[①] 试想如果一个教育工学研究者自己的教学都不受学生欢迎，那还会有资格指导别人去有效地教学抑或是还有以专家的勇气在公开场合"振振有词"地论述教学之道吗？教育工学的实践首要应该来自于教育工学研究者本身，如果一个教育工学研究者不会用网络、电子白板、iPad 等先进的信息技术手段进行教学，怎可作为一个研究者去告诉别人该如何做呢？只会评价而不会去做的研究者，往往不是真正的教育工学研究者。实践者是以"看"的"第三方"立场还是以"做"的"第一方"的立场进行实践研究，结果是"大相径庭"的。

日本教育工学研究者将具体的实践分为三个层次，并依次渐进循环：研究自己的教育实践（自らの教育実践を研究する）——研究他者的教育实践（他者の教育実践を研究する）——实践者与研究者协同进行职能开发研究（実践者と研究者が協働で職能開発を研究する）。把自己的教育实践作为研究对象，在实践中进行省察和反思，

① 西之园晴夫等：《教育工学における教育実践研究》，日本：ミネルヴァ書房，2012，第 i 页。

然后不断地进行修改与完善，从而使自己的教学实践成长。这其中既包括中小学教师在教学实践中的体悟，亦包括大学教师在教学实践中进行的实践探索。所以，我国教育技术研究者应先从研究自己的教学实践开始，然后让中小学教师成为研究者，而不是作为一名高高在上的专家过度地指导中小学教师进行教学。之后应把研究自己的实践和研究他者的实践综合起来进行研究，起到互相协作的目的。

第四节　教育工学研究的十个基本领域

早在20世纪60年代坂元昂先生就曾提出日本教育工学研究的问题域包括三个部分。

教育工学Ⅰ。利用理工学的成果来提高教育效率的研究领域，又可分为以下两个分支：

教育工学Ⅰa（视听教育工学）：主要是将工业技术中的硬件研究成果应用于教育教学领域的一个分支。

教育工学Ⅰb（信息科学视域下的教育工学）：信息科学技术在教育中的应用研究。

教育工学Ⅱ（行为科学视域下的教育工学）：利用行为科学的研究成果，探讨有效的教育内容的配列与教学方法的研究领域。

教育工学Ⅲ（人类工程学视域下的教育工学）：利用人类工程学的知识，设计有效的设施设备、教材教具的研究领域。

并且，这几个研究领域之间并不是孤立的，而是有一定的关联，具体如图4－2所示。[①] 虽然，从现今的教育工学的发展态势来看，日本教育工学研究视域已完全超出了20世纪60年代行为主义与视听领域研究的层面，但在日本教育工学研究的起步阶段就能划分本领域研究的问题与边界，这对于教育工学以后发展的影响是可想而知的。

---

① 坂元昂：《教育工艺学简述》，钟启泉译，人民教育出版社1979年版，第50—51页。

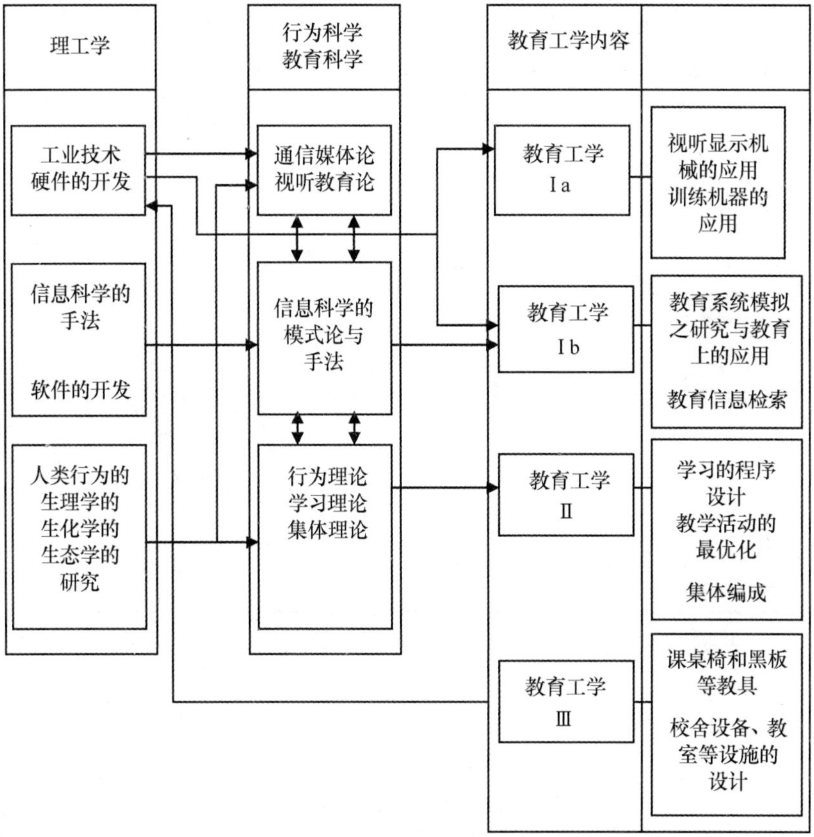

图 4－2　教育工学问题域

资料来源：坂元昂：《教育工艺学简述》，钟启泉译，人民教育出版社 1979 年版。

经过大约半个世纪的发展，日本教育工学会于 2000 年 6 月正式出版了《教育工学事典》，并正式提出存在于教育工学研究中的十个基本研究领域，赤堀侃司教授按照研究的对象、手段、目的和方法进行了归类，如表 4－1 所示。[1] 历经 6 年多编撰而成的近 600 页的事典，紧紧围绕教育工学研究的十个领域而进行相关术语的描述，这十个领域分别为：认知领域、媒体领域、计算机应用领域、数据解析领

① 日本教育工学会：《教育工学事典》，日本：实教出版，2000，第 10 页。

域、网络教育领域、教学研究领域、教师教育领域、信息教育领域、学习环境设计领域。并且，在《教育工学事典》中对这十个领域进行了详细的介绍，每一个领域所涉及的关键术语都得到了一一解释，下面做一些简单说明。

表 4－1　日本教育工学研究领域的分类

对象	人类的学习过程	认知
手段	媒体等的情报手段	媒体 计算机 数据解析 因特网
目的	实际的教学和教育改善	教学研究 教师教育 情报教育
方法	教育设计、研究方法	教学系统设计 教育工学基本理论

资料来源：日本教育工学会：《教育工学事典》，实教出版社 2000 年版。

第一，认知领域。

在日本教育工学会全年大会中，从第 25 届（2009 年）开始在一般发表中设置以“认知”为主题的讨论会场，而到了第 27 届（2011 年）讨论会场增加至两个，[①] 研究的主题也呈现出一定的层次性，例如有研究者近期在《日本教育工学论文志》中发表题为“メタ認知的方略，動機づけ調整方略が認知的方略，学習の持続性に与える影響”的论文，都在一定程度上说明，认知这一领域在教育工学研究中逐步得到强化。

认知科学是 20 世纪标榜在教学中以科学研究的范式为基础的“行为心理学”框架之下发展起来的新兴研究门类，[②] 更是探究人脑

① 董玉琦等：《回归教育本质　关注学生发展——中日比较视角下的我国教育技术学研究发展省思》，《电化教育研究》2014 年第 9 期。

② 佐伯胖、渡部信一：《“学び”の認知科学事典》，日本：大修館書店，2010，第 6 页。

活动的前沿性尖端学科，起步于40年代，成长于60年代，对当时的社会心理学、教育心理学和临床心理学等产生了重大影响，所以，此时的“认知科学”作为一个广阔的研究领域，包含了认知心理学、语言学、人工智能研究和神经科学，等等。认知科学的研究使对学习的研究从实验室走向了现场，这也为教育工学在解决教学现场中的诸多问题提供了科学性的方法论，因为在20世纪五六十年代教育工学还处于“刺激——反应”这种简单的外在“行为”改变的研究范式之中，缺乏对学习者“内部”的探究，过于“僵硬”。

不管任何一个国家，只要是与教育技术直接相关的学术领域，是逃脱不了心理学影响的，尤其是认知心理学，这不仅仅是因为认知心理学提供了教育技术作为一门学科的理论基础，而是作为教育技术学诞生之日起最早的研究内容，日本的教育工学也不例外。并且，日本教育工学会专门授予东京大学认知心理学研究专家佐伯胖教授为名誉会员，可想在日本教育工学研究者的视域中对认知心理学的重视比我们预想的要深，不仅仅是受认知心理学的研究成果的影响，而是与研究认知心理学的研究者互相交流，这与凭借“文献”式的揣摩和直接的交流相比，从而导致的结果显然是不同的。

日本于1983年成立了日本认知科学学会，而这一时期恰好是日本教育工学的普及时期，[①] 也正是研究方式需要转化时期，更需要提供科学性方法论时期。日本教育工学研究者三宫真智子认为，心理学尤其是认知心理学是支撑教育工学最主要的学科。[②] 简单地说，认知心理学（cognitive psychology）就是探究人类认知的心理学，在20世纪50年代成为西方一种比较重要的心理学思潮。认知心理学引入教育工学研究领域，不仅仅是作为一种支撑的理论而对其产生了重大的影响，而是渐渐使其成为教育工学研究中的最为重要的一个分支而存在着。而在教育工学研究视域中进行的认知领域研究具体如图4-3所示，主要包

① 日本教育工学会：《教育工学事典》，日本：实教出版，2000，第12页。
② 坂元昂等：《教育工学とはどんな学問か》，日本：ミネルヴァ書房，2012，第79页。

括认知的基本理论、人类信息的处理模式、记忆与学习、推论与判断、问题解决、言语、认知发展、学习动机和个人差别，等等。

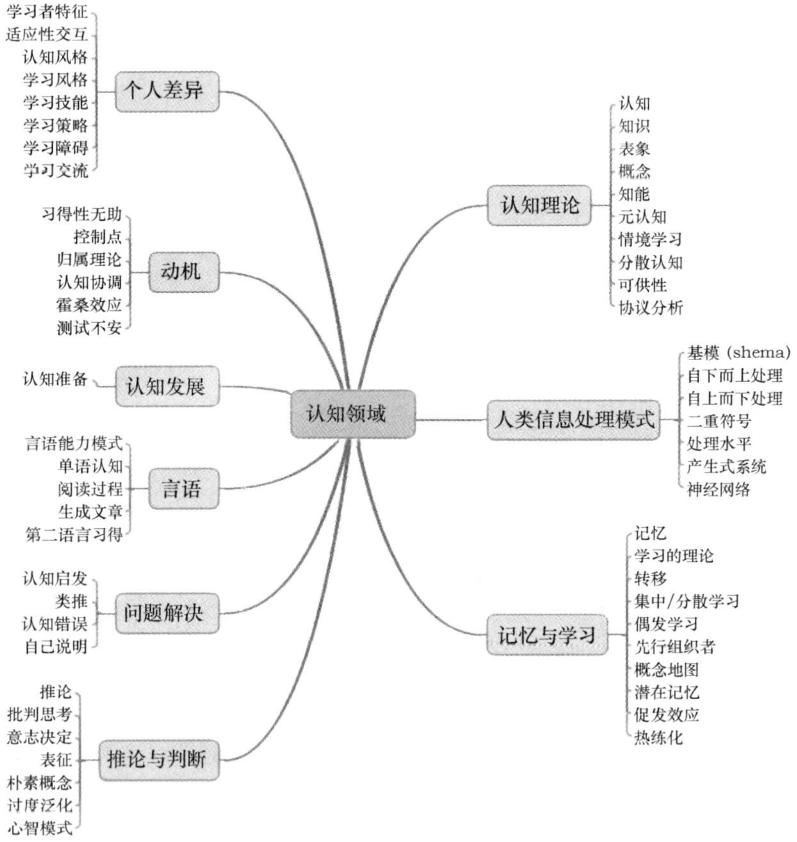

图 4－3　认知领域地图

资料来源：日本教育工学会：《教育工学事典》，实教出版社 2000 年版。

第二，媒体领域。

“媒体”一直都是教育技术研究中不可能绕开的一个关键性词语，在日本教育工学研究中也不例外，并且从日本教育工学发展史来看，视听觉机器的研究为教育工学这一研究领域的正式确立做出了很大的贡献。媒体是信息化教育中的“骨架”，也是教育信息化发展的内核，更是新时代学习环境构造的基本元素，要把媒体作为学习者的一种能力进行培养，如表 4 - 2 所示。如今在日本教育工学研究领域中的媒体研究主要包括：与教育相关的媒体概念，在教育中如何更出色地使用媒体，利用媒体进行的文化传播与交流以及媒体在认知领域研究中的应用，等等。所包含的具体概念如图 4 - 4 所示。①

表 4 - 2　**传播形体与能力**

传播形态	需要的能力	对象世界
面对面传播	听、说、身体感觉	现实的世界
文字媒体传播	文字的听说读写能力	符号的世界
影响媒体传播	影像的读写能力	影像世界
信息网络传播	信息能力	网络世界

资料来源：日本教育工学会：《教育工学事典》，实教出版社 2000 年版。

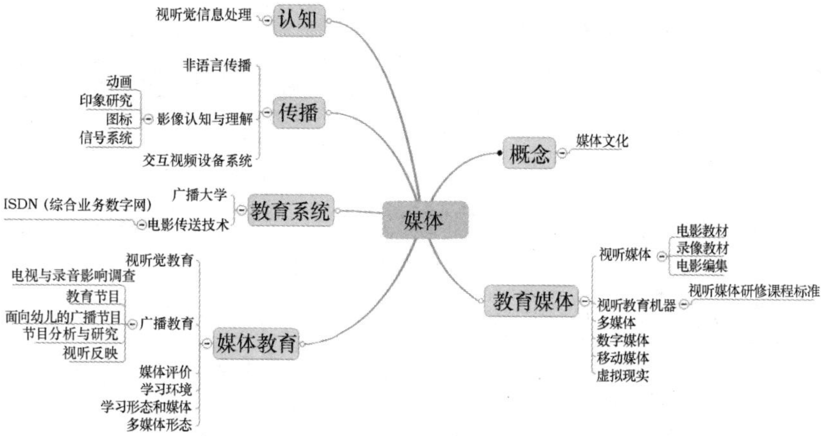

图 4 - 4　媒体领域地图

资料来源：日本教育工学会：《教育工学事典》，实教出版社 2000 年版。

第三，计算机应用领域。

1989 年东洋教授在给大阪大学管井滕雄的《CAIへの招待》一书写

① 水越敏行、生田孝至：《これからの情報とメディアの教育— ICT 教育の最前線》，日本：図書文化社，2005，第 13 页。

序时明确指出，计算机教育应用已经度过了简单讨论“是与非”的阶段而完全进入了实践阶段。[①] 计算机科学技术的进步，促使信息的传播从“模拟”走向了“数字”，信息以光的速度在计算机与计算机之间进行“飞舞”，从此教育工学走向了质的飞跃阶段。从程序教学中的“小步子”发展起来的CAI，后又不断地衍生出更加智能的各式各样的教学与管理系统，以适应学习者的个性化学习需求。以至于现今的教育工学的发展不大可能与“计算机”这个代表时代潮流的词语划分开，由此也一直导致外界产生教育工学就是研究计算机在教育中应用的学问领域的这一常识性误解。当然，计算机在教育中的应用不能仅仅体现在对“工具”的使用，而是把计算机作为教育过程之中的一个基本元素来看待，它并不简单如黑板或粉笔那般“粗糙”。当然，这里面所说的“计算机”已然不是常规意义上的计算机，还应包括各种具有操作系统的移动设备，例如iPad、Tablet pc等。计算机应用研究领域主要包括支撑教育的管理系统、支撑学习者的学习系统以及建立在网络中进行的合作学习、项目学习和发现学习等多种学习方式，如图4－5所示。

第四，数据解析领域。

数据解析主要是基于教育领域中存在的大量的类似于考试成绩等进行客观分析的研究领域，从中分析出对教育目标有意义的隐藏于数据背后的信息，以在之后更好地组合教学元素来完成既定的教育目标。日本教育工学研究专家竹谷诚教授曾在早期对数据解析下过一个定义：就是在说明研究对象时，从中抽出本质性的东西，从而舍弃不是本质性的东西，以此把对象“形式”化，进一步发现复杂对象背后的基本规律，简化之后就是描述性的教学模式。[②] 这是教育工学早期追求科学化的根本保证。所以，当时教育工学研究正确记录对象的本质是很关键的，即便是在反思“科学主义”范式的今天，这种科学化的实验研究也从未间断过，因为这是制定教育政策的根本。

---

① 管井滕雄：《CAIへの招待》，日本：同文書院，1989，序言。

② 竹谷诚：《数理モデル》，《日本教育工学雑誌》，（4），1997。

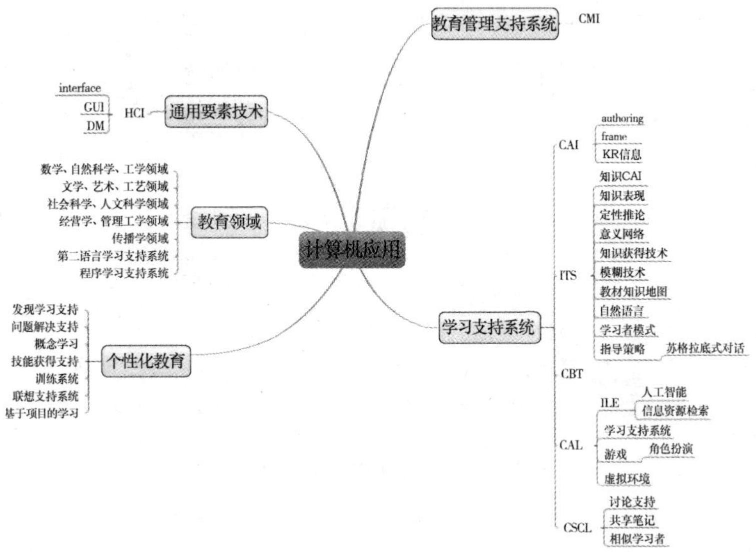

图 4－5　计算机应用领域地图

资料来源：日本教育工学会：《教育工学事典》，实教出版社 2000 年版。

数据解析研究领域的提出，与早期日本教育工学研究追求客观性与可再现性有很大关联，而在日本《教育工学事典》中提出的有关数据解析研究领域的关键性术语达 46 个，大多集中于评价理论和统计学之中，具体如图 4－6 所示。可以说，数据解析领域与教学评价直接相关，只是利用了统计学的原理进行与教育目标相关的成绩的数据分析，由此给出评价的结果，完全是统计学在教育领域中应用的一个极小的部分，但数据解析领域的关键并不是仅仅在于分析数据所呈现出来的凭借人的肉眼看不到的结果，而是在于有了客观性的分析结果后，去改变它、完善它，正如日本著名企业咨询大师大前研一所言，分析数据后所呈现出来的资料，只不过是假设。[①] 这也是教育工学一直贯穿的核心思想，即“怎么做”。

① 大前研一：《思考的技术》，刘锦秀、谢育容译，中信出版社 2013 年版，第 7 页。

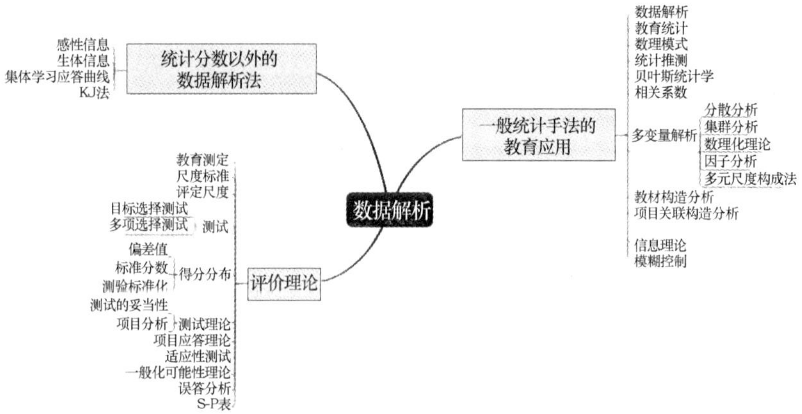

图 4－6　数据解析领域地图

资料来源：日本教育工学会：《教育工学事典》，实教出版社 2000 年版。

第五，网络教育领域。

如果仅仅有了计算机而没有网络，那么计算机所能提供给学习者的信息与一个计算器也许并无本质上的区别。有了互联网之后大大拓宽了人与人之间交流的时间与空间，使其“脱域”成为可能，人与人之间可以最大程度上共享与传递信息。“网络”通常是一种新型的虚拟“环境”，而在这种环境下体现的是从“能教（教える）”到“能学（学ぶ）”的学习理念的变化，充分体现学习者作为一个个体而存在，通过网络进行小组协作学习、即时讨论、主动探究，等等。当然，日本教育工学研究中的网络教育并没有更多地集中于“网络技术”这一技术性层次上，具体体现如图 4－7 所示，正如曾有研究者指出日本的教育工学研究中的网络教育更多关注的是信息素养，注重教师与学生之间获取信息能力的重要性，[1] 并且，从日本《小学学习指导纲要说明》中抽取的关键词——“信息活用能力”占很大比例的事实也许能为此提供足够的证据，如表 4－3 所示。[2]

① 王珺：《日本教育技术学的发展现状》，《比较教育研究》2012 年第 8 期。

② 高桥纯等：《新学習指導要領において必要とされる教員のICT活用指導力の検討》，上越教育大学研究紀要，2010，第 29 页。

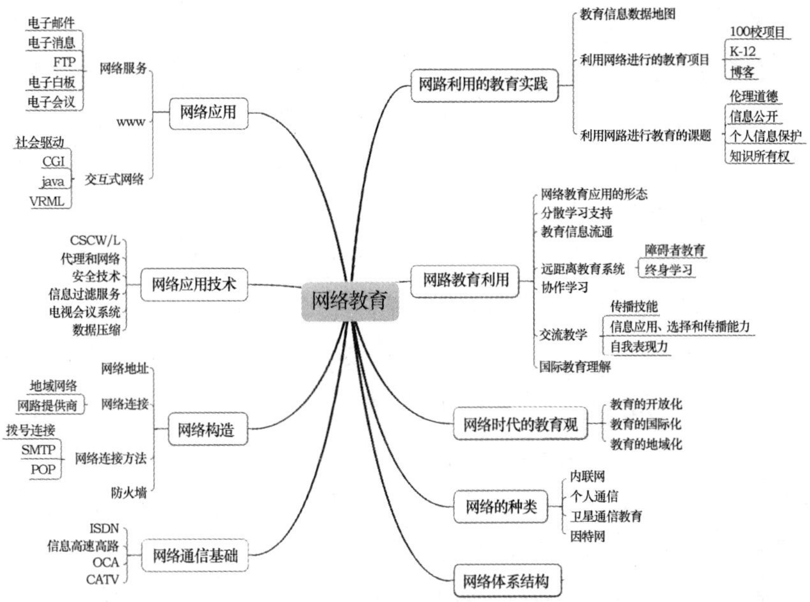

图 4－7　网络教育领域地图

资料来源：日本教育工学会：《教育工学事典》，实教出版社 2000 年版。

表 4－3　《小学学习指导纲要》中抽取的基本关键词

关键词序号	关键词	关键词序号	关键词	关键词序号	关键词
1	信息活用	11	因特网	21	数字通信
2	信息活用能力	12	ICT	22	传真
3	信息收集	13	信息机器	23	数据显示
4	信息传播	14	计算机	24	主页
5	信息手段	15	投影机	25	著作权
6	信息通信网络	16	移动电话	26	肖像权
7	信息道德	17	媒体	27	知识产权
8	信息化社会	18	视频	28	视听教材
9	信息安全	19	电视	29	软件
10	其他包含“信息”的词语	20	广播	30	提示装置

第六，教学研究领域。

教育工学这一关键词中虽然存有“工学”二字，但它毕竟不是如信息工学、管理工学和电子工学等同样的工学学术领域。它仍然离不开教育这一大范畴，故也就不可绕开对教学的研究，所以，教学研究是教育工学研究中最重要的一部分。

日本的教学研究运动从20世纪五六十年代开始勃兴。而在日本与教学研究直接相关的学会是“教育方法学会”，教育方法学会成立于1965年，而“教育方法学”这一概念是从赫尔巴特的弟子赖恩（Rein，w.）的著作《教育学纲要》中翻译并介绍到日本的。[①] 在日本，教育工学与教育方法学会存在着非常紧密的关系，很多研究日本教育工学的教授同时隶属于教育工学会和教育方法学会，而隶属于其他两种学会的却非常少见，这主要体现了教育工学与教育方法学研究存在着很大面积的“交叉”，名古屋大学的场正美教授也在教育方法学会出版的《日本の授業研究》中的前言部分坦言这一事实。之所以教学研究能成为日本教育工学中的核心部分，主要有四个基本原因：

第一，计算机在教育研究中的应用的不断加强，尤其是现在如火如荼进行的1∶1数字化教学以及iPad在课堂教学中的应用。并且，日本教育工学会曾在第十四届全国大学中以“寻求利用计算机的新的教学方式”为主题进行了专门的研讨，可以说，计算机作为一种特殊的“教具”，对教学的改变是“天翻地覆”的，在教育工学研究领域中对其重视也是理所当然的。

第二，20世纪80年代后期，以教师的职业技能成长为研究视点的教学研究开始不断盛行。

第三，教学研究已不局限于中小学，而是向大学教学以及特殊教育教学方向不断扩展，尤其是当时日本对高等教育研究的重视，加剧了教育工学在教学研究中的不断深化，尤其是FD的相关研究已走在了世界的前列。

① 日本教育方法学会：《日本の授業研究》（下），日本：学文社，2011，第i页。

第四，关于教学研究中质性研究方法开始不断盛行。

由于以上原因的诱导，促使了在教育工学研究中形成了教学研究这一研究领域，而在我国教育技术研究领域中习惯性被看作其内核的是“教学设计”。当然，教学研究中包含教学设计，而相比于日本，定位于教学设计是我国教育技术研究的核心，这也许是在某种程度上窄化了教育技术研究的“中轴”。而教育工学定位的教学研究中也并非无所不包，主要由六个领域构成，分别为教学研究法、教学分析、学习环境、学习指导方法、教学设计及教学实施和教学评价，具体如图 4 －8所示。

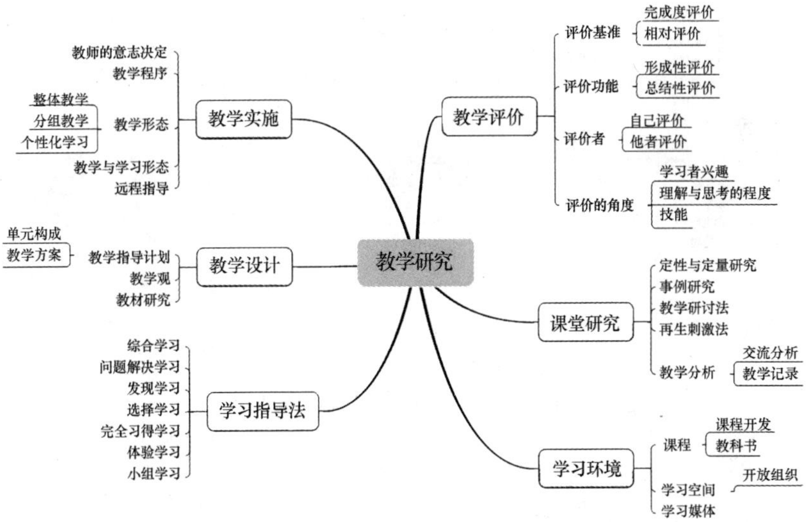

图 4 －8　教学研究领域地图

资料来源：日本教育工学会：《教育工学事典》，实教出版社 2000 年版。

第七，教师教育研究领域。

因为教师教育这一研究领域与教学研究、课程开发紧密相关，所以，成为日本教育工学研究的一个重要领域也是没有多大争议的。日本教育工学研究中比较有分量的几位研究者，例如西之园晴夫、吉崎静夫和井上光洋等，都曾把教学技术的提高作为教师成长目标进行研究。并且，日本教育工学最大的特色就在于“教师培训”的研究，冈山大学近藤教授认为，“教师培训”至少包括两层含义，分别为“职前”与“职后”。而在日本教育工学视域中进行的教学研究，并不单单只是“中小学教师教育技术能力培训”，而主要包括教师教学力的提高、教师职业生涯的成长以及教师教育过程的培养等，具体如图4－9所示。

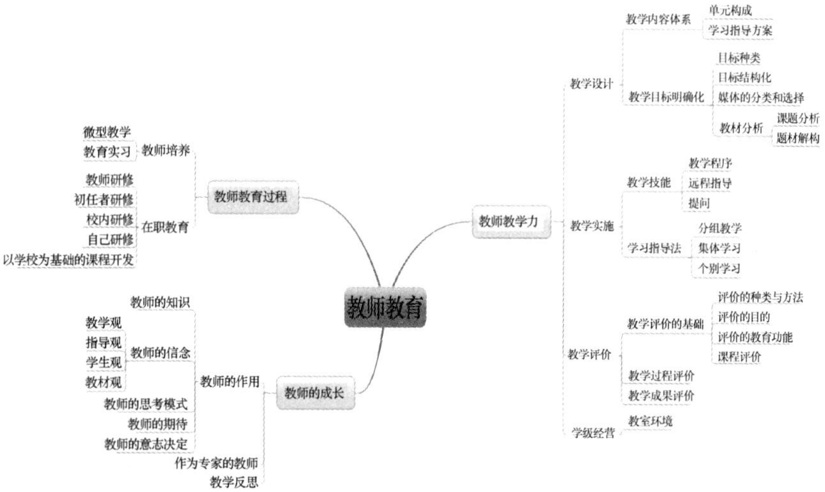

图4－9　教师教育研究领域地图

资料来源：日本教育工学会：《教育工学事典》，实教出版社2000年版。

第八，信息技术教育研究领域。

随着信息通信技术的发展，信息技术在教育教学中的应用不断得到关注和重视。1991年7月日本文部省出版了《信息教育手册》，申明将利用信息能力的培养作为教育的主要目标。2006年1月日本政府公布了《IT新改革战略》，于当年年底制作完成了“教师IT活用指导力标准”，对教师信息技术能力进行了分类并进行了详尽的说明。现以小学为例，如表4－4所示。从图4－10中也能体现出信息技术教育研究领域中所涵盖的范围。

表 4－4　　信息技术活用指导力各项目及其说明（小学版）

大项目		小项目		说明
A	利用信息技术进行教材研究、评价等的能力	1	为了提高教育效果，计划在什么场合，如何利用计算机	教师在教学过程中是否具有利用信息技术的能力
		2	在教学中为了收集使用的教材和资料时，能利用因特网和 CD－ROM 等	教师收集必需的资料时，能考虑用因特网上的丰富信息资源，用那些信息资源按照教学目标高效的收集资料
		3	为了做成教学中必需的提示资料，能利用文字处理软件和演示软件等	在教学中制作上课使用的资料时，能考虑到利用文字处理软件和演示软件。在制作资料时，能利用信息技术在较短的时间内，一边考虑著作权一边高效地制作完成
		4	为了让评价更充分，利用计算机管理和收集学生的作品、学习状况和成绩等	能利用计算机管理学生的学习作品、学习状况和成绩等，用图表分析软件进行统计，使学习评价更加充分、高效
B	利用信息技术进行教学指导的能力	1	为了提高学习者的学习兴趣，利用计算机和提示装置等	教师利用计算机和提示装置等，扩大资料的收集范围，制作能激发学习者兴趣的学习内容，课堂中能展开主体性学习
		2	为了让学习者明确课题，利用计算机和提示装置等	教师利用计算机和提示装置等，让学习者具有问题解决的意识，把问题明确化，让学习者自己学会思考
		3	为了表达清楚和让学习者产生深刻理解，利用计算机和提示装置等	教师利用计算机和提示装置等，能为学习者提供问题解决的线索，在课题解决的现场，教师利用 ICT 让学习者不断地进行深入的思考
		4	整理学习内容时，为了提高学习者的知识迁移，利用计算机和提示装置等	教师利用计算机和提示装置等，对资料和教材的理解予以说明，以此促进学习者的知识迁移和掌握技能的熟练
C	指导学生利用信息技术的能力	1	指导学习者利用计算机和网络等进行收集和选择信息	学习者利用计算机和网络，收集解决课题时需要的信息，并对信息进行选择与加工
		2	指导学生通过文字处理软件和图表制作软件把自己的想法整理成文章或图表	指导学习者将自己的思考写成文章，把自己的调查的数据制作成统计表
		3	指导学习者利用计算机和演示软件等，进行简单的发表	学习者把利用演示软件等制作的图表进行打印，与其他的学生之间进行交流
		4	指导学习者利用软件和因特网反复练习，达到知识的迁移和技能的熟练	学习者利用学习软件和因特网进行反复练习，促进知识的迁移和技能的熟练

续表

大项目		小项目		说明
D	指导学生遵守信息道德的能力	1	指导学习者应该具有传播信息和在信息社会中行动的责任，能体会到别人的想法	学习者参与到信息社会中，必须具有一定的责任和义务，能正确判断信息的真伪
		2	指导学习者作为社会的一员，进行收集和传播信息时，应该遵守一定的规则和习惯	学习者利用信息时，应遵循规则、习惯和法律等社会规范，不能仅限于教学中的教科书指导，还需要进行教学之外的学习指导
		3	指导学习者利用网络时，理解信息的准确性和安全性等，积极健康地使用网络	学习者利用因特网收集与利用信息时，应该考虑信息的健康与积极的一面，注意信息的正确性和真实性，不好的信息会产生不良的影响
		4	指导学习者认识到密码和其他信息的重要性，具有基本的信息素养	学习利用信息时，应理解 ID 和密码的重要性，有意识地保护自己和他人的信息，养成信息安全的基本态度
E	利用信息技术进行教务等相关工作的能力	1	能利用因特网收集信息、利用文字处理软件和图表软件进行文章和资料的统计等	利用文字处理软件制作教务文书，用图表软件管理学习者的信息，并且能从因特网上获得学校需要的相关信息
		2	利用因特网和校园网进行学校教师之间、地域和不同地域教师之间进行沟通和交流，进行信息进行交换和共享	利用校园网和因特网，不受时间和场所的限制，利用信息交换手段，教师与教师之间可以共享信息，增进教师传播信息的能力

资料来源：孙立会、李芒：《日本小学教师 ICT 活用指导力研究及启示——基于日本文部科学省〈小学学习指导纲要说明〉的统计分析》，《中国电化教育》2013 年第 4 期。

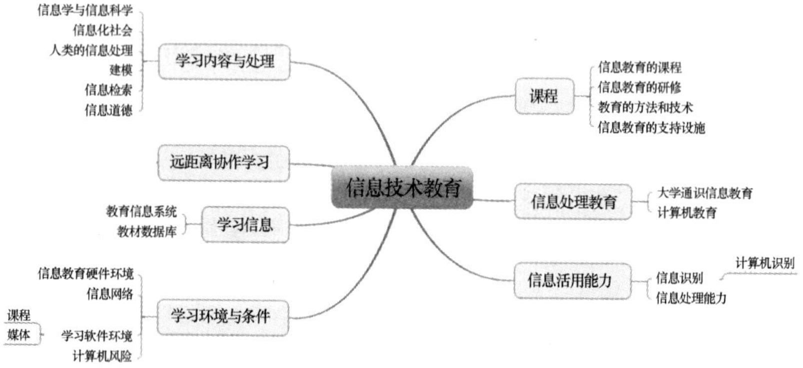

图 4－10　信息技术教育研究领域地图

资料来源：日本教育工学会：《教育工学事典》，实教出版社 2000 年版。

第九，教学系统设计研究领域。

“教学设计”这一关键词在我国教育技术研究者话语体系中占有举足轻重的地位，然而在日本教育工学研究领域中并没有那么高，其具体研究范围如图4－11所示。日本教育工学研究者在进行教学设计研究中非常注重理论与实践的连接，很少去热炒一些时髦的概念或“坐而论道”式地谈论教学设计的模式、原则与方法。例如，高垣マユミ所著的《授業デザインの最前線―理論と実践をつなぐ知のコラボレーション》（教学设计的最前线——连接理论与实践的桥梁）中明确指出教学设计要进入教学现场才能给一线的教学者提供帮助，并指出教学的成败并不单单局限于教师的指导方法和学习者个人的能力，还应包括社会、文化以及学习者之间的相互作用等多种因素，[①] 可以说，教学设计不能是线性的，也不能是非此即彼的简单二元对立的逻辑关系，更不是系统性的，而是一种关系。

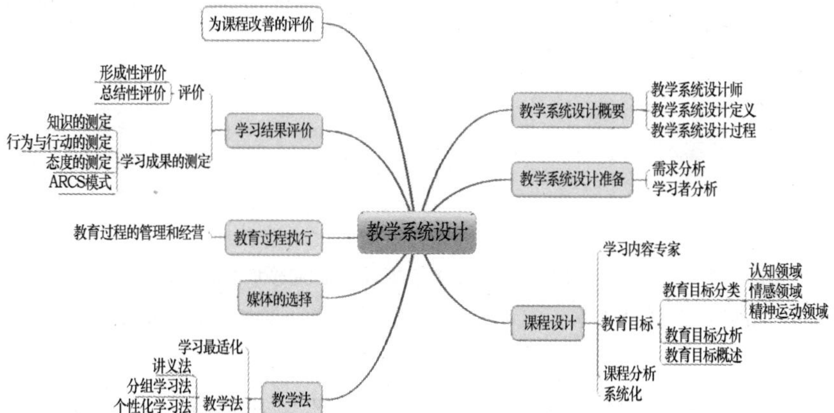

图4－11　教学系统设计研究领域地图

资料来源：日本教育工学会：《教育工学事典》，实教出版社2000年版。

---

① 高垣マユミ：《授業デザインの最前線―理論と実践をつなぐ知のコラボレーション》，日本：北大路書房，2005，第1页。

第十，教育工学基本理论研究领域。

这一研究领域与其他几个研究领域有些少许的不同，其他的研究领域构成了日本教育工学研究的面貌，有与之相对应的研究对象。而教育工学基本理论这一研究领域主要是从更加广阔的视角出发，在超越特定的研究内容的基础上，纵览日本教育工学发展的全局，为教育工学研究提供一般性原理的领域，涵盖了教育工学的过去、现在和未来，如图 4－12 所示。

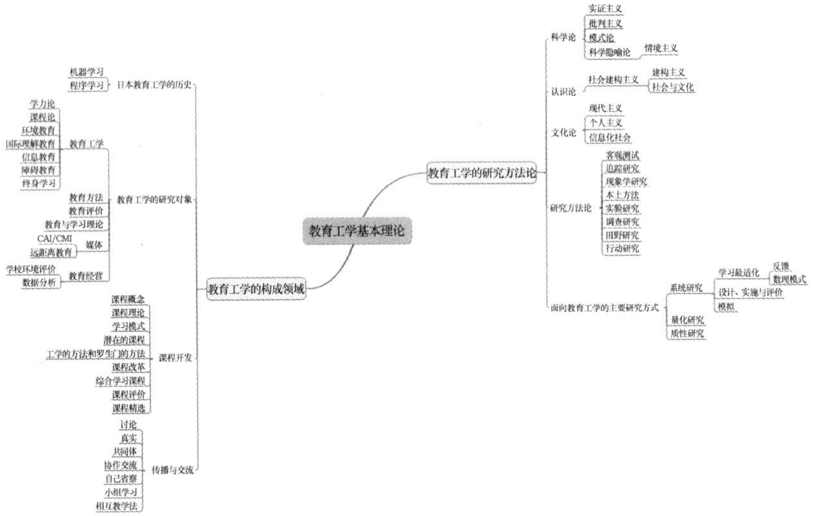

图 4－12　教育工学基本理论研究领域地图

资料来源：日本教育工学会：《教育工学事典》，实教出版社 2000 年版。

之所以在日本教育工学的十个研究领域中，把教育工学基本理论研究放在最后，虽然从表面上看是对其他几个研究领域的统筹，但也体现了日本教育工学对理论研究并不“热衷”，不热衷并不代表不重视，而往往越重视却越显得研究的力度及成果难以说服别人。如果从管理科学的角度来讲，也许 99% 搞各种应用、开发，只宜用 1% 搞一般理论研究，但如果这 1% 能起到实质性的作用，要远比全民式的都去从事理论研究更有意义和价值，也许我国教育技术学科错就错在太多的人从事理论研究了，太多的《教育技术学》著作，几乎大同小异。归根结底，如果教育工学过于关注理论研究，就会与“如何做”的宗旨相违背，在日本教育工学研究者看来，教育工学是一个交叉性学问领域，受心理学影响很大，所以，十个研究领域中第一个是“认知领域”，这种看似没有先后的安排其实背后隐藏着“孰轻孰重”的关系。

小结　实践边界之探讨

在教育技术研究领域，能寻找到一个类似于“三八线”的标记，也许一直是教育技术学人的梦想，这不仅仅体现在学科与学科之间的划分上，更多的意义在于证明教育技术有教育技术本源性的研究，而不是从属于哪一类研究或与哪一类研究相类似，无外乎就是证明自己的存在是有其独特性的。然而，往往事与愿违，我们越是追求这种独特性，就越显得教育技术是在与其他兄弟学科“争”资源，以至于我们在大教育学科群中被“排挤”与“冷落”。

其实，随着信息时代的不断发展，不同学科之间的界限变得越来越模糊，任何人都可以从自己的学科背景出发去研究任何自己感兴趣的东西。正如某研究者所言，计划经济的时候，是什么就做什么，市场经济的时候，做什么就是什么。确实，我们不能再用单一的、静态的眼光看待教育技术实践的边界问题，与其强调边界，不如注重对问题研究的独特性，而这种独特性恰是教育技术学科所特有的，这才应该是我们追逐的目的，例如关于 iPad 在课堂教育中的应用研究，不仅仅教育技术学研究者在做，课程与教学论研究者也在做，甚至教师教育研究者也在做，教育技术研究者没有任何理由不让其他研究者进行此研究。但不同研究者从所属的研究领域看待问题的方式和选择解决问题的策略必然是不同的，而教育技术能否在这不同中呈现出优势，更容易被中小学教师所接受，这才是我们应考虑的问题，而不是理直气壮地说这只能是我们学科所从事的研究，那就太贻笑大方了。当然，最好的方式是教育技术学科与其他学科协同工作，一起为解决教育教学问题做贡献，不分彼此的区分也许是最好的区分方式。

总之，如果一定要说明教育技术学科与其他学科的边界抑或是区别，只能有一个勉强的答案：研究工具的教学应用，才是我们能与其他兄弟学科区分出来的唯一特征。当然，工具不是技术，技术也不存在于工具之中，工具存在于人的大脑之中。

第五章

日本教育工学的本土化创新

第一节　吸收与借鉴——教育工学本土化的创新与发展

有研究者指出，近代日本实现了“蛙跳式”发展的重要原因之一是吸收与借鉴了资本主义发达国家的先进经验，这引起了全世界的瞠目与赞誉。促使日本产生这一迅速转变的因素是多种多样的，勇于和善于学习外国先进教育经验就是日本取得成功的重要因素之一。[①] 日本是一个“杂种文化”的国家，一开始学习中国，然后学习德国，而当美国战胜德国时又开始学习美国，如今又在很多方面效仿英国。但无论怎样日本依然保留着学习中国传统文化而保存下来的那些“基因”，就是在这些基因不断的“转录”和“翻译”之下，形成了自己的独特民族文化特色——“中空”。正因为日本文化的这种“中空”构造，才有效地推动了日本社会诸多方面的进步与发展。这种看似开放式的文化结构理念，在表面上增进了日本与西洋文明更多的接触可能，但实质上却是将西洋文明的精髓深入日本文化的基因之中。教育工学这种典型性的受西方国家影响的学问领域，在这一吸收与借鉴中

① 李文英：《模仿、自立与创新——近代日本学习欧美教育研究》，博士学位论文，河北大学，2000，第2页。

表现得尤为明显。

日本教育工学在吸收与引进的发展历程中，结合本国的文化基因，着实取得了一些长足的进步。吸收的不是美国教育技术学科发展的模式，而是美国教育技术学的学术思想。日本教育工学不是美国教育技术的“延长线”，而是重点汲取了美国教育技术早期视听教育、心理学等的学术精华，从原点上汲取力量从而构建起日本特有的教育工学研究体系。日美教育技术的相同之处是均没有本科生层次的培养，而不同之处可谓大相径庭了。因为日本教育工学并不单单学习了美国教育技术的基本理念，还吸收与借鉴了其他国家的学术思想，尤其是将中国的一些传统文化植入到日本教育工学的中核之中，以至于日本教育工学没有简单地走上一条“照搬照抄”的发展道路之上，立足于本土文化，为解决具体的、实际的教育教学问题做贡献。

如今，世界的发展已然是一种“百花齐放”的状态。并不是只有西方国家的教育技术才是可以学习与借鉴的，退一步讲，即便美国教育技术学确实是世界上最好的，但好的未必就是适合的，再好的发展模式如果不进行本土化，不与本国的实际发展形式相结合，那必然就会将引进等同于模仿，以此产生一种彻底的“离根离土”的现象。任何一个国家，哪怕是一些落后的非洲国家，可能在教育技术的发展上都或多或少有一些借鉴之处。因为往往越是在条件有限的情况下，越能充分展现出一些别人未曾思虑之处。所以，日本教育工学的吸收与借鉴过程是一个“立体”化过程，不对其他国家关于教育技术的定义的大肆探讨，也不比较其他国家各种“主义”式理论的好与坏，更不简单的“拿来”，而是走自己的学术发展之路，而在发展之中不乏借鉴其他国家的学术之道，以便形成自己的学术之原理，不走绝对的“模仿”，也不走绝对的“闭关锁国”，审视着吸收，辩证着借鉴，理性着发展。

然而，如前所述，我国早期的电化教育（教育技术）受日本教育工学的影响很大，而后来随着对美国教育技术的广泛关注和不断研究，不仅仅将名称改变，其内核都已似乎“改头换面”。正如李康教授所言，我国教育技术学科在早期比较“电化教育”和“教育技术”优劣时，试图通过“拿来主义”的方式，将国外的教育技术观植入我国电化教育理论体系之中，以此作为一种较为快速的捷径方式。[①]以至于我国教育技术学科吸收与借鉴的是美国教育技术的“模式”，而美国教育技术的模式并非是“爱因斯坦的质能方程”，而是在不断变化的模式，所以，我们就不得不亦步亦趋地“模仿”，“等待”定义，等待新名词，在等的过程中炒概念，在炒的过程中继续等，根本没有抓住美国教育技术变化的模式之中的不变之处，而这种不变之处才是我们应该学习与借鉴的。

正如日本教育工学研究者普遍认为，我们确实需要努力用英语表现思想内容，并把研究成果传向世界各个地方。但是，如果优秀到世界一流水平，即使用日语书写也会自然地被世界所熟知。[②] 这不仅仅体现了日本教育工学研究者的世界观，更是文化自信所带来的信仰，不能成为任何一个国家文化的“奴隶”，从而丢失自己的“学格”。在如何吸收与借鉴其他国家的教育技术思想而发展本国的教育技术学科这一方面，日本教育工学确实走出了一条“可圈可点”的模板化道路，我们应该在其中深刻的醒悟，以此找寻到能与本土文化紧密结合的中国教育技术学科吸收与借鉴的新模式，应该有选择性地吸收，有目的性地借鉴，全盘式的输入势必会出现种种“水土不服”现象，应该参照别人的标准走自己的路，而不是走别人已经走过的路。

第二节　理论·方法·实践——走向“学科”化之路

教育工学的理论、方法和实践都是一种自下而上的研究方式，从实践中而来最后又指向实践，正如笔者曾提出的教育技术研究范式：

---

① 李康：《对引进国外教育技术观的思考》，《电化教育研究》1995 年第 4 期。

② 西之园晴夫：《飛躍と誤謬と新理論——教育工学の哲学を求めて》，《日本教育工学雑誌》，(4)，1998。

教育技术研究更应该是实践→理论→实践→理论……的研究范式，实践应先于理论，并将理论与实践紧紧地捆绑在一起，而不是现今理论研究脱离实践的“闭门造车”，更不是没有理论指导的“脱缰的野马”式的实践。“形而下”的研究固然重要，但同时也必须重视“形而上”的研究，“形而上”与“形而下”好比教育技术的两只“翅膀”，少了哪一只，都飞不起来，即使能飞起来也飞得不高不远。[1]也可以说，教育技术更应该是一个解决具体教学问题时而呈现出来的一种过程，它不能作为一种结果而存在于教育学科之中。如果教育技术研究者自身缺乏理论根基，三句半就会谈到设备上去；如果教育技术研究者自身缺乏实践现场根基，三句半就会探讨哲学上去。从而两方面都导致了一种“无知者无畏”的可怕现象。

在日本教育工学研究者看来，凭空以纯哲学式的思考方式构建教育工学理论是不可能的，因为归根结底教育工学是一门“怎么做”的学问，而不是生产知识的学问，教育工学不是科学，它不能发现什么，教育工学是技术，它要着力于解决具体的教育实践中的基本问题，并有一定的适用性，凡是认为教育技术学科是生产知识的一门学问的研究者均与教育技术学的真正意义所背离。但此处我们万万不能简单认为教育工学初始形态是没有理论依据或支持的，只不过这些理论不能作为教育工学的本源性的东西，而不是本源性的东西就无须过多地讨论，如果过多地讨论本不是教育工学的本源性的东西就会促使教育工学的研究过度泛化，乃至于无所不包，从而失去教育工学的学术“精神”，成为了研究别的学科的学问了，“隔靴搔痒”现象便自然产生。

归根结底，教育工学是通过对“人工物（媒体）”的使用以及程序教学而发展起来的学问领域，所以，教育工学是以心理学中的行为主义等理论为指导构建起来的，这是所有教育工学研究者最初所坚定

---

① 孙立会：《关于教育技术研究中几个基本问题的探讨》，《电化教育研究》2013 年第 6 期。

的基本信念。而教育工学之所以称作“工学”，是以工学中的系统方法为先导进行实践研究的，对教学中各种要素进行有机地组合与设计，以达到最大限度地改善教学。虽然，教育工学最初由于过分强调工程化、客观化，而忽视教学改善中人的价值与作用，但工学中的系统方法却在教育工学发展的初期为以后标准化研究做了很好的铺垫。实践领域几乎在教育工学的发展过程中没有太大的变化，因为在教育工学萌芽时期，教育工学研究者就非常明确自己是一门“操作性”学问领域，所以，选定一个实践方向是至关重要的，而这个实践方向也是教育工学学术共同体一直奋斗的目标，这就是“学与教的改善”，从教育工学所划分的十个领域中就可以略知一二，而为了学与教的改善，教育工学研究者可以从不同的研究视角，采取不同的研究方法，根据不同的理论基础进行研究，但所有人的终极目的均是一样的。也只有这样，理论研究才不至于“夸夸其谈”，方法研究才不会成为研究方法之本身而忽视了研究什么以及为何研究，实践才不会“到处扎针”。无论怎样，理论、方法与实践都是一个统一的整体，任何一个学科理论体系中都至少包括这三部分，但如果将这三部分脱离进行相关研究，最后只能是“婆说婆有理”，甚至会由于认识论的不同而发生不必要的争执。然而，我们也不能简单地从认识论的角度去消解这种争执与讨论，因为这样粗浅的形式可能就是“和稀泥”的“官方”语义。

将教育工学的理论、方法与实践三部分进行统一之后，最基本的目的是一样的，均是为了学与教的改善，而其中的过程可以是多元化的，这就是人们常说的“条条大道通罗马”之意。其实，这也与教育技术的真正本源意义相符合，之所以教育技术这门学科能产生，是因为教学改变之需，而不是凭借人“冥思苦想”而来，那么就很难断定其必有科学化和公认的学科体系以及固有的方法和专一的研究领域，这一切都是从实践中来，最后又到实践中去。

总之，教育工学的理论、方法与实践之所以能走出自己的特色，以至于成为一种“品牌化”的东西，关键在于，教育工学注重实践研究，教育工学会的会员很大一部分都是中小学教师，各种与教育工学相关的学会进行年会发表时，都可以看到众多的一线教师，为了研究教育工学而研究教育工学的人几乎不存在，每一个研究者都从实践中总结经验，以一种自下而上的方式构建理论、诉说方法和寻找实践的切入点。而我国教育技术学的研究大都忽视教学现场的重要性，凭借自己的思考，凭借阅读，凭借经验就泛泛而谈应该怎样做，以至于彻底地将教育技术学毁火在"理论学科"之中。如果教育技术学沦为一门所谓的理论性学科，与教育哲学、教育史类同，那教育技术学科的命运就危在旦夕了。

第三节　过去·现在·未来——"学科力"的形成与发展

虽然教育工学在日本的发展并不是以类似于我国的"学科"建制式，但如果用学科之眼去考量日本教育工学的全貌，却发现日本教育工学在真正意义上的"学科"构造之中形成了一定的特性，并生发出一种力量，我们将其称为"学科力"。

教育技术学科力是一种过程力，是教育技术学科在历史、理论、方法、实践和文化不断发展过程中逐步形成的一种力，如图5－1所示。只有当一个学科形成一种凝聚力之后，这个学科才能向更好、更正确的方向发展。虽说日本教育工学在这儿方面也未必都尽善尽美，但却形成了属于自己的特色，尤其是将理论、方法与实践和本土的文化紧密结合，他们看重的不是如何构建教育工学的理论体系，也不是选择何种研究范式，而是扎根于具体的教学问题之中，过去是这样，现在依然是这样，未来也必然是这样。而我国教育技术学科之所以目前仍处于一种"松散"的状态，没有形成紧密的学科体系，关键在于没有形成一定的学科力，没有把所有的力量拧成一股绳，很多研究者都是在"自说自话"，不站在学科建设的立场，不用学科发展的眼光去做研究，既然我国教育技术学的发展是一种学科建制，那我们所有人都应该有一种义务和担当去为实现真正意义上的学科而努力。并且，我国教育技术学科最明显的是理论、实践与方法出现明显的断层，从事理论研究的人只顾看书与思考，从事实践研究的人只顾埋头拉车，以至于三者之间就像三条永无交叉的平行线，没有在教育技术的学科特性之中寻找到三者之间的融合点，以至于三者之间渐行渐远。

如今，我国教育技术学科的梳理工作已迫在眉睫，能否在教育技术学科的过去和现在之中找寻到能支撑学科发展的原动力至关重要，只有这样才能促使教育技术学科未来有更好的发展，也才能使教育技术学科真正像是一门学科，而不至于永远处在“外行”不懂，“内行”更不懂的状态。

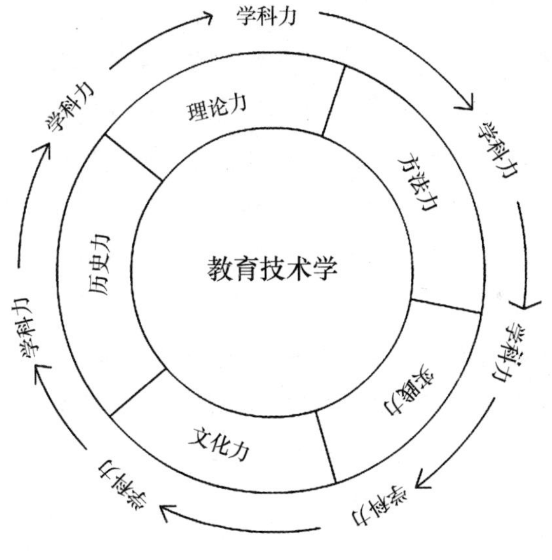

图 5－1　教育技术学科力

资料来源：作者绘制。

第六章

启示：中国教育技术学科发展转向

“照着说”与“接着说”是中国哲学大家冯友兰先生在《新理学》中阐述如何进行哲学研究时所言。教育技术学归根结底是一门人文性质的学科，不是自然科学，没有具体“形式”化的语言，即便有自然科学的倾向，也应体现出波普尔的科学哲学观——强调科学的人文性。物理学是自然科学，物理学研究并不一定时刻都要讲亚里士多德，同样可以创新与发展，但人文学科却不能这样，能否正确地站在历史大师的视域中看问题，对揣摩与预测学科的未来发展至关重要。所以，阐述未来中国教育技术学科发展之路时，必须既要站在前辈大师的远见卓识的预测中“照着讲”，更要作为一名未来“掌舵”的教育技术研究者勇敢地传承与改变下去即“接着说”，接着说更多的是突破、扬弃、创新与发展，决不能是附和、重复与模仿。笔者在教育技术学科中所进行的“照着说”与“接着说”是站在教育技术前辈大师们的臂膀上进行的思考，而这种思考的源泉是来自于对日本教育工学的研究所带来的启示。

第一节　中国教育技术学科之主体自觉

一　“和而不同”与“可通约性”

教育技术研究中的“和而不同”思想是南国农先生提出的。南国农先生将《论语》中的“和为贵，和而不同”，再加上“求同存异”作为教育技术研究的基本理念。“和”代表着中国文化的基本价值取向和基本精神，《论语》中的“和而不同代表着恰到好处、恰如其分之意”。“和而不同”的内涵是：“和谐而又不千篇一律，不同而又不相互冲突，和谐以共生共长，不同以相辅相成。”[①] 也就是说，“和”是和谐统一而非千篇一律，和也有其异，并必须有其异。教育技术学科的发展过程之中，研究者与研究者之间要求其和，并在和之中求其异。

然而，纵览我国教育技术学科发展几十余载，确实存在着“同”与“异”，“同”往往是大家所研究内容的不断重复，重复研究同一个问题的研究者相当之多，就拿《教育技术学》这一本代表着教育技术学基本特征的著作，存在的版本就可高达几十余种，本来不同的版本之间存在的意义在于“百家争鸣”，在于发展更加枝繁叶茂的学科之树。而往往这些著作在内容并无本质上的区别，就连体例都基本是同一个模子刻出来的，虽不像“同卵之子”，但与“异卵之子”可能并无本质差异，似乎“抄来抄去”的现象也存在其中，其实我们本不需要这么多版本的“教科书”，除非不同的版本中汇聚一些与众不同的、独特的思想，否则存在的意义就可想而知。正因为大家都在重复着做一件事情，故而对一些根本性的问题关注太少。与其停留在“同”这一简单重复建设的水平上，不如多去思考与研究一些有意义的教育技术问题。又如，目前正热炒的“微课”和“MOOC（massive open online courses，MOOC）”，并不是说这些新的、时髦的就是不好的，但“全国皆兵”式的蜂拥而上都去研究就不大好了，这种简单的趋同性不是“和”，更是一种“浮萍”式的追风，并且往往这种追求是盲目的，并不是所有的教师和大学都适合微课研究与 MOOC 建设，在面对潮流时，研究者或实践者更应该保持一定的目的理性，决不能让工具理性统摄自己。[②] 正如剑桥大学动物病理学教授贝弗里奇（William Ian

---

① 李运林、陈庆贵：《中国电化教育的理论与实践——南国农先生与中国电化教育发展》，北京大学出版社 2010 年版，第 346 页。

② 李芒：《技术与学习——论信息化学习方式》，科学出版社 2007 年版，第 138 页。

Beardmore Beveridge）曾在《科学研究的艺术》一书序言中写道：“精密仪器（工具）在现代科学中有重要的作用。但我有时怀疑，人们是否容易忘记科学研究中最重要的工具始终是人的头脑。”① 我们是技术的操纵者而不是技术的奴隶，是人的思想在推动技术的发展，是人的思想在促使技术目的的达成，不能忽视技术背后人的存在，技术是把双刃剑，哪一刃起作用取决于人的思想。

教育不需要“炒作”，我们应该追求作为真正的和需要研究者面对信息化潮流所体现出的一种知识分子的担当，从而发出有意义的声音，这也许就是韦伯所说的以“志业”为生而非“职业”。② 教育技术研究者需要领悟这种知识分子的信念来改变自己，让自己在所谓的新工具、新方式、新主义等潮流中保持一定的距离。也只有存在着一些批判者，才能更好的保持“和而不同”。

和而不同的真正意义既不是“和”也不是“异”，而是在异中求和，在和中求异。所以，保持和而不同的学术品质还应在不同的“研究范式”之间存在着一定的“通约性”。“通约性”这一术语源自库恩《科学革命的结构》中的“不可通约性”，不可通约性指的是在革命和范式转换过程之中，旧的思想和主张无法适应新的范式，③ 也可以说是不同的研究方式之间“没有共同的量度”。就拿理论思辨式的推演与基于数据的实证主义这两种范式而言，没有一个共同的量度去测评这种本就是“一体两面”的研究方式。而这里的“可通约性”主要是指不同理论和范式之间可以互相对话、理解与交流，而不是不同的研究者站在自己的学术立场和学术背景的前提下，没有理由和根据地无端指责别人，以至于研究理论的看不上搞实际应用的，以为自己在追求真理，别人只是会操作之匠人；而研究实际应用的嘲笑钻研

① ［美］贝弗里奇：《科学研究的艺术》，科学出版社 1979 年版，序言。

② ［德］马克斯·韦伯：《学术与政治》，冯克利译，生活·读书·新知三联书店 2005 年版，第 17 页。

③ ［美］托马斯·库恩：《科学革命的结构》，金吾伦等译，北京大学出版社 2012 年版，第 5 页。

理论的闭门造车与不问世事，在具体问题面前无从下手。这就必然导致了教育技术学科发展中的大难题：理论与实践之间的不可逾越之鸿沟，而目前需要将此鸿沟填满，以此达到有效地进行理论与实践之间的沟通。

之所以在叙述中国教育技术学科回归的问题时，着重提出“和而不同”和“可通约性”，主要原因是我国教育技术研究与日本教育工学不同的是自始至终存在着“理论派”和“技术派”两种严重不同的研究取向，而这两种研究取向之间，看似“和和气气”，其实是互相“看不起”，导致了在我国教育技术学科研究视域中，只见“百花齐放”而未见“百家争鸣”。这大大地阻碍了教育技术学科发展，导致了理论与实践的过度偏离，没有形成理论的实践化、实践的理论化和在实践中生发出理论，其实理论与实践的本应为共生互荣的关系，它们之间的关系是王阳明先生提出的知与行的关系，有着难以分割的相互依靠、相互促进、相辅相成的内在联系，[①] 不能是永远不交叉的两条平行线。有学者也指出，教育技术实践者常常抱怨教育技术理论研究严重脱离实践，过于空洞，教育技术理论无法解决具体的教育技术实践。[②] 但是，研究者是否曾想过理论的存在意义并不仅仅在于对实践的指导，正如哲学虽本身是一种知识，但它所提供给人们的并不是知识，而是知识背后的那种精神、原则和方法。[③] 并且，理论相对于实践往往是落后的，理论的功用在于提供实践者的行动指南，在于对实践的概括。无论实践者是否真的相信理论会指导实践，实践者在实践之中必然会受一种“无形”的东西“规范”着，而这无形之手就是理论。

在这里笔者只想说不同学术观点共同繁荣，你我不同，但你我都好，一定要“决一胜负”式的“互相残杀”只能是两败俱伤，从而

① 郑确辉：《论教育技术理论与教育技术实践联系的问题》，《电化教育研究》2013年第3期。

② 杨开城：《中国教育技术学的尴尬》，《中国电化教育》2005年第12期。

③ 袁贵仁：《论哲学思维方法》，《哲学研究》1987年第8期。

不利于教育技术学科的正常发展。南国农先生曾说："全国电教是一家"，只要我们的目标一致，即便在具体的研究中，研究者的学术背景存在各种差异，但彼此都是以画同一个"同心圆"为目的，最终一定会寻找到一个"交叉点"，让既往的"鸿沟"得到消解，把这个同心圆越画越圆。

二 "学科自觉"与"理论自觉"

著名教育学研究者华东师范大学叶澜教授在论及教育学作为一门学科独立形成的标志时，认为德国教育家赫尔巴特 19 世纪初发表的《普通教育学》是教育学成为独立学科的重要标志。其原因是赫尔巴特有清晰的形成教育学科的自觉意识，并提出了教育学研究独立化的问题。[①] 在赫尔巴特看来，只有教育学科独立了才能真正吸收其他学科的发展成果，也才能明确自己的方向，有自己的研究方式和独立的思想。所以，教育技术预想成为真正意义上的学科，研究者具有学科自觉显得尤为重要。

然而，遗憾的是中国很多教育技术学科研究者不大愿意把教育技术学当作一门真正意义上的学科来讨论，更有一部分研究者对研究学科的学者表示一定程度上的轻蔑，倡导只关注具体的研究问题，这是西方实用主义的具体体现。当然，这并没有错，确实讨论学科的问题是中国学术界的一个本有的特色。经常要论及是或不是，为什么是或为什么不是的问题。在人文社会科学研究领域中的教育学诸多二级学科中历来把讨论学科的问题当作一个重大问题，教育技术学科亦不例外。

笔者认为讨论教育技术学到底是或不是一门学科的问题已不大重要，因为这本就是没有定论的"伪命题"，归其原因是我们长期处在二元对立的思维方式中思考问题，要么是，要么不是的传统唯物主义哲学思想左右我们的头脑。当代哲学也告诫我们要超越这种非此即彼

① 叶澜：《教育研究方法论初探》，上海教育出版社 1999 年版，第 56 页。

的二元对立的思维方式，[①] 在两极对立中寻找到一种“中介”，而这种中介我们将其定义为“学科自觉”，也就是说，作为一名教育技术研究者愿意或不愿意承认教育技术学是一门学科并不重要，重要的是我们在研究问题的过程中保有一种学科意识，这种学科意识既是对学科问题讨论的一种消解，也是确保教育技术学人自省的唯一保障，更是增强教育技术学科建设的有效途径。

教育技术学科的“学科自觉”也是提醒教育技术学人清楚教育技术学科存在着“特长”与“特短”两面。教育技术学科的“特长”主要体现在跨学科的交叉性，是一门实践之学，具有较强的操作性，不是一门坐而论道的学科。它与教育学中的有些学科的思辨之学完全不同，教育技术学决不能走上教育哲学的价值之路。思辨者在于其从业者首先是研究者而非实践者，而教育技术学科的从业者在很大程度上是实践者，然后才是研究者，或兼做实践者与研究者。思辨之人可以尽坐于屋内埋头书本和思考之中，而不管外面的春夏与秋冬，而很多教育技术研究者却要不断地躬身于实践的教育教学现场，并在反思中构建自己的理论，教育技术研究者不走近课堂、不接触一线教师、不反思自己的教学，就不可能是一个合格的研究者，即便是从事技术开发的研究者如果不清楚一线教师真正需要什么，最后也会陷入“费力不讨好”的尴尬境地。当然，事情总是一分为二的，特长也往往是“特短”之隐患。与教育学其他二级学科相比，教育技术学最突出的短处或局限就在于过于注重实践，这难免会在学术研究上存在积累的不足，理论的挖掘不够深入等问题，以至于其他兄弟学科认为我们只会“干活”，没有思想，所以即便是现在还会有很大一部分认为从事教育技术研究的人大概也就是做做“PPT（Powerpoint）”、弄弄计算机之类的事情。特别是这种“特短”与教育技术在各个教育研究领域中的“大展身手”联系在一起，就可能在社会上被无限放大，导致社会对教

① 孙正聿：《思想中的时代——当代哲学的理论自觉》，北京师范大学出版社 2013 年版，第 3 页。

育技术学科的质疑与批评之声大幅增长，这也可能与我们从事的各项研究得出的结果都是类似于“吃了馒头不饿”相关，亦即不经过如此繁文缛节的调查任凭大脑简单思考一下就能得到的结果。

“学科自觉”其实是学科问题意识的不断增强，然而问题意识的不断增强未必能很好地转化为理论自觉，而只有理论自觉的形成才能构造出“中国道路”或“中国模式”。正如叶澜教授在解读赫尔巴特的《普通教育学》时所言，《普通教育学》的意义不仅在于确定了教育学科的概念意识和理论体系，更重要的是显示了一种作为学科的教育学研究所必不可少的理论追求。① 也就是说，教育技术研究者不仅仅要有一定的学科意识，更要在学科意识的基础上进行理论的追寻，所以，理论自觉就显得尤为重要，没有理论修养的实践研究者很可能是肤浅的，即便是深刻的，也是有一定的限度。

那么何为理论自觉？有研究者指出，社会学的理论自觉就是对社会学的相关理论要有“自知之明”，要深谙这种理论的来历、形成过程、所具有的特色和发展趋向，更要清楚哪些理论是我们自己创造的，那些是引进西方的。② 那么教育技术学科的理论自觉主要指教育技术研究者对其所学习、运用和研究的基本理论应有“自知之明”。即时刻要清醒自己所学习、运用和研究的理论是谁的理论，是谁的、包括哪些国家的理论，哪些学科的理论以及哪些人的理论，等等，以及它是如何形成的，具有的根本特色和未来发展方向是什么，学习和研究这些基本理论对本土化教育技术基本理论的发展和教育技术实践的改善有什么样的意义与价值，更要时刻提醒自己研究的实践是哪一类实践，是谁的实践，研究的实践是在谁的理论指导下进行的实践，并要时刻保持清醒的头脑，作为教育技术理论与实践的研究者为谁服务，为什么为他服务以及服务的方式，等等。

其实，教育技术学科的理论自觉意识是学科自觉意识的进一步发

① 叶澜：《教育研究方法论初探》，上海教育出版社 1999 年版，第 58 页。

② 郑杭生：《促进中国社会学的“理论自觉”》，《江苏社会科学》2009 年第 9 期。

展。只有形成了理论自觉意识，我们才能在教育技术学科所接触的“五彩斑斓”的异域理论之林中生发出具有中国本土化内涵与特色的教育技术学科的理论体系。

三　“文化自觉”与“信仰自觉”

近代以来，随着中华民族的整体性衰落，西学日炽，形成了西学东渐之势，“师夷长技以制夷”成为有志之士的基本策略。此时，就出现了本民族文化特色的根本问题，很多情况是学了别人，丢了自己，甚至出现了“汉奸文化，汉奸学术”。[①] 日本教育工学汲取了中国传统文化中早期的技术哲学思想——《天工开物》，这可以说是狠狠地扇了我们一耳光。不禁让我们感叹，难道我们还不如外国人重视中国的文化吗？我国的教育技术学科为何一定要站在其他国家的体系框架之内前行，看似打着“国际化”的口号，却成为了忘记本土文化最悲哀的真实写照。长期处于“翻译”与“炒作”之中，更有趣的是炒的人并不做，而只思能炒之势，因为炒完这个还会炒下一个。

何谓文化？《现代汉语词典》中的解释是人类在社会历史发展过程中所创造的物质财富和精神财富的总和。[②] 那么中国具有五千多年的历史文化积淀，难道这些积淀不能支撑构建教育技术学科体系的根基吗？还是我们过度依赖西方国家的“快餐式”文化，同时这是不是“全球化”给我们带来的“风险”，导致忘记了自己还是一个中国人。我们缺乏文化自信，亦缺乏文化认同，而往往文化认同对于大多数人来说是最有意义的东西。[③] 我国教育技术学科完全在这种全球化的背景下被“殖民”了，并且殖民得很彻底，以至于美国 AECT 定义者都无法相信，中国教育技术学界对 AECT 教育技术定义的研究是如此的“热烈”。

---

① 李运林、陈庆贵：《中国电化教育的理论与实践——南国农先生与中国电化教育发展》，北京大学出版社 2010 年版，第 347 页。

② 中国社会科学院语言研究所词典编辑室：《现代汉语词典》，商务印书馆 2005 年版，第 1427 页。

③ ［美］塞缪尔·亨廷顿：《文明的冲突与世界秩序的重建》，周琪等译，新华出版社 2014 年版，第 4 页。

文化往往与价值观连在一起，不同的文化具有不同的价值观，西方国家的价值观下的教育技术产物不可能适用于中国，就连马克思主义也得中国化才能指导中国特色社会主义建设，这已经是完全被事实所证明过了的。德国洪堡大学教育研究者本纳德（Dietrich Benner）教授提出，中国现在还处于向现代转型的阶段之中，这可能就促逼中国教育学研究者必须面临如下的挑战：教育学自身转型与发展的资源和力量在时代中应该如何寻求？“转型”之关键在于既不能进口，也不能出口，必须得靠中国教育学研究者自己的努力来完成。也就是说只有凭借中国自己才能够走出一条转型的道路，只有凭借中国自己才能够实现自己的启蒙。① 教育技术学何尝不是，在学科转型的过程中，不能只凭借依附而缺乏文化的引导，应让中国的文化融入教育技术学科的整体“灵魂”之中，在中国文化基因的“遗传”下，合成真正意义上的中国教育技术学科之魂魄，而如今中国教育技术学科最尴尬的境地就是“中国元素”的缺失，而这需要靠中国教育技术研究者自己的“启蒙”来完成。中国的教育技术学科“创伤”只有靠中国自己的文化来“愈合”，因为长期的教育技术学科西化之鉴足以证明，用西方的教育技术思想并没有在中国画出西方化的教育技术学科结构抑或是非西方化的教育技术学科体系，而是长期处于这种像与不像的尴尬境地之中。

中国教育技术学科在这“全球化”时代，时刻警醒一种“文化自觉”显得尤为重要，应在“全球化”与“本土化”的对抗张力中寻找到转变的契机。能否从古老的中国文化之中找寻到一条真正适合我国教育技术学科的发展道路显得尤为迫切，“老祖宗”留下来的东西未必就是过时的，我们要以一种“信仰”的方式坚信只有中国的文化才能拯救中国的教育技术学科问题，或者说我们必须在“民族主义”与“世界主义”这两种思想张力中寻求一种“和解”，丢了民族

① 李政涛、巫锐：《德国教育学传统与教育学的自身逻辑——访谈德国教育学家本纳教授》，《教育研究》2013 年第 10 期。

主义的世界主义是解决不了我国教育技术学科根本问题的。我们要把自己的文化当成信仰，作为自己行动的指南。①

可以说，我国教育技术学科的发展一直处在“临摹”状态，“照搬照抄”与“完全西化”已愈演愈烈，我们名正言顺地成为了美国教育技术的“代言人”，他们以“风向标”的方式“左右”着我们，我们缺少真正属于自己的学科目标与学科梦想。“学习过程”与“学习资源”是美国教育技术学的研究对象，而它是否一定要作为我国教育技术学的研究对象，我们还要深入地拷问，否则只能是“原封不动”的植入，显然，最后是行不通的。所以，很多时候，我们常常忘了自己，忘了自己还是中国人，忘了自己还处于具有五千年之久文化的泱泱大国之中。如今，我们要将立足点回归到中国传统的文化之中，要将其他国家的学术思想融合于本国的文化土壤之中，也只有这样才能构建出属于中国人的中国教育技术学科体系。无论是美国的还是日本的教育技术学科框架体系，如果不在中国文化下进行加工与改造，那永远不可能有真正的中国教育技术学科出现。

第二节　中国教育技术学科之成长

一　美国教育技术给了我们什么

中国教育技术学研究者为了能更快、更好地促进教育技术学科的发展，不得不学习与借鉴当时已走在世界前列的美国教育技术学科成功的经验，从而发现自己认为的答案，就尝试在我国教育技术学科发展中加以运用。可以说，为了尽快走向中国教育技术学科的合理化，我们不得不学习美国。

那么，学习了这么多年，美国教育技术到底给了我们什么？

其一，美国教育技术给了我们新的名称。

1993 年教育部公布的学科专业目录正式由“教育技术”取代

① 李光宇：《文化论》，知识产权出版社 2012 年版，第 58 页。

“电化教育”，从此“教育技术”这一名称广泛地出现在不同大学的专业目录之中，掀起了各个大学在不同的院系中开设教育技术学本科的热潮。然而，一些拒绝主义者仍然反对教育技术这一舶来品，仍然坚持用电化教育，即便至今很多人依然以加括号的方式来处理电化教育与教育技术之间的关系。教育技术这一西式名称引进之后，在一定程度上消解了关于电化教育这一名称本身存在的一些本质性的争论，然而又重新引出了电化教育与教育技术孰优孰劣的新问题。教育技术这一名称规范了我们的研究二十余载，如今又被“教育信息技术”所试图取代，但终究没有撼动教育技术在研究者们心中的地位。从取替与再被试图取替过程之中，我们必须清楚美国的教育技术这一名称并不真正适合中国的学术土壤，这颗“种子”种下去可能会开花，但终将结不出果实。教育技术这一名称在美国也是由各种不同的名称演变而来，如若哪一年美国 AECT 学会决定启用新的名称，那我们会怎么办？所以，笔者认为，中国教育技术学科必将有一个真正属于中国特色的学科称谓，以往的“电化教育”也好，还是如今要改成的“教育信息技术”也罢，需要所有中国的教育技术研究者共同思考，这是摆在我国教育技术学科未来发展的首要课题，不容忽视，我们不能“坐享其成”，等待就是落后，要争取走在世界的前列。

其二，美国教育技术给了我们新的定义。

改革开放促使中国电化教育走出国门，参与到世界教育技术学术共同体研究行列之中。在我们接触到 AECT94 定义之后，我们又在此基础上找到了 AECT 前身美国教育协会视听教学部（DAVI）1963 年的定义文本以及 AECT 1972 年、1977 年和 2005 年的定义文本。[①] 可见，我们对美国教育技术定义的梳理十分到位、十分清晰、十分下功夫，可能美国教育技术研究史研究专家赛特勒（Saettler）也无法想象我国教育技术研究者研究美国教育技术发展史所做出的巨大努力，至今这股热潮依然存在。而这五次定义在我国讨论比较热烈的当属

① 焦建利：《教育技术学基本理论研究》，广东教育出版社 2008 年版，第 14 页。

AECT94 定义和 AECT05 定义，并在当时引起了广泛探讨 AECT94 定义和 AECT05 定义之孰优孰劣的热潮，可能这种激情至今都无法削减。大部分教育技术研究者给教育技术所下的定义，都是在 AECT94 定义基础上进行的“缝缝补补”。但不管怎样，这种具有“标本”性质的定义已完全渗透到我国教育技术学科的建设中来，不加批判的继承、不加本土化的移植、不加理解的传播，导致了我国教育技术学科培养出来的学生，对美国教育技术定义背诵的“滚瓜烂熟”，但却无法形成自己的教育技术学术观，以至于经历了本科、硕士和博士的培养也完全无法真正理解教育技术这门学问领域之“魂”，这种现象不仅仅在学生的群体中蔓延，以至于很多专家、学者也无法避免，甚至有一部分研究者靠研究美国教育技术定义为“生存”之手段。我们彻底成为了美国教育技术学发展的一条“枝杈”，没有在吸收之后进行本土化的再创造。当然，就目前我国教育技术学科的发展而言，抵触可能也是不对的，问题是教育技术研究者不能只为“译介”而存在，这等同于研究者生命的自我“残杀”。语言可能是比较教育的手段，但比较教育的结果却不能仅仅是不同语言文本的“转译”。

文字的力量是可怕的，就这么几行文字，颠覆了我国原有的“电化教育”模式，真是可悲！而在美国，无论是哪一年的定义，都是那么几个人思想的表达，并不会像我们想象的那样是整个美国教育技术发展的结果，以至于即便是很多美国教育技术专家都很有可能不知道 AECT 定义具体的内容是什么，美国俄勒冈州立大学赵勇教授就曾说过，AECT94 定义在美国根本没有什么人知道。有意思的是，在 AECT 这个学术团体中，也存在着关于教育技术定义的争议与批判，例如有人在对 1977 年定义的批判中说道：“这个定义过于宽泛，包含了所有人类的所有事情，简直是一个‘大杂烩’。”[①] 所以，在需要重建教育技术学科的今天我们应该冷静和客观地看待美国 AECT 关于教

① Januszewski, A., *Educational Thechnology*: The Development of a Concept, Libraries Unlimited. Inc., 2001, p. 104.

育技术的定义，不能过分地以洋人的东西马首是瞻，我们看到美国教育技术定义时往往如获至宝一般，殊不知这在美国教育技术学者看来是一件非常平常的事情。正如南国农先生所言，AECT94 定义的引入，给我国教育技术学科的建设和事业发展既带来了好的一面的同时也带来了坏的一面。好的影响是它确定了教育技术的两个研究对象和五个工作范畴，给了我们很大启示。坏的影响是它导致了我们研究领域的泛化，培养目标的模糊，管理机构的混乱。

当然，过度地否定美国教育技术给我国教育技术学科的发展带来的影响也是错误的。美国教育技术定义的引进在某些方面也确实解决了我国电化教育长期存在的一些本质性问题，从而在某种程度上明确了研究对象和行动指南，甚至也增进了构建这个教育技术学科体系的信心，但与此同时也带来了相当多的问题与麻烦，例如如何看待美国教育技术定义，如何本土化，如何超越，等等。现在，我们不得不思考的一个问题是这么多年美国教育技术对我们的影响，为何没有按照我们预想的那样，把教育技术学学科培养出“花朵”与“果实”，以至于我国今天的教育技术学科面临着众多困难与挑战，很多地方类普通高校的教育技术学科都共同面临一个招生之困的问题，甚至于一些高校已停办教育技术本科专业了。除此之外，即便是国内某一流师范大学的教育技术学本科专业也出现了连续 5 年共有 42 人转专业的现象，为学校内所有专业之最，并且，2012 年转走人数高达 9 人，居全学校所有学科之首，被迫之下，学校不得不调整方案，将其教育技术学科免费师范生专业划拨到其他专业门下。①

关于美国教育技术的定义大致有两种看法：第一种看法是随着时代的发展，它必要适应新的社会需求，当然这是从正面的；第二种看法是美国教育技术主要是从表面来定义教育技术，而不是从本质上定义教育技术。这是美国教育技术定义为何备受争议的主要原因。所谓

① 孙立会、李芒：《中国教育技术学科问题再审视》，《中国电化教育》2014 年第 11 期。

描述性定义是指适当描述一定情境中被定义对象某些关键特征或指出使用被定义概念的方法。如美国教育哲学家谢弗勒提出的教育的描述性定义就是一种培养人的活动或是发展人的智力的最好途径。美国AECT的定义都是功能性定义，即说明教育技术能做些什么，而并不是对教育技术本体论的追问，而真正能回答教育技术的本质性只能从教育技术的本质性定义入手，从而挖掘教育技术的真正内涵，也只有这样才能做到对教育技术实然的探讨，而不仅仅停留在应然的表面层次。因此，从这种仅仅从表面上来界定教育技术的取向必然会存在诸多问题。归根结底，我们不能仅仅停留在美国教育技术定义文本本身，否则是对我国教育技术学科建设起不到必然性的促进作用的，而应关注定义者的思想乃至于定义者所受国家文化的熏陶。

美国是实用主义文化，强调实用性，即便美国再出版几个教育技术学术定义，也不会动摇美国教育技术研究的整个实用所指。显然，这种实用主义的“产物”不大可能适用于我国教育技术学科的发展与建设，正如南国农先生所言，中美教育技术是两种根植于各自不同文化土壤的不同类型的研究，都有一定的长处与短处，相互之间不存在谁科学谁或不科学，先进或不先进的问题，都不是完美无瑕的，应该平等交流，互相借鉴，共同发展。[①] 所以，中国人的问题只有中国人自己解决，马克思也解决不了中国的问题。中国的教育技术学科虽有不尽如人意之处，但美国教育技术也存在不少弊端。中国教育技术学人必须研究中国的教育技术，做自己的学问，“拿来主义”“照搬照抄”都是不行的，不能作为美国教育技术发展的梳理者，应研究中国的具体问题，有自己的理解与观点，只有这样才能构造起真正属于自己的教育技术学科理论体系，而非如今的“洋不洋，中不中”的“夹生饭”。中国人的教育技术学科必须由真正的中国人自己创造，为中国人之享用，复转而陶铸中国人。

---

① 李运林、陈庆贵：《中国电化教育的理论与实践——南国农先生与中国电化教育发展》，北京大学出版社2010年版，第348页。

其三，美国教育技术带给我们诸多新的理论。

对中国教育技术学科影响最大的两个理论，分别是认知主义和建构主义。认知主义是在反思与批判行为主义的基础上产生的，而在我国早期电化教育阶段几乎没有经历行为主义这一心理学理论的影响。因为我国早期电化教育的创始人的学科背景大都集中在传播学与物理学，尤其是无线电电子学学术领域，所以他们注重媒体、注重信息加工，更倾向于实体工具，对教学本身的关注还比较少。就在我们关注美国教育技术发展时，从中汲取了认知主义在教育技术理论与实践之中的地位，开始不断关注学习者内部心理过程的变化规律，[①] 也就是在研究认知主义时，才真正进入了反思教育技术学科理论基础的问题，因为在引进认知主义之前，中国的教育技术还仅仅是一门做事的实践领域，根本没有一个基本的学科发展框架。后来在认知主义的基础上又发展出建构主义，强调以学习者为中心，注重学习环境的设计，这在中国教育技术学科迅猛发展之初得到了极大的推动，出现了很多专门研究建构主义的博士论文，抑或是在建构主义理论基础上进行的实践探索。但是，当建构主义风靡之时，学与教的钟摆自然偏向了“学”，正如有研究者曾指出，当时甚至有谈“教”色变之势，把所有与教相关的都替换成了学，例如把教学目标改为学习目标、教学内容改为学习内容、教学工具改为学习工具，等等。这种物极必反的结果让我们又上了另一个极端。[②] 无论怎样，我们都应该时刻记住王策三先生关于学与教的辩证观点：“没有没有学的教，也没有没有教的学”，这也告诉我们任何研究到了最后存在的只能是辩证法。

从建构主义之后，对国外有关教育技术基本理论的引入就出现了多元化，各式各样的理论“蜂拥而至”，但这些理论无外乎都集中于学习理论、教学理论与传播理论。所以，美国教育技术的发展给我们

① 何克抗：《建构主义——革新传统教学的理论基础（一）》，《学科教育》1998 年第 3 期。

② 李芒：《建构主义到底给了我们什么——论建构主义知识论对教学设计的影响》，《中国电化教育》2002 年第 6 期。

带来了很多理论，确实让我们了解到了许多教育技术研究中的前沿理论，但遗憾的是我们并没有把这些理论综合在一起从而构建起属于我国特色的教育技术基本理论体系框架，如同在第二章阐述教育工学理论体系时所讲，我们并不缺少基础理论，而缺少的是能支撑起基础理论的内核，没有内核的基础理论是聚焦不在一起的，最后还只是停留在对各个不同理论的讨论之中，这一点是我们必须需要深刻反省的。日本教育工学的内核是行为科学的人类观，而我国教育技术学科的内核又是什么呢？

其四，美国教育技术给了我们各种不同的研究方法。

在社会科学研究方法中，一般分为量化研究（quantitative research）与质性研究（qualitative research）。而在我国电化教育早期根本没有“方法”的概念，那时人们主要是利用媒体手段改变教学的状况，很多情况也基本上只是一种“尝试”，所以，那时人们强调的是影音教育或直观教育，与人类早期在沙滩上用树枝（媒体）写字并无本质上的区别。但随着我们引进美国教育技术之后，借鉴了美国教育技术的研究模式，从而规范了我国教育技术学的研究范式。美国教育技术的研究大多以“实证主义”为主，重视量化，这也促逼着我国教育技术研究者走进课堂，搜集数据进行客观分析，至今我国教育技术学科仍然十分注重量化研究。而质性研究虽然是对客观主义的量化研究的一种补充，在国外可能存在着一定的学术权威，但由于我国教育技术研究本身的一些基本问题，对质性研究的排斥至今仍然存在，并没有得到极大的促进与发展。当然，如果说中国教育技术学科在哪一方面有自己的特色，笔者认为基本上就存在于方法这块了。没有任何一个国家的教育技术学科有我们这般痴迷于哲学的思辨研究，乃至于我们很多研究者更像是教育历史与哲学研究者。而方法恰恰是具有“普世”性的，也恰恰是我们应该学到并延续下去的。如今的我国教育技术学科并不是太重视量化研究了，而是我们的量化研究还与世界上标准化的教育学中的量化研究有一定的差距，简直是被SSCI（Social Science Citation Index）所异化了，我们的很多研究几乎完全是为了发表，而不是为了改善教学。并且，我们也不能以完全的科学主义范式进行教育技术试验研究的评价。“一实验就成功，一推广就失败”这并不能说明教育实验是错误的、不值得尊重的、甚至是不科学的。教育技术研究中甚至是整个教育学的试验研究均是准实验研究，而不是如自然科学那般纯粹的实验研究。因为教育研究中的对象是“人”而不是“小白鼠”，并且人的成长过程是不可逆转的。从这一点上来讲，教育实验只能成功，不能失败。这也是教育实验伦理性的首要原则。

二　日本教育工学可能给我们什么

我们翻开教育技术相关文献不难发现，关于教育技术的理解有很多种。例如，教育技术是技术、教育技术是教育中的技术、技术加上教育就是教育技术、教育乘以技术是教育技术、教育技术是借助技术的教育、教育技术是利用技术进行教育，等等，很多种情况，还有很多其他的说法，但凡哪一种都无外乎在“教育”与“技术”之间进行摇摆。而同样是一个组合词组的“教育工学”并没有产生上述的“混乱”现象，这或多或少能说明我国教育技术学科长期处在“文字游戏”之中，悲哀的是这种现象似乎从未真正停止过，可以说，我们的问题就是花费了太多时间去讨论这些本没有多大意义的问题。教育技术离不开技术也离不开教育，在教育技术这个概念中的“教育”与“技术”是王阳明的“知”与“行”，知行是两个字但却是一回事，是浑然一体的，没有离开知的行，也没有离开行的知，教育技术就是这样，不要简单地进行词语之间的分割，分割之后要么偏于教育，要么偏于技术，偏向教育的是大教育学，偏向技术的是计算机，最后也就不可能是真正的教育技术了。

正如曾在日本冈山大学获得心理学博士学位的华南师范大学教育技术学科带头人徐晓东教授所言，同样是舶来品的教育技术学在日本教育工学界却有着自己独特的诠释。日本教育工学研究者以及对教育工学感兴趣的专家并不是简单地在 AECT94 定义诠释的基础上推导出教育工学该研究什么，以及应如何研究的问题。而是通过美国教育技术形成的过程来进行本国教育工学的实践演绎，并且是自下而上（Bottom-up-Approach）地形成整体和领域的轮廓，再进一步根据自己的专业领域知识和在这一领域中长期实践的积淀与洞察自上而下式（Top-down-Approach）地建构自己的理解并进行实践的。[①] 这足以告诉我们，学习不等于模仿，而应在模仿中超越。只有走符合本国国情的发展道路才是上上策，日本教育工学的几十年发展说明了这一点。

日本教育工学的发展带给我们的是一种崭新的看待教育技术学科问题的思路，促逼我们更进一步反思教育技术学科的过去，以此为未来教育技术学科发展提供一种新的建设思路。在不断的反思中，躬身自省，增进我们的文化信仰，关注具体的问题，与其他学科共同协作，为中国的教育改善而努力。

日本民族确实是一个奇怪的民族，在全世界西方化的进程中，我们遵循的是“中学为体，西学为用”，而日本的口号则是：“日本的精神，西方的技术。”[②] 正如日本思想家丸山真男所言，外来的思想被摄取到日本后，便均以各种方式融入日本人的生活和意识之中，作为文化它已经留下了难以消除的烙印，并进行了日本的“传统化”，即便是翻译思想，甚至是误译思想也相应地形成了日本人自己的思考框架。[③] 这告诉我们，任何的外来思想若想在本国起到实质性的促进作用，必然地要与自己的文化进行紧紧结合，否则一定会出现“排他”现象。日本教育工学的发展路线告诉我们必须在学习与借鉴之中以及西方化进程中找到自己的坐标轴，并明确自己的位置，不能急于悲叹或美化自己所处的位置，应该敢于正视这种现实，并只能够从这一现实出发。中国的教育技术学科的真正目的是为了解决中国教育教

① 徐晓东：《教育技术学的研究领域及其方法》，《电化教育研究》2003 年第 9 期。

② ［美］塞缪尔·亨廷顿：《文明的冲突与世界秩序的重建》，周琪等译，新华出版社 2014 年版，第 5 页。

③ 丸山真男：《日本的思想》，区建英等译，生活·读书·新知三联书店 2009 年版，第 7 页。

学的基本问题，而中国的教育问题是特殊的问题，它不是某种零件具有世界ISO的认证标准，所以，日本教育工学的本土化创新之路能带给我们的不是一个改革方案，而是方案背后的思想、做法。

三　中国教育技术学学科之路

古人云，丸之走盘，横斜圆直，不可尽知。其必可知者，知是丸不能出于盘也。[①] 其中之意可概括为“故步自封”，如果我们按照前人拴住的绳索，踩着前人凿的石窝，那么我们攀登上的只能是同一座山峰，不可能抓着前人预设好的“绳子”，踩着前人凿出“着力处”，却攀上“另一座山”。由于一直攀住别人的“绳索”，踩着别人的“脚印”，亦步亦趋，照猫画虎，在这种情况下我们预想超越这种根深蒂固的学术之藩篱就更难了。正如许葆云所讲，中华民族本是最重视实践、最愿意接受变革的民族，在这个民族的血液中充满了期望改革的活力。[②] 所以，中国教育技术学科的未来必然地要在汲取各个国家发展的经验基础上，凝练出具有中国视角、中国风格与中国气派的学科色彩，不能走别人的路，更不能只走自己的路而不顾别人如何走。

笔者在以日美、中美、中日三重比较的基础上，冒着挂一漏万的风险，试着提出中国教育技术学科未来可能的发展之路。然而这也正如哲学大师冯友兰先生所言：“过去的事物是尝然，尝然不可变；将来之事物是或然，或然不可测。所谓不可测者，即不能预知或预定其是如何也。具体底个体底事物之成为若彼或若此，其中皆有偶然之成分。”[③] 未来是不确定的，但在这不确定的冥冥之中势必会有一些可预见的“模样”。

第一，教育技术学是一门工具之学。

日本教育工学研究者失野米雄在《教育工学とシステム開発》中把“工具”看作学习与教学之间变换的纽带，其中的工具既包括抽

---

① 许葆云：《梁启超讲阳明新学》，陕西人民出版社2014年版，第26页。

② 同上书，第87页。

③ 冯友兰：《南渡集》，生活·读书·新知三联书店2007年版，第214页。

象性极强的“语言”，也包括为了实现新学习方式的计算机、媒体和网络，等等。①

无论是从过去的程序教学、教学机器、视听教育和现在更加智能的计算机在教育中的应用来看教育技术这门学科，不管我们是否愿意接受或承认它是一门与“工具”不可分割的学科，教育技术学首先都应该是一门“工具之学”，这是事实，也是教育技术学科能在大教育学科群中立足之根本。工具，简单地说是指人为了完成或达到某一目的而使用的手段，可以是机械性的，也可以是智能性的。若用拉丁语来讲，技术本身就是一种设置，技术就是一种工具。② 而人又是唯一凭借技术而生存的高级动物。③ 技术与工具都具有一定的目的性，并且技术是蕴含在人对工具的使用过程之中，技术是无法脱离工具本身的，工具如果离开技术，那也就不是工具，只能称作“物”。

工具的出现本身并不是错误的，它是科技发展的必然结果，而教育技术研究者的错误就是站在了工具的两种对立面，走在了非此即彼的二元对立的简单唯物主义辩证哲学的道路上。一方面大肆宣扬信息技术的“无穷魅力”，另一方面过度否定信息技术的“局限性”，宣扬者把工具塞进了课堂，否定者拒绝使用新的工具，永远端着一种保守主义者的架子。所以，我们长期站在了“工具理性”与“目的理性”这种简单的技术哲学对立边缘，无论是工具理性还是目的理性都是关乎于使用工具的人，而并没有涉及工具本身。马克思曾说过，人不仅具有一定的理性还具有一定的惰性，正因为具有一定的惰性才会努力寻找更加省力的办法，先进的工具才会得到大力的促进与发展，所以，仅仅关注人的理性也是不全面的。

南国农先生也曾指出教育技术学科的特色之一就是以现代教育媒体

---

① 矢野米雄等：《教育工学とシステム開発》，日本：ミネルヴァ書房，2012，第 213 页。

② ［德］马丁·海德格尔：《演讲与论文集》，孙周兴译，生活·读书·新知三联书店 2005 年版，第 4 页。

③ 李芒、孙立会：《关于电子教科书基本问题的探讨》，《教育研究》2014 年第 5 期。

的研究与应用为中心，而其中的媒体也就是教育技术研究中涉及的常用工具。也只有这样才能走出教育学或教学论等学科的固有范式，也只有这样才能与其他教育学的二级学科做一清晰的划分，这种界定看似有些“轻薄”，对教育技术似乎有些不公正，但这也许就是教育技术学科天生的宿命。其实，当我们把工具视为生活中所不可或缺的一部分之后，其价值就不仅仅是“工具”这一术语本身的含义了。

在信息技术日益发达的今日，讨论要不要使用工具确实是一个再简单不过的假问题，而如何使用工具才是真问题，但请不要忘记，如何使用的前提是研究者本身要会用工具，如果一个研究者本身都不会使用工具，哪还有什么资格去谈论工具在教育中应用的好与坏，仅仅站在别人的哲学话语体系中去否定工具的本真意义更是一种“耻辱”。之所以，我国教育技术学科培养体系出现种种让人唾弃的诟病，归根结底，并不是因为我们过度强调了教育技术学科的工具性，而恰恰相反，是我们对教育技术学科工具性的关注不够，以至于即便是4年甚至7年抑或是10年培养出来的本科、硕士或博士，依然还仅仅停留在对工具的初步认识上，他们只知道工具的存在，却不知道工具因何而存在。所以，未来的教育技术学科发展，必将更彻底地贯彻工具之学的发展道路，也只有这样，我国教育技术乃至世界教育技术的发展才能更有所作为。

当然，首先把教育技术定义为一门工具之学，并不能简单地把教育技术就理解为是一门研究工具的学问。工具之学重要不在于工具的“器物”本身，而在于学习工具的“技能”。技能不能简单狭隘地理解为身体技能，而应该作为人的活动所指示的目标“对象”的全体，这样界定的目的在于避免把“技能”简单地理解为单一的技术。技能的固有的外在“形式”是从模仿开始，没有阶段性，按照如图6-1所示进行，最终目的是达到一定的“模式”化，模式化的意义就在于对工具的“识、行、思”，识意味着要认识工具，行在于使用工具，思在于使用之后的思考。所以，教育技术学人一定要对工具身体力行之后进行哲学性的思考，而非永远站在工具的远端进行形而上的辩论。当然如果确定教育技术学是一门工具之学，那必然就会有如下两个基本特征：

图 6－1　技能与模式

资料来源：作者绘制。

其一，追新性。所有的时代，所有的社会都有其固有的文化价值体系，而赋予这个文化价值体系的便是教育结构。而随着文化的不断发展，教育的结构也趋于多样化，形成了各种各样的教育观与学习观，并以此为基础尝试着多样化的教学方法。① 仅从学习理论角度来看，人类的学习已经从个体学习（individual learning）转向社区型学习（community learning），从内容驱动的学习（content-driven learning）转为过程驱动的学习（process-driven learning）；在媒体的使用方面，从使用单一孤立的媒体（isolated media）转向使用集成的多媒体（multi-media），从表现单一的媒体（presentation media）转向互动媒体（interactive media）。在学习环境方面，从具体某个地点的学习转向无处不在的泛在学习，学习工具也从固定的设备转向移动手持设备。这些发展变化使得学习者面临的环境越来越复杂，对他们的挑战也越来越大，要求学习者不断成为学习型社会的积极参与者。② 而这些无疑都与“新”有关。

日本教育工学会前会长赤堀侃司教授曾这样描述教育工学的基本特征：①随着时代的发展，研究的主题不断改变；②与教育政策一起改变；③研究方法随着时代和主题而改变；④追求与教学有关的研究

① 中野照海：《教育工学》，日本：学習研究社，1979，第 iii 页。

② Lowyck, J.,"Bridging learning theories and technology-enhanced environments: A critical appraisal of its history", In *Handbook of research on educational communications and technology*, Springer New York, 2014, pp. 3－10.

主题；⑤重视教育实践；⑥关注工具；⑦对教育起作用。[①] 在这七个基本特征之中，有三个特征与“变”有关，而这变的原因在于新的工具在具体教育实践中的真实体现。既然教育技术与“工具”不可分割，而工具又会随着科技的变化不断地发生改变，那么教育技术不可避免地会与“追新”联系在一起，所以，从工具的角度来审视教育技术学科的发展，每一个阶段都会有新的工具的出现而影响着研究者所关注的视域，无论从最简单的教学机器还是到现在更加智能的移动终端。当然，也不仅仅是一些“实体”工具，形如从 Web1.0 到 Web3.0 以及现在的 MOOC 等“网络虚拟工具”也在不断发生改变。虽然，这些新的工具出现在教育教学中可能会“闪现”而过，没有形成一定的“入木三分”式的轨迹，所以，有时不得不给我们一种“浮萍”式的错觉，以为教育技术学是一门无根学科。其实，教育技术学科的真谛就是在这种变化之中寻求不变之处，不变即在变化之中，不变的永远是变化。美国学者布鲁斯认为：“教育技术学是指通常被认为是由构成它的两个词汇的观点而进行的一个研究和实践领域。首先，它关注的是各种不同的工具在教育中的应用，而不是技术在现代社会中的其他各种样式的运用。其次，它所考察的是非常得益于技术（通常是新技术）的那些方面。”[②]

当然，新的未必是好的，也未必是适用的，在这种以工具为基础的追新性，不可避免地会被“人工物”的耀眼之处迷惑，但我们不能在教育教学中故步自封，抵触新的信息技术在改善教学中发挥的促进作用。正如钱锺书先生所言：“抗拒新事物到头来的失败，也是历史常给人的教训。”[③] 追新并不仅仅是追求工具的时代潮流，何为“新”？如果不与“旧”相对应，我们也不清楚哪些是新的，哪些是不新的，

---

① 日本教育工学会：《日本教育工学会第 23 回全国大会講演论文集》，早稻田大学，2007 年，第 27—30 页。

② Bruce, B. C., Education Technology, Avialiable at: http://www.et.tku.edu.tw/sclee/etg/reading/Definition/Et-def-1.htm, Retrieved at June 18, 2005.

③ 丁伟志：《钱锺书先生百年诞辰纪念文集》，生活·读书·新知三联书店 2010 年版，第 238 页。

所以，追新的实质在于改善旧有工具在教育教学中的使用状况。追新也未必就一定要遗弃旧有的工具，和旧的工具一起协同工作也是常有的事。即便在美国各个中小学课堂，也并不是我们预想的那样，用新的信息技术工具代替旧的工具，而如今依然保留着实物投影、挂图等常规的教具，与新的交互设备共同在课堂教学中发挥作用。

追新是一种教育技术研究者本应该具有的一种时代理念。今天的学习者是真正的“数字原住民”一代，是新一代的学习者，未来教育的开拓者必将真正属于这一代，老的革命者必将退出历史舞台，因为这不是渔猎时代、农业时代、工业时代，而是信息化时代。信息时代的人更加乐于接受新的事物，能保持的注意力时间较短，倾向于碎片化式的学习方式，更加喜欢简洁、清晰、准确和精练的信息，不喜欢传统课堂中的长篇大论式的灌输教育模式，并且最为重要的是已经不大可能摆脱“屏幕”，彻彻底底地成为了“读屏一代”，始终在线。[①] 这些都促逼着新的工具的出现，以此应对与之前大不一样的教学环境，而此时的教育者们如果还是过分坚持旧时代的那些所谓的正确方法，势必会与前进的时代发生“裂痕”，既然新的事物的出现是时代的产物，是不可避免的，那么我们只能选择接受，而非拒绝。因为在现代的信息化教学活动中，用不用信息技术依然是一个假问题。因为，技术工具的进步是促进社会发展的重要因素，人类劳动工具的进步，必定会对人类社会的发展产生积极的影响。技术是人类智慧的充分表现，更是高级动物引以为豪的精神成果。[②] 在很早以前，人们就将会不会使用工具作为人与动物的最主要区别。所以，新的工具势必会给教学带来极大的便利，从这个最简单的认识出发，也就必须将“新的工具必定能变革教育”作为无须证明的“公理”。据此，教育技术作为一门追新之学的意义必将贯穿整个教育技术的发展历程，也势必会给教育技术带来无穷的动力和无限的矿产，我们要坚信追新是

① 孙立会：《开放教育基本特征的变迁——兼议 MOOC 之本源性问题》，《远程教育杂志》2014 年第 2 期。

② 朱银瑞：《网络伦理文化》，社会科学文献出版社 2004 年版，第 1 页。

正确的，当然也不能走在追新的错误道路上，过度的为工具而工具，要深刻体悟新的背后意蕴，而不是仅仅停留在新的表意层次。所以，并不是在新事物里寻找业已存在过的旧东西，而是在旧事物里去发现令人惊喜的新东西。①

其二，风险性。德国社会科学家乌尔里希·贝克（Ulrich Bech）曾提出过一个现代化概念——现代化风险。② 而教育技术学科作为现代化发展的时代产物，是否也存在着各种各样的风险，人们在已经习惯了信息技术带来的各种便利的同时，是否准备好了可能带给人们的一些潜在的“副作用”，这种问题将随着人们的不断反思而加强。可以说，信息技术对教育具有变革性作用，这是固然的，然而，教育信息化也必然会给人们带来一些烦恼。所以，我们应该从不同的眼光与不同的视角去认真审视这些如此神奇新颖的“学习工具”，并对其进行全方位的彻底认识。当从具象、行为的角度审视信息技术时，信息技术带给学生的就不仅是“阳光”了，还会出现“阴影”。对于人类新工具近乎失去理性的“疯狂”追逐行为，也许是教育领域出现的一股“非理性主义”思潮的具体体现；也可能是人类产生“机心”③ 之后变得堕落的现代版写照。此时就需要“理性主义”的回归，不能过度依赖信息技术这种“人造物”，否则，很多必须传承的人类文明就会从我们的文化中消失，而这些瑰宝恰恰是人类发展进程中最为重要的部分，是人类向前不断发展的基本素养。“离不开”信息技术与“取而代之”是两个完全不同的概念。是不是在教学活动中非要使用信息技术不可，这是一个很难回答的问题。笔者认为，即便是在信息技术高度发达的社会，人们也并非必须在所有的教学活动中都使用信息技术，正如电子邮件再便捷，也没能取代纸质信件的邮政业务那样，纸质邮件所承

① ［德］西格弗里德·齐林斯基：《媒体考古学》，荣震华译，商务印书馆 2006 年版，第 4 页。

② 李芒等：《教育信息化与现代化风险》，《现代远程教育研究》2012 年第 2 期。

③ 机心，机变之心，出自《庄子·天地》。有机事者，必有机心。“有机械者，必有机事；有机事者，必有机心。机心存于胸中则纯白不备，纯白不备则神生不定，神生不定者，道之所不载也。”

载的民族传统文化和人类独特个性的基本“色彩”是电子邮件无法代替的。[1] 所以，我们在推进教育技术学科建设的过程中，对其风险性要有一定的评估，否则，信息技术的“万能性”就会蒙蔽人类的大脑。日本在不断反思福岛核电站泄漏事故过程中，也在不断反思信息技术教育的相关课题，很多学校限制学生对移动设备和网络的使用，尤其是对成长中的青少年。[2] 哈贝马斯也曾说过，“工具本身是让人免遭他在物质上的毁灭，但其中仍然有……人的活动……”人在使用机器时，完全让机器为他劳动，摒弃了他的这种表面活动。而人越用机器征服或替代人本身的劳动，人自身就越显得渺小与悲哀。[3]

第二，教育技术学是一门方法之学。

笔者认为，与其把“教育技术”这个词语拆分成“教育”与“技术”，倒不如作为一个不可分割的整体来看待。与其说是技术在教育中的运用，倒不如视为一种在教育教学中解决问题的方法，而这种方法恰恰是独特的，是其他教育学二级学科所不能具备的。试图去拆分的人，都是试图想为教育技术定位的人，而往往不管你有多充分的理由将其定位在教育还是技术上，最后仍会存在这样或那样的质疑与弊端，引来不必要的争执，严重影响一个学术共同体的稳定与团结，这对于教育技术的发展也是极为不利的。因为这种对立局面会造成目标的不一致，而只有当我们的目标一致时，面对外来的“侵略”和“研究范式的多样化时”最终才能具有“可通约性”，而目前我们还处在一个不可通约性的研究困境中，不同学科背景的人、不同理论拥护者之间仍存在着交流上的局限，彼此之间越来越难理解对方所做工作的意义与价值。一些理论研究者嘲笑那些技术应用主义者“荒唐”与“白痴”，而那些技术应用主义者却鄙视那些理论研究者的“胡诌”与“闭门造车”，最后导致我们的研究要么严重偏向于计算

① 李芒、孙立会：《关于电子教科书基本问题的探讨》，《教育研究》2014 年第 5 期。

② 久保田贤一：《情報教育の課題》，《環境と健康》2014 年第 27 期。

③ ［德］哈贝马斯：《作为“意识形态”的技术与科学》，李黎、郭官义译，学林出版社 1999 年版，第 36 页。

机学科，要么严重偏向于教育学学科甚至哲学学科，作为交叉性的学术领域，并没有在交叉中寻找到自己的天地，更不能给后人留下一些可传承之精华，如今的教育技术就像随风飞舞的落叶，看上去很美，但却不知道最后会落到何方。①

方法，通常是指为了获得某种东西或达到某种目标而采取的手段与行为方式。而通常意义上所理解的技术是实现人的目的的一种手段。所以，方法与技术都与一种“目的”相关，而教育技术学之所以能看成为一门方法之学，关键在于教育技术是教育中一种独特的解决问题的方法而存在的学术领域，可以说，方法可以看作一种技术，而技术本身也是实现某种目的的一种方法。

教育技术作为教育学族群中一门“新生代”学科，其价值主要是为教育教学研究提供一种独特的解释方法。并且，应该把“教育技术”作为一个不可拆分的关键性术语来对待，是一种从教育技术的视角解决教育问题的方法，而这种方法是教育学其他二级学科所不具有的。当然，这并不是站在自夸式的制高点来宣扬教育技术学科的功效，虽然教育技术作为解释教育学中诸多问题的一种研究方法有其一定的独特性，但独特并不代表最好，只是一种解决问题的方式不同而已。教育技术就是为了达到教学的最优化而提供的一系列方法，好似于医生给生病的人开一个处方。

第三，教育技术学是一门行为之学。

目前，人类社会已经进入了方式时代。我们都重视人类行为方式对人类发展的重要意义，都深信如果认真研究行为方式，就能够做得更好，重要的不是“做什么”，而是“怎么做”。这是一个注定研究方式的时代，是改变方式的时代，是解决“怎么做”的时代。这个时代，当然缺乏思想，更缺乏方式。在方式时代，方式作为一种力量，称为“方式力量”，是适应当今社会发展的先进力量，是现代人

---

① 孙立会、李芒：《中国教育技术学科问题再审视》，《中国电化教育》2014 年第 11 期。

类取得成功的决定因素。[①]

其实，教育与人的行为是密不可分的，仅从“教”这个会意字的表面构成上就可略知一二。教的本意就是上所施下所效也，教的金文写法是“”，这个字的左下方代表一个孩子，左上方是被鞭打的象征符号，而右边则是一个拿着鞭子的人，整个组合在一起就可解释为用鞭打的手段迫使孩子学习文化知识，[②] 而这个过程就是一个行为变化的过程。而如今的教育形式虽然从“鞭子”中解放出来，但又增加了新的“鞭子”（例如，iPad）。而我们完全可以将“鞭子”看成是一种“技术”，这一从古老的年代到现代化的教育可以看作技术在教育中的循环：为了解决老问题而采用新技术，新技术又引起新问题，新的问题解决又要诉诸更新的技术，整个的过程依然是技术与人的行为的变化，从而影响或改变着教育教学中的基本问题。

并且，海德格尔曾在追问技术时指出：其一，技术是合目的的手段；其二，技术是人的行为。[③] 日本哲学家三木清的哲学思想就是行为之“形”，三木清从心理学的视角解读了技术，他认为行为是对刺激的反应，人与环境之间是作用与反作用的关系，主体受环境作用的同时又通过适应而影响环境。但这种作用中的人的本能不能称其为技术，只有在反射性或本能性行为面对变化了的环境无能为力时，才会出现一种新的行为方式，这种新的行为方式就是技术，通过这种发明的复合技术来适应与改造新的环境。[④] 西之园晴夫也曾这样定义教育技术：所谓教育技术是基于研究对象的主观性或客观性，判断更好的教育目标同时控制、组织和再构造自己的行为的过程。这里的对象指学习者、教学内容和学习环境等；教育目标包含教育者的人类观、教

---

① 李芒、孙立会：《关于电子教科书基本问题的探讨》，《教育研究》2014 年第 5 期。

② 石中英：《教育学的文化性格》，山西教育出版社 2007 年版，第 124 页。

③ ［德］马丁 · 海德格尔：《演讲与论文集》，孙周兴译，生活 · 读书 · 新知三联书店 2005 年版，第 4 页。

④ 三木清：《哲学入門》（第七卷），日本：岩波书店 1949 年版，第 1—50 页。

育观以及具体的教学观、教材观等。[①] 所以，笔者一直认为，教育技术是作为一种研究方法论而存在的学科，立足于对教育教学的改善，以追求教育的最优化；联系理论与实践的桥梁，但绝对不能说成是一门桥梁学科，因为如果是“桥梁”就离不开“别人”而单独存在，所以准确地说应该是一门行动科学，在解决实际问题时，又能生产基础知识来提升自己；落脚点应该是人的“行为”，因为行动科学是一门探究人类相互间的行为是如何被设计并付诸行动的科学，教育技术就是设计一种范式来改善学与教，并在不断的实践中修正自己，最后因教育技术使教师的教学行为更有利于教学，学生的学习行为更有利于知识的获取与迁移。教育技术研究者不仅要有思想，更要有行动，但想也不可空想，动也不能盲动。

当然，如果技术是人的行为方式，那么技术在教育里面的应用就会产生两类人，一类是承载技术的教师，另一类是软件开发者。创造计算机的过程是技术，使用计算机的过程也是技术。正如马克思所言，一个社会的发展不是看生产什么，而是看怎样生产。那么也就是说，怎样生产才是真正的技术，而怎样生产一具象之后就是“行为方式”，所以，立足于教育技术是一门行为之学，是以改变人的行为方式为研究目的的学问，势必会给教育技术一种新的解释面貌，而其背后的哲学基础就是行为科学的人类观。

第四，教育技术学是一门实践之学。

任何“学”都源于实践，因为一开始是没有某学的，更没有专门为成为某学而进行研究的学问。教育技术学是教育学的二级学科，而教育学通常是以人类形成的整个教育过程为研究对象，研究取向分别为从理论到实践与从实践到理论。虽然，在教育学研究中也常常论及实践的重要性，但遗憾的是实践并没有真正地在整个教育学体系中占据应有的位置。例如，在课程研究中，有详细的历史研究、课程体系

① 西之园晴夫：《教育技術の客観的知識化の方法論にて：教育技術判断命題の妥当性に関する考察》，鳴門教育大学研究紀要（教育科学編），1995 年第 10 期。

的精细化研究、课程和社会之间的关系研究，等等，而这些都不是直接与实践相关。如何改变教学、如何改变学习者、如何学习、学习者学习过程中发生了什么变化，等等，这才是真正的实践研究。[①] 而解决这些问题都是教育技术研究者的真正使命，所以，教育技术理应是一门实践之学，是一门“怎么做”的学问，绝不是思辨之学，实践性是教育技术学科的最大魅力。按照布雷岑卡的教育学分类观点，应将教育技术学归为实践教育学这一类，实践教育学研究的是“实践”的问题，即是“怎样做”的问题，其任务是给教育者提供为了实现某种教育任务的方式或方法。绝不能将教育技术学归为教育科学或教育哲学，教育科学研究的是“科学”的问题，即“是什么”的问题；教育哲学研究的是“应该是什么”和“应该做什么”的哲学问题。[②] 日本教育工学专家坂元昂先生也曾多次提及教育工学所做的事情绝不能与“教育哲学”一样，教育中涉及价值观的问题并不是教育工学所关心的问题，而教育工学旨在作为一种研究方法去解决教育中面临的诸多问题，是一门实践之学，但这并不能简单地说成完全是一门应用之学，也有其“形而上”的基本理论，只不过这些理论是在实践中得来的，而不是简单的建构主义、行为主义甚至是联结主义在教育实践中的应用，或者也可以说，教育技术研究更应该是自下而上的，而不是自上而下的。其实，理论本身也附带有一定的实践性，当然，实践的本身也孕育着一定理论，可以说，理论与实践是不可分割的整体。理论来源于实践并指导实践，实践检验理论并把理论推向更高层次，从而产生新的理论。[③] 所以，教育技术是一门实践之学并不代表教育技术没有理论抑或是对理论研究不重视，只不过这些理论要从实践中来或者去实践中检验以此获得修正与提升。

教育技术研究，哪怕是教育技术哲学研究也不能走上纯粹的思辨

---

① 兵库教育大学大学院联合学校教育学研究科：《教育実践学の構築—モデル論文の分析と理念型の提示を通して》，日本：東京書籍，2006，第10页。

② 孙立会、李芒：《中国教育技术学科问题再审视》，《中国电化教育》2014年第11期。

③ 李芒等：《论教学设计研究领域中的基本问题》，《远程教育杂志》2012年第1期。

之路，更不能走向形而上的哲学之路，如果这样教育技术哲学就不是教育技术的研究范畴而是教育哲学的研究范畴。教育哲学重在论述问题，往往是以“第三者”的身份看待教育问题，不参与其中却论述问题。而教育技术哲学是在教学实践中体悟而形成的一种反思，如果不以亲身实践者的身份参与其中，光凭借着“大脑”与“书本”是不行的。技术本身就可以看作具体实践能力的具体体现。技术不仅仅代表着一种产品，更是某种人关于某种产品的使用过程，是过程和结果的相互统一。

当然，即便教育技术学是一门实践之学，也并不是说教育技术学研究中所有的研究成果都应该在教学中进行逐一检验。并且，理论研究也应该是实践研究中的一部分。教育实践学的历史、课程论、内容体系构成、教学内容、学与教的基本过程等也应是作为一门实践学必须要研究的内容。所以，教育技术学能成其为真正的实践之学必须具备以下几个条件：

第一，既能从独创的理论中产生出实践，也能从实践中生发出独创的理论。并且，从理论到实践的演绎过程有清晰的表示路径，不能指导实践的理论也不是真理论；实践中的哪部分以何种形式可以抽象出理论也必须有清楚的表示。在实践之学中理论与实践是共存关系。

第二，在理性的前提下能对理论与实践有客观的分析。过去，对优秀的教师有很多称呼，例如，教学达人、明星教师、教学之神，等等。但是，把这些优秀教师的教学实践力传递给其他教师是相当困难的。而实践之学的目的在于能将一些优秀教师的教学设计力、ICT 应用力等与教学有关的教学能力语言化、数据化，然后通过详细分析传递给其他教师，以此来构造教育技术实践之学的实践体系。

第三，在理论与实践的研究过程之中，如何与学习者连接进行考察是非常必要的。教育学的一般研究成果，几乎很少看到学习者的身影，[①]

① 兵库教育大学大学院联合学校教育学研究科：《教育実践学の構築—モデル論文の分析と理念型の提示を通して》，日本：東京書籍，2006，第 11—15 页。

教育技术学作为实践之学在理论与实践研究之中，必须寻求如何改变学习者这种思维路径，如果不遵守这个观点，就无法找到教育技术实践之学与教育学本质区别的证据。

第四，教育技术实践之学必须与社会相联系。传统的观点认为，学问是在象牙塔中进行的，和社会之间存在着一定的距离，主要目的在于追求真理。教育技术实践之学的研究和其他一般教育学研究比较，每一个阶段都应该与社会紧密相关。学习者的学力低下、因沉迷于网络而产生的问题学生、区域教育力信息化鸿沟，如何利用信息技术促进教育公平，等等。面对这些问题，教育技术学作为一门实践的学问必须要给予一定的回答。回答与解决社会教育现象中存在的一些问题也是教育技术学科的使命。

第五，能清晰地表示和非实践之学不同的研究内容。并且，在教育技术实践之学的论文撰写过程中，要时刻提醒自己与其他非实践之学的区别到底在哪里？如果没有本质的区别，那么自然就会陷入其他相近学科的研究范式之中。

教育技术研究者不能与宋儒高谈“井田封建”无异，永远只管说不管做。教育技术在教育研究中的实践就是王阳明知行合一中的“行”，孔子告诉我们要“讷于言而敏与行”，墨子告诉我们“口言之，身必行之”，荀子告诉我们“知之不若行之”，这都告诉我们理论要结合实践，而知（理论）的意义在于行（实践），没有行也就没有知。未有知而不行者，知而不行，只是未知。知是行的主意，行是知的功夫，知是行之始，行是知之成。知行原是两个字说一个功夫，知之真切笃实处便是行，行之明觉处便是知。

第五，教育技术学是一门人文之学。

我们要追问的正是这个被自然化的“我们”的谱系，日本教育工学看似已被“工学”化，但教育工学吸收的是工学的方法而非把教育系统变成一项工程。教育技术学研究不能偏离教育研究“人文性”的正确轨道。教育研究者是人，教育要研究的所有问题最终也指向于人，人不是机器，人是有生命的、鲜活的个体，“人”是教育研究中不能回避、不应回避、也无法回避的重要因素之一。这正如我们认为教育技术是一门“人学”要以人为本，绝不能让自然科学的法则在其中大行其道，但并不意味着教育技术不能吸收与借鉴科学主义（scientism）的思想，毕竟科学是对真知的追求，是对自然乃至社会规律的揭示。

教育技术作为一门人文学科在其中被吮吸、被削弱或说被伪劣混杂以至于弄得“遍体鳞伤”。教育是不是一门科学是值得争议的，但退一步讲教育研究是一种人文性学术领域还是有一定公认度的，既然是人文科学领域就不存在唯一性，只存在差别与影响。教育技术是“人学”，更应该从人文的视角去考量。同样的教学方案，不同的教师授课，面向不同的学生，哪怕是同一个教师面对同一个学生，在不同的时间也会产生不同甚至是反差极大的教学结果，这也是很正常的，过多地关注于技术化、工程化、科学化，那不是真正的教育，只能把教育变为研究者的“屠宰场”。

教育技术学的人文取向促逼其向教育学的回归，而不能走向计算机科学那般纯粹的“人工智能”取向。当然，也不能让这种人文性过度，那样教育技术学就走向了纯粹的教育哲学道路，而应在这两种取向的拉动中寻求一种“和解”，也只有这样才能凸显出教育技术学科的真正特色。

第六，教育技术学是一门空学。

《老子》曰：“天下万物生于有，有生于无。”[①] 所以，“无”并不是什么都没有，而是无所不在，无所不至，它的实际仍然是“有”。其实，“无”字最初的模子是“無”，而“無”又是“舞”字的初文。而原始的舞蹈又是巫师载人（有）与神（无）之间进行沟通时进行的一种仪式。所以，“无”的本源意义在于舞，它在一开始就不是绝对的空无，它是超越有无之间两极对立的中节即一种新的存在，一种活动过程。[②] 今天的有可能是明天的无，今天的无也可能是

---

① 任法融：《道德经释义》，东方出版社 2010 年版，第 12 页。

② 高利民：《有无“之间”——庄子道路释读》，上海古籍出版社 2013 年版，第 5 页。

明天的有。有无之间并不是非此即彼的二元对立，有无之间还存在着很多即有即无的变换空间。

所以，我们将教育技术最后以超然的意念升格为“空学”，这种提升绝不是认识论的那种对同一个问题的简单消解，其意义在于提升教育技术学科体系的空境之意，是对教育技术学科诸多争议的一个最适恰的回答，如果不能深刻理解教育技术学科的空境之意，也就很难体悟教育技术学科的朴素、自然之道。举一个简单的例子，我们经常看到一个房间是空的，但却很少看到这个空的房间也是由钢筋混凝土搭建而成，我们的眼睛只看到了表面容易看得到的视域，而忽视了那些真正在这个大的视域中起主导作用的东西。所以，“无”与“有”本就是两个不可分割的字，没有“无”何谈“有”，没有“有”哪里来的“无”，可谓是无中含有，有中含无。

当我们真正地理解了教育技术学科的空境之意时，对教育技术学是不是真正意义上的一门学科也就心中有数了。也许教育技术学作为一门具有争议的学科真的没有自己的理论，但这种“没有”可能恰恰是在追求“有”的道路上，而教育技术学科的内核也许真的是“空”的，而这个空的也正是无所不包的意思，是囊括了众多与之相关的学科概念或理论，从而支撑着我们永远无法看到或能用文字说出来的那个“道”，这就是说教育技术学科有一个最典型的特征即依赖性，它必须依赖其他学科的理论基础进行自我的加工与改造，如同奶牛必须吃各种各样的草才会挤出营养丰富的奶一样，如果不对依赖性有深刻的认识，教育技术学科的真正重建是不大可能的。也可以说，教育技术学类似于中华民族象征的“龙”的形象，是人们心中“营构之象”，[①] 因为龙是以蛇为身，并综合了各种动物基本特征为一体的“奇异”形象，这与教育技术学科的基本形式是相同的。所以，我们要用教育技术的有限知识看到无限的可能，只有这样，教育技术学作为一门学科无论是过去、现在还是未来都是永远存在的。

---

① 李泽厚：《美的历程》，生活·读书·新知三联书店 2013 年版，第 7 页。

结　语

梁启超先生有言，治科学者——无论其为自然科学，为社会科学，罔不恃客观所能之资料以为其研究对象。而其资料愈简单愈固定者，则其科学之成立也愈易，愈反则愈难。[①] 可见，资料对研究的重要性。一时代之学术，必有其新材料与新问题。取用此材料，以研求问题，则为此时代学术之新潮流。本书中正是取用“日本教育工学”这样的新材料，并在一些“旧材料”的基础上，通过日美教育技术、中美教育技术以及中日教育技术的三重比较，“螺旋式”地探察我国教育技术研究中的几个基本问题，最后从纵向和横向得出以下几个基本结论。

第一，本书较详细地梳理了日本教育工学发展历史。将其划分为五个阶段，分别为孕育期、初创期、发展期、转换期和智能化发展时期，并在这五个历史时期中着重论述了引起日本教育工学变化重要历史事件。尤其是日本教育工学在早期吸收与借鉴美国教育技术思想之后，对“工”的经典解读，“工”吸收了中国早期的经典哲学著作《天工开物》的哲学思想，其中上面的“一（横）”代表“天”；下面的“一（横）”代表“地”；中间的“I（竖）”表示天与地之间的连接。所以，“工”的汉字意思是连接理想（天）与现实（地）的智

① 梁启超：《中国历史研究法》，中华书局2014年版，第47页。

慧。“工”绝不是“工程学”中的“工”，而是“Technology”，在教育中提供的是一种方法。

第二，本书概括了日本教育工学理论体系构建的基本理路。日本教育工学在理论体系构建之中，注重区别“基础理论”与“理论基础”。教育工学的基础理论来源于形成教育工学的交叉性学科，这体现出了教育工学本身有一定的“依赖性”，必须粘贴在其他学科之中才能生长。而作为一门学科的“内核”即最核心的理论基础必然地要有其特殊性，教育工学理论基础的特殊性就是“行为科学的人类观”，这也是教育工学区别于其他学科抑或是本学科在学术之林中立足的关键所在。并在此基础之上进一步指出，教育工学与教育学之间是一种互相协作的关系，因为教育工学研究者非常清楚，教育学是教育工学的基本骨架，离开了教育学，尤其是学科教育学，教育工学几乎就没有了所指。所以，教育工学在自身原理之下，以改善教学实践为目标，最后形成了一定的学术品格。

第三，本书总结出日本教育工学关于研究方法的研究是自下而上式，重视方法的哲学概括即方法论。教育工学研究者总是尝试着将其他学科研究方法的合理性“植入”，但由于教育工学本身的学科性质，对质性研究方法往往不够重视，虽也注重系统性，但并不强调系统方法是教育工学研究的独特方法。

第四，本书对日本教育工学研究的十个基本领域进行了概括。教育工学作为一门实践性极强的实践性学科，一共有十个基本研究领域。分别为：认知领域、媒体领域、计算机应用领域、数据解析领域、网络教育领域、教学研究领域、教师教育研究领域、信息技术教育研究领域、教学系统设计研究领域、基本理论研究领域。

第五，本书通过对日本教育工学的研究，提出了中国教育技术学科未来发展的转向问题。中国教育技术研究者作为信息化时代教育改革的中坚力量，必须有一种主体的自觉。应把和为贵，和而不同，再加上“求同存异”作为教育技术研究的基本理念，并在不同的“研究范式”之间保留一种可沟通的“通约性”。教育技术学预想突破管理学或制度学意义上的学科而走向真正意义上的学科，研究者具有学科自觉意识显得尤为重要。学科自觉其实是学科问题意识的不断增强，然而问题意识的不断增强未必能很好地转化为理论自觉，而只有理论自觉的形成才能构造出“中国道路”或“中国模式”。中国教育技术学在学科转型的过程中，不能只凭借依附而缺乏文化的引导，应让中国的文化融入教育技术学科的整体“灵魂”之中，在中国文化基因的“遗传”下，合成真正意义上的中国教育技术学科之魂魄，而如今中国教育技术学科最尴尬的境地就是“中国元素”的缺失，而这需要靠中国教育技术研究者自己的“启蒙”来完成。

基于以上的结论，可以说，本书在对日本教育工学的众多文献中，概括了日本教育工学的一些基本特征，揭示了日本教育工学的历史发展脉络，寻找到日本教育工学在理论、方法与实践探索过程中所取得的一些“可圈可点”的成绩，以此揭发日本在汲取美国教育技术诸多“营养”之后而确定的发展道路，以此给我国教育技术学科未来的学习与发展提供一种新的思路。然而，任何一个国家的教育技术发展路径只能是我们思考或反省的“文本”，日本教育工学虽然在某些方面确实取得了一些卓越的效果，但其中也必然会存在着这样或那样的问题。虽然，笔者研究日本教育工学，并对日本教育工学本土化创新之路给予一定的认可，但这不能代表日本教育工学的发展路线就适应中国的教育技术学科未来之改造，而应将日本教育工学作为一种我们可以反思的文本而存在，这是本书的意旨所在。

教育技术学是不是一门学科的问题就犹如早期探讨的教育学是不是一门科学一样，这是一个似乎永远没有正确答案的问题，但人们却一直没有放弃寻找这个问题科学性答案，这可能就是教育学研究的真正魅力。当然，我们也不能以一种“短视”行为草率地说讨论教育技术是不是一门学科是一种没有意义的事情。而应这样：我们不再争论教育技术学是不是一门学科，而是在努力地寻找教育技术学能成为一门学科之可能的必要条件上下功夫。

当然，无论我们是否真的愿意从内心深处承认教育技术学是一门真正意义上的学科，也都无法阻碍它以一门有别于其他国家的“进化机制”进行学科的体系化发展。只不过，当我们走过了漫长的半个世纪之后，面对诸多“疑难杂症”不曾有过新的思考，残酷的事实证明了以美国教育技术为蓝本构造的我国教育技术学科体系根本不适合中国的文化“土壤”，但是不可否认的是我们必须要学习美国的教育技术，关键的问题是我们要学习美国教育技术的什么以及如何学习，这才是摆在我国教育技术学者面前的真问题。但无论怎样，做实际开发应用的人员和初涉理论研究的人员，应该首先把具体的问题做好，把小事情做好，做小事情的同时想大问题。不能所有的教育技术从业人员都“争先恐后”地建立教育技术学科体系，这显然是不可能的，也是不必要的。

虽然，笔者在整个的研究过程之中，都以“大胆地设想，小心地求证”为宗旨，但也可能有一些诠释并不是很到位的地方，所以，在很多地方加上了一些日语原文。并且，日本教育工学作为整个学术领域其中蕴含着太多太多值得去研究的地方，而笔者只以“学科之眼”截取了其中的一小段，并且以“识读”的方式进行诠释，不可避免地会存在着很多意想不到的问题，而这些问题也可能会促逼我无悔地沿着自己已经迈出的第一步走下去，不管道路多崎岖都无法阻挡。当然，笔者更希望这能成为我国教育技术学界关注日本教育工学的一个“诱发点”，使更多的研究者无论是在接受抑或是批判的基础上进行更大的空间的探索。

总之，本研究试着提出了一个对教育技术研究者和对于教育技术学科决策者有用的在文化全球化背景下理解教育技术学科基本问题的框架。对于其意义和有用不在于其研究结果是否真正地解决了教育技术学科中存在的诸多问题，它显然做不到这一点，也可能这些问题如“哥德巴赫猜想”一样根本无法解决，而其意义在于它是否比其他任何可供选择的解释范式提供一个更加有意义的国际化比较视角。

附　录

附录1　インタビューの大綱

インタビュー調査のお願い

×××

北京師範大学 教育学部教育技術学科 博士後期課程

私は日本教育工学会の会員である李芒先生（北京師範大学）のもとで学んでいる博士の学生です。昨年から、日本の教育工学の歴史に関する研究を始めました。

しかし、残念ながら中国で日本の教育工学の歴史やそこで取り組まれている研究について詳細を理解している研究者は多くありません。また、1979年に坂元昴先生の著作が中国語に翻訳されましたが、それ以外に日本の教育工学に関する資料や研究論文は少ないという問題もあります。そこで、今回日本の教育工学について詳しい先生方にインタビューをさせていただきたく、関西大学に研究生として来日しましました。

このインタビュー調査を通して得た情報を中国で研究としてまとめるとともに、中国と日本の教育工学分野の学術的な交流と相互の発展に資するものとしたいと考えております。お忙しいところとは存じますが、ご協力よろしくお願いいたします。

インタビュー項目

1. 教育工学は1964年に日本に紹介され、technologyを技術学ではなく、工学に翻訳しています。その結果、日本における教育工学は多方面で発展しつつあると同時に、いくつかの誤解も生じたと思われます。教育工学に対するご実践を踏まえて、教育工学の発展がどのように進んできたと感じておられるか、お話しいただけませんでしょうか。

2. 教育工学は海外から導入された学問領域です。では、教育工学の発展の過程の中で、アメリカのAECT（Association for Educational Communications Technology）からどのような影響を受け日本で広まったのでしょうか? また、今日の教育工学という分野において中心的な関心領域（例えば、教師教育など）はどのようなところにあるとお考えでしょうか?

3. 教育工学は実践を中心にした学問ですが、行われる実践は諸理論に基づいて行われると思います。先生の実践で参考にされている教授・学習理論について教えていただきたいです。そして、それらの教授・学習理論に基づいてどのような実践を行っておられるか、ご紹介いただきたいです。

4. 一般的な学問においては、明確な研究対象が確立されています。例えば、生物学の研究対象は「細胞」であったり、経済学では「価値」であったりすると思います。では、教育工学の研究対象は何だと思われますか。あるいは、教育工学という学際的・実践的な学問領域では、特定の研究対象を持っている必要はあるかどうか、ご意見があればお聞きしたいです。

5. 日本教育工学会は今まで八冊の著作を出版しています。その一つとして、「教育工学研究の方法」があります。教育工学では、教育工学独自のユニークな研究方法がありますか? あるいは、教育工学独自の研究方法を有する必要があるとお考えでしょうか?

6. 最後に、坂元昴先生は何度も中国の教育工学研究者と交流を行い、日本教育工学という名称は中国の「天工開物」に因んだものだとおっしゃったことがあります。では、中国の教育工学をご存知ですか。そして坂元昴先生の言葉をどうお考えですか。

以上

附录2　日本教育工学相关学会

学会名称	成立时间	现任会长	所在大学	学会网址
日本教育工学会（JSET，Japan society for Educational Technology）	1984 年	山西润一	富山大学	http：//www. jset. gr. jp
日本科学教育学会（JSSE，Japan Society for Science Education）	1977 年	中山迅	宫崎大学	http：//www. jsse. jp
日本教育工学协会（JAET，Japan Association for Educational Technology）	1971 年	堀田龍也	玉川大学	http：//www. jaet. jp
日本教育工学振兴会（JAPET，Japan Association for Promotion of Educational Technology）	1982 年	赤堀侃司	白鸥大学	http：//www. japet. or. jp
教育系统信息学会（JSISE，Japanese Society and Systems in Education）	1974 年	前迫孝憲	大阪大学	http：//www. jsise. org
日本教育方法学会（NASEM，National Association for the Study of Educational Methods）	1964 年	深泽广明	広島大学	http：//www. nasem. jp
日本电子教科书学会（JSDT，Japan Society of Digital Textbook）	2012 年	片山敏郎	新潟大学	http：//js-dt. jp
日本教育学会（JERA，Japanese Educational Research Association）	1947 年	藤田英典	共荣大学	http：//www. jera. jp
日本語メデイア学会（JAEM，Japan Association for Education Medla Study）	1998 年	鈴木克明	熊本大学	http：//jaems. jp

附录3　日本教育工学会历代会长

姓名	何代	隶属大学
山西潤一	第七代会长	富山大学
永野和男	第六代会长	圣心女子大学
赤堀侃司	第五代会长	东京工业大学
清水康静	第四代会长	东京工业大学
水越敏行	第三代会长	大阪大学
坂元昂	第二代会长	东京工业大学
東洋	第一代会长	东京大学

附录4　日本教育工学论文志

（第36卷·2013年—28卷·2005年）

日本教育工学雑誌　　第36巻　　総目次

号　頁

巻　頭　言

吉崎　静夫・益子　典文：特集号「大学教育の改善・FD」刊行にあたって ……………………………………………… 3　167

総　　説

鈴木　克明：大学における教育方法の改善・開発…………………………… 3　171

展　　望

村上　正行・山田　政寛：大学教育・FDに関する研究における教育工学の役割 ……………………………………………… 3　181

論　　文

木村　充・中原　淳：サービス・ラーニングが学習成果に及ぼす効果に関する実証的研究－広島経済大学・興動館プロジェクトを事例として－…… 2 69

瀬戸崎典夫・岩崎　勤・森田　裕介：多視点型天体教材を用いた授業実践における能動的学習の効果 ……………………………………… 2　81

藁谷　郁美・太田　達也・マルコ　ラインデル・倉林　修一：インフォーマルラーニングを支援する体験連動型外国語学習環境の構築…………… 2　91

安藤　明伸・住川　泰希：モーションキャプチャと仮想空間を利用した鋸引き動作観察教材の開発と機能評価……………………………………… 2　103

教育システム開発論文

教育実践研究論文

資 料

日本教育工学雑誌　　第35巻　　総目次

号 頁

論 文

教育システム開発論文

教育実践研究論文

資　料

寄　書

日本教育工学雑誌　第34巻　**総目次**

号　頁

総　説

論　文

山田　剛史・森朋子：学生の視点から捉えた汎用的技能獲得における正課・正課外の役割 …………………………………………………………… 1　13
平野　美保：パラ言語スキルに焦点化した音声行動学習プログラムの開発と評価—職業生活に向けたコミュニケーションスキル獲得の支援のために—………………………………………………………… 1　23
鈴木　雅之・田中瑛津子・村山　航・市川　伸一：工夫速算問題の分類と抽象的方略を用いた教授の効果 ……………………………………………… 1　35
岸　俊行・澤邊　潤・大久保智止・野嶋栄一郎：学生・教師を対象とした異なる学級における授業雰囲気の検討—授業雰囲気尺度の作成と授業雰囲気の第三者評定の試みー ………………………………………………………… 1　45
北澤　武・永井　正洋。上野　淳；大学情報教育のブレンディッドラーニング環境におけるeラーニングシステムを用いたフィードバックの効果 ……… ……………………………………………………………………… 1　55
藤田　祐子：授業イメージの変容に見る熟練教師の成長－自律的な学習を目指したん日本語授業に取り組んだ大学教師の事例研究— …………… 1　67
清水　康敬・尾崎　史郎：教育用電子著作物の再利用改変合意システムの開発 ………………………………………………………………………… 1　77
小山　義徳：英文速読訓練が英語リスニングスコアに与える影響と学習者のディクテーション能力の関係 ……………………………………………… 2　87
北村　智・岡本　絵莉；工学系大学院の研究室教育における学生の満足度および成長の自己評価と研究業績の関係 ………………………………… 2　95
大山　牧子・村上　正行・田口　真奈・松下　佳代：e-Learning語学教材を用いた学習行為の分析　—学習スタイルに着目して ……………… 2　105
川崎　亨・岩根　典之・松原　行宏・岡本　勝：身体動作に連動した直感的な視線と視点切り替えが可能仮想天体学習環境の構築 ……………… 3　153
永野　直・栗原　一貴・渡辺　裕太・藤村　祐一・皆月　昭則・林　秀彦：マルチタッチとパイメニューを用いた電子黒板インタフェースの開発と評価 ……………………………………………………………………… 3　161
西崎　博光・関口　芳廣：教員の話し方を改善支援システムの開発に向けた講義音声の特徴分析 …………………………………………………… 3　171
中野てい子・富浦　洋一：日本語作文支援における共起を利用した代替候補提示システム…………………………………………………………… 3　181

教育システム開発論文

日本教育工学雑誌　　第33巻　　総目次

号　頁

券頭言

総　説

論　文

小林　雅之・向谷　博明・相良　宗臣・山本　透：教育現場におけるサーバ管理者養成のための研修プログラムの開発……………………… 2　121
荒木　淳子：企業で働く個人のキャリアの確立を促す実践共同体のとり方に関する質の研究 ……………………………………………………… 2　131
神邊　篤史・永井　久美・松原　行宏・岩根　典之・岡本　勝：上肢の大きな動作の訓練を目指したVR型運動学習支援システムの開発 ……… 2　143
安藤　正樹・清水　康敬：電子・情報技術スキルのレベル判定システムの開発 ……………………………………………………………………… 2　151
脇本　健弘・苅宿　俊文・八重樫　文・望月　俊男・酒井　俊典・中原　淳：初任教師綿たリング支援システムFFRICAの開発 ………………… 3　209
鈴木真理子・永田　智子・西森　年寿・望月　俊男・笠井　俊信・中原淳：授業研究ネットワーク・コミュニティを志向したWebベース「eLESSER」プログラムの開発と評価 ……………………………………………… 3　219
佐々木康成・笹倉千紗子：学習サポートにSNSを用いたコンピュータリテラシの実践とその評価 …………………………………………………… 3　229
佐藤　朝美：幼児のNarrative Skill習得を促す親の語りの引き出し方の向上を支援するシステムの開発 ………………………………………………… 3　239
岸　磨貴子・久保田賢一・盛岡　浩：大学院生の研究プロジェクトへの十全の参加の軌跡……………………………………………………………… 3　251
上野　直樹・ソーヤーりえこ：Web2.0システムの開発事例におけるWeb技術の学習環境のデザインの分析―状況の学習論の適用と拡張― …… 3　263
山下　淳・市丸　俊亮・加藤　浩・飯崎　裕史・鈴木　栄幸・葛岡　英明：状況内評価を記録するシステムSounding Boardにおける身体的行為とその効果の検討……………………………………………………………………… 3　277
布施　泉・岡部　成玄：多段階相互評価法による学習の実践と効果 … 3　287
岡崎　勘造・岡野　慎二・羽賀慎一郎・関　明彦・鈴木　久雄・高橋　香代：大学生対象のICTを用いた遠隔双方向型の身体運動促進プログラムの開発と評価 ……………………………………………………………………… 4　363
中橋　雄・寺嶋　浩介・中川　一史・太田　泉：電子黒板で発表する学習者の思考と対話を促す指導方略…………………………………………………… 4　373
菊治　伸一・古田　壮宏・赤倉　貴子：e－Testにおける受験者認証のための筆圧局所円弧パターン法の提案 …………………………………………… 4　383

資　料

日本教育工学雑誌　　第32巻　　総目次

号　頁

総　説

論　文

資　料

寄　書

日本教育工学雑誌　　第31巻　　総目次

号 頁

展　望

総　説

論　　文

資　料

日本教育工学雑誌　　第30巻　　総目次

号　頁

展　望

総　説

論　文

資　料

寄　書

日本教育工学雑誌　　第 29 巻　　総目次

号　頁

総　説

論　文

吾、坂本　昂：インターネット使用と情報活用の実践力の因果関係一中学生に対する3 波パネル研究一 ……………………………………………… 1　11
望月　俊男、久松　慎一、八重堅　文，永田　智子、藤谷　　哲，中原　淳、西森　年寿、鈴木真理子、加藤　浩：電子会議室のおける議論内容とプロセスを可視化するソフトウェアの開発と評価 ………………………… 1　23
生田　和重、石岡　垣憲：　文科系学生が作成した投稿文の統計的な分析 ………………………………………………………………………………… 1　35
牧野由香里　福田　恵子：　授業改善の実践共同体における遠隔ネットワーキングの可能性 ………………………………………………………………… 2　79
加藤　由樹、杉村　和枝、赤堀　侃司：電子メールを使ったコミュニケーションにおいて生じる感情への電子メールの内容の影響 ……………… 2　93
植野　真臣、永岡　慶三：ガンマ分布のよるeラーニング所要時間データのオンライン解析研究の重点課題として一 ……………………………………… 2　107
松田　岳士、斉藤　祐、山本　恵美、加藤　浩：同期CMCにおける学習課題に関する
ディスかっシュン成立過程 ………………………………………………………… 2　119
堀野　良介、大島　純、大島　律子、山本　智一、稲垣　成哲、竹中真希子、山口　悦司、村山　功、中山　迅デザイン研究に参加した教師の学習観の変化一教師の資質向上の新しい可能性一 ………………………………… 2　133
八重堅　文，北村　智、久松　慎一、酒井　俊典、望月　俊男、山内　祐内：iPlayer：eラーニング用インタラクティブ・ミング・プレイヤー開発と評価 ……………………………………………………………………………… 2　143
植野　真臣　植野　真理，相馬　峰高，甲　圭太、山下　祐行：長岡技術科学大学におけるeラーニング・マネジメント …………………………… 3　207
福永　良浩、平嶋　宗、竹内　章：e-Learning 教材における読解促進を目的とした下線引き活動に対するフィードバック機能の実現とその効果………… ……………………………………………………………………………… 3　217
松田　岳士、本名　信行，加藤　浩：eメンタリングガイドラインの形成とその評価 ……………………………………………………………………… 3　231
松蒲　健二，金西　計英，三好　康夫、矢野　米雄：授業アーカイブ型e-Learningシステムにおける簡易試験を用いた受講前・中・後の学習支援環境の試作 …………………………………………………………………… 3　251

資　料

金森　克浩、小林　厳：訪問教育の充実を指向した携帯型テレビ電話を用いた遠隔教育システムの活動に関する研究……………………………… 3　379
井上理恵子：教育用ストリーミングコンテンツ配信・利用モデル一著作権者と利用者の利益バランスを考慮して一 ………………………………… 3　387
藤木　卓、森田　祐介、全　柄徳、李　相秀、渡辺　健次、下川　俊彦、柳生　大蒲、上箇垣大郎、中村　千秋：高精細動画を用いた多地点接続による中学校間日韓遠隔授業の実践と評価………………………… 3　395
田中　祐也、井ノ上憲司、根本　淳子、鈴木　克明：オープンソ　スCMSの実証的比較分析と選択支援サイトの構築…………………………………… 3　405
田口　真奈、吉田　文：日本の高等教育機関のおけるeラーニングの特質 ……………………………………………………………………………… 3　415
光原　弘幸、能瀬　高明、三好　康夫、緒方　広明、矢野　米雄　松蒲　健二，金西　計英、森川　富昭：徳島大学におけるe-Learningのシステム開発・運用・実践 ………………………………………………………… 3　425
三宅　元子：中学・高校・大学生の情報論理の関する意識の分析 …… 4　535
加藤　由樹、赤堀　侃司：電子メールを使ったコミュニケーションにおける感情面に及ぼす相手の立場の影響 ……………………………………… 4　543
白沢　勉、赤倉　貴子：中小製造業における技能教育を支援 e-LearningSystemの開発とその評価 ……………………………………………………… 4　559
山本　祐子、浅田　匡、野嶋栄一郎：学校組織運営上の課題に関する探究的研究一単位制高校における事例研究一……………………………… 4　567
生田　淳子、丸野　俊一：質問作りを中心にした指導による児童の授業中の質問生成活動の変化 ………………………………………………… 4　577
内垣戸貴之、中橋　雄、浅井　和行、　久保田賢一：教育工学における質的研究法に基づいた論文の分析………………………………………… 4　587
藤澤　和子、清田　公保、中山　典子：視覚シンボルを使用した知的障害児のための電子メールの開発と活用実践……………………………… 4　597
加藤　尚吾、赤堀　侃司：電子メディアを用いたカウンセリングにおける不登校児童生の自己開示に関する分析………………………………… 4　607
田村　俊之・小室一比古：ハンディーターミナルを活用した評価記録システム ……………………………………………………………………… 4　617
森田　健宏：幼児のパソコン利用導入期のおける入力デバイスの操作性につい

寄 書

日本教育工学雑誌 第 28 巻 総目次

号 頁

巻 頭 言

展 望

総 説

資　料

寄　書

参考文献

中文类

[1] 阿尔温·托夫勒:《第三次浪潮》,朱志焱等译,生活·读书·新知三联书店 1984 年版。

[2] 安涛、李艺:《探寻教育学逻辑起点研究的“逻辑”》,《电化教育研究》2013 年第 8 期。

[3] 坂元昂:《教师的思考和孩子的思考》,《学习心理》1962 年第 3 期。

[4] 坂元昂:《教育工艺学简述》,钟启泉译,人民教育出版社 1979 年版。

[5] 坂元昂:《教育工艺学简述》,钟启泉译,人民教育出版社 1979 年版。

[6] 贝磊等:《比较教育研究:路径与方法》,李梅译,北京大学出版社 2010 年版。

[7] 贝弗里奇:《科学研究的艺术》,科学出版社 1979 年版。

[8] 陈晓慧:《对教育技术学发展若干问题的思考》,《现代远距离教育》2009 年第 4 期。

[9] 陈燮君:《学科超常结构与学科结构体系》,《江西社会科学》1990 年第 6 期。

[10] 陈燮君：《学科结构理论史纲》，《上海社会科学院学术季刊》1990 年第 1 期。

[11] 陈燮君：《学科学导论——学科发展理论探索》，上海三联书店 1991 年版。

[12] 辞海编辑委员会：《辞海》，上海辞书出版社 1979 年版。

[13] 大前研一：《思考的技术——思考力决定竞争力》，刘锦秀、谢育容译，中信出版社 2013 年版。

[14] 大前研一：《思考的技术》，刘锦秀、谢育容译，中信出版社 2013 年版。

[15] 稻盛和夫、梅原猛：《对话稻盛和夫（2）：向哲学回归》，喻海翔译，东方出版社 2013 年版。

[16] 丁伟志：《钱锺书先生百年诞辰纪念文集》，生活·读书·新知三联书店 2010 年版。

[17] 董玉琦：《日本教育工学研究热点扫描》，《电化教育》1995 年第 3 期。

[18] 董玉琦：《信息教育课程设计原理：要因与取向》，东北师范大学，2003 年。

[19] 董玉琦等：《回归教育本质　关注学生发展——中日比较视角下的我国教育技术学研究发展省思》，《电化教育研究》2014 年第 9 期。

[20] 多弗·塞德曼（Dov Seidman）：《HOW 时代方式决定一切》，陈颖译，广东出版集团 2009 年版。

[21] 戴维·迈尔斯：《我们都是自己的陌生人》，沈德灿译，人民邮电出版社 2012 年版。

[22] 冯友兰：《南渡集》，生活·读书·新知三联书店 2007 年版。

[23] 高利民：《有无“之间”——庄子道路释读》，上海古籍出版社 2013 年版。

[24] 龚放：《追问研究本意纾解“学科情结”》，《北京大学教育评论》2011 年第 10 期。

[25] 顾明远：《第三次工业革命与高等教育变革》，《教育学报》2013 年第 6 期。

[26] 郭友、毕晓白：《对微格教学发展的研究》，《首都师范大学》（社会科学版）1997 年第 3 期。

[27] 海后胜雄：《教育技术论》，日本图书中心 1939 年版。

[28] 何齐宗：《简论教育科学的历史意识》，《教育评论》1989 年第 2 期。

[29] 何克抗：《建构主义——革新传统教学的理论基础（一）》，《学科教育》1998 年第 3 期。

[30] 赫尔巴特：《普通教育学讲授纲要》，李其龙译，人民教育出版社 1989 年版。

[31] 黄济：《教育哲学通论》，山西教育出版社 2004 年版。

[32] 哈贝马斯：《作为“意识形态”的技术与科学》，李黎、郭官义译，学林出版社 1999 年版。

[33] 海德格尔：《演讲与论文集》，孙周兴译，生活·读书·新知三联书店 2011 年版。

[34] 季羡林：《学问之道》，沈阳出版社 2001 年版。

[35] 焦建利：《教育技术学基本理论研究》，广东教育出版社 2008 年版。

[36] 焦建利：《论教育技术学的研究对象》，《中国电化教育》2005 年第 8 期。

[37] 康德：《实践理性批判》，邓晓芒译，人民出版社 2003 年版。

[38] 克里斯·阿吉里斯等：《行动科学——探究与介入的概念、方法与技能》，夏林清译，教育科学出版社 2012 年版。

[39] 孔易人：《哲学的元理论性质》，《浙江社会科学》2000 年第 7 期。

[40] 梁启超：《中国历史研究法》，中华书局 2014 年版。

[41] 李泽厚：《美的历程》，生活·读书·新知三联书店 2013 年版。

[42] 李光宇：《文化论》，知识产权出版社 2012 年版。

[43] 李康：《对引进国外教育技术观的思考》，《电化教育研究》1995 年第 4 期。

[44] 李康：《教育技术与教育技术学的研究对象》，《电化教育研究》2004 年第 1 期。

[45] 李克东：《技术变革教育的探索——教育技术的历史回顾和展望》，华南理工大学出版社 2013 年版。

[46] 李克东：《教育技术学研究方法》，北京师范大学出版社 2002 年版。

[47] 李克东：《日本 IT 新改革策略的启示——第二届中日教育技术研究与发展论坛的关注点》，《中国电化教育》2007 年第 11 期。

[48] 李龙：《加强史学科建设，促进学科发展（一）——“教育技术史”学科初探》，《电化教育研究》2006 年第 11 期。

[49] 李龙：《教育技术学科的定义体系》，《电化教育研究》2003 年第 9 期。

[50] 李龙、谢云：《我国电化教育诞生的标志性事件考证》，《电化教育研究》2012 年第 10 期。

[51] 李龙：《信息化教育：教育技术发展的新阶段——四论教育技术学科的理论与实践》，《电化教育研究》2004 年第 4 期。

[52] 李龙：《学科建设与学科繁荣——兼论教育技术“原生学派”的创建》，《电化教育研究》2013 年第 1 期。

[53] 李芒、成国志、于丽娜：《日本现代教育技术发展特点评价》，《比较教育研究》2000 年第 1 期。

[54] 李芒等：《论教学设计研究领域中的基本问题》，《远程教育杂志》2012 年第 1 期。

[55] 李芒：《关于教育技术的哲学思考——从技术哲学的角度论教育技术的内涵》，《天津电大学报》1997 年第 2 期。

[56] 李芒：《建构主义到底给了我们什么——论建构主义知识论对教学设计的影响》，《中国电化教育》2002 年第 6 期。

[57] 李芒：《技术与学习——论信息化学习方式》，科学出版社 2007 年版。

[58] 李芒：《教育技术的学科自觉：学格论》，《电化教育研究》2012 年第 11 期。

[59] 李芒：《论教学设计研究领域中的基本问题》，《远程教育杂志》2012 年第 1 期。

[60] 李芒：《论教育技术的“原理”》，《电化教育研究》2011 年第 8 期。

[61] 李芒：《日本现代教育技术发展特点评价》，《比较教育研究》2000 年第 1 期。

[62] 李芒：《从系统论到关系论——论信息社会教学设计理论的新发展》，《电化教育研究》2001 年第 2 期。

[63] 李芒等：《教育信息化与现代化风险》，《现代远程教育研究》2012 年第 2 期。

[64] 李芒、孙立会：《关于电子教科书基本问题的探讨》，《教育研究》2014 年第 5 期。

[65] 李文英：《模仿、自立与创新——近代日本学习欧美教育研究》，河北大学，2000 年。

[66] 李艺：《谈教育技术研究中文化传承、理论溯源和学派精神的缺失》，《电化教育研究》2012 年第 4 期。

[67] 李运林、陈庆贵：《中国电化教育的理论与实践——南国农先生与中国电化教育发展》，北京大学出版社 2010 年版。

[68] 李振伦：《元理论与元哲学》，《河北学刊》1996 年第 6 期。

[69] 李政涛：《实践哲学场域内的教育学派之构建——重申“理论与实践关系”的初步探讨》，《学术月刊》2014 年第 6 期。

[70] 李政涛、巫锐：《德国教育学传统与教育学的自身逻辑——访谈德国教育学家本纳教授》，《教育研究》2013 年第 10 期。

[71] 梁漱溟：《中国文化要义》，上海人民出版社 2013 年版。

[72] 刘梦溪：《大师与传统》，中国青年出版社 2007 年版。

[73] 刘青峰、金观涛：《论社会研究中的比较方法》，《自然辩证法研究》1989 年第 3 期。
[74] 刘永富：《元哲学自身的两个元问题："怎么才算"与"何以可能"》，《学术月刊》2009 年第 2 期。
[75] 露丝·本尼迪克特：《菊与刀》，北塔译，译林出版社 2011 年版。
[76] 罗凤竹：《汉语大辞典》，汉语大辞典出版社 1989 年版。
[77] 罗兰斯特·龙伯格（Roland N. Stromberg）：《西方现代思想史》，刘北成等译，金城出版社 2013 年版。
[78] 马丁·海德格尔：《演讲与论文集》，孙周兴译，生活·读书·新知三联书店 2005 年版。
[79] 马克斯·韦伯：《学术与政治》，冯克利译，生活·读书·新知三联书店 2005 年版。
[80] 朱丽·汤普森·克莱恩：《跨越边界——知识、学科、学科互涉》，姜智芹译，南京大学出版社 2005 年版。
[81] 南国农：《中国电化教育（教育技术史）》，人民教育出版社 2013 年版。
[82] 欧阳修：《新唐书卷·198·儒学传序》，中华书局 1975 年版。
[83] 潘懋元：《关于高等教育学科建设的若干问题》，《高等教育研究》1993 年第 2 期。
[84] 裴娣娜：《教育研究方法导论》，安徽教育出版社 1995 年版。
[85] 普莱西等：《程序教学和教学机器》，刘范等译，人民教育出版社 1964 年版。
[86] 普莱西等：《程序教学和教学机器》，刘范等译，人民教育出版社 1964 年版。
[87] 钱穆：《文化与教育》，生活·读书·新知三联书店 2010 年版。
[88] R. A. 瑞泽、J. V. 邓普西：《教学设计和技术的趋势与问题》，王为杰等译，华东师范大学出版社 2008 年版。
[89] R. 基思·索耶：《剑桥学习科学手册》，徐晓东等译，教育科

学出版社 2010 年版。
[90] 任法融：《道德经释义》，东方出版社 2010 年版。
[91] 沈晓敏：《坂元昂谈信息教育》，《外国教育资料》1991 年第 4 期。
[92] 石中英：《教育学的文化性格》，山西教育出版社 2007 年版。
[93] 宋应星，潘吉星（译注）：《天工开物》，上海古籍出版社 2012 年版。
[94] 宋应星：《天工开物》，潘吉星译注，上海古籍出版社 2012 年版。
[95] 孙正聿：《思想中的时代——当代哲学的理论自觉》，北京师范大学出版社 2013 年版。
[96] 孙立会：《中日教育技术学术交流轨迹探寻》，《贵州师范大学学报》（社会科学版）2014 年第 1 期。
[97] 孙立会：《关于教育技术研究中几个基本问题的探讨》，《电化教育研究》2013 年第 6 期。
[98] 孙立会、李芒：《教育技术学之传记研究方法》，《现代远程教育研究》2003 年第 1 期。
[99] 孙立会、李芒：《日本小学教师 ICT 活用指导力研究及启示——基于日本文部科学省〈小学学习指导纲要说明〉的统计分析》，《中国电化教育》2013 年第 4 期。
[100] 孙立会、李芒：《中国教育技术学科问题再审视》，《中国电化教育》2014 年第 11 期。
[101] 孙立会、李芒：《日本电子教科书研究的现状及启示》，《课程·教材·教法》2013 年第 8 期。
[102] 塞缪尔·亨廷顿：《文明的冲突与世界秩序的重建》，周琪等译，新华出版社 2014 年版。
[103] 唐莹、瞿葆奎：《元理论与元教育学引论》，《华东师范大学学报》（教育科学版）1995 年第 1 期。
[104] 唐莹：《元教育学》，人民教育出版社 2002 年版。

[105] 托马斯·库恩：《科学革命的结构》，金吾伦等译，北京大学出版社2012年版。
[106] 汪基德：《中国教育技术学科的发展与反思》，中国社会科学出版社2008年版。
[107] 王炳照：《人文社会研究的历史意识》，《北京师范大学学报》（社会科学版）2009年第3期。
[108] 王策三：《教学论学科发展三题》，《北京师范大学学报》（社会科学版）1992年第5期。
[109] 王珺：《日本教育技术学的发展现状》，《比较教育研究》2012年第8期。
[110] 王巍：《科学说明和历史解释——论自然科学与人文学科的方法论统一性》，《中国社会科学》2002年第5期。
[111] 王续琨、周心萍：《日本哲学家三木清及其〈技术哲学〉》，《科学技术与辩证法》2001年第4期。
[112] 吴式颖、任钟印：《外国教育思想通史》（第1卷），湖南教育出版社2002年版。
[113] 丸山真男：《日本的思想》，区建英等译，生活·读书·新知三联书店2009年版。
[114] 徐福荫：《改革开放推动我国教育技术迅猛发展》，《教育研究》2009年第5期。
[115] 徐晓东、希建华：《坂元昂：教育技术学托起开放学习的未来——第三届中日教育技术学研究与发展论坛中的三人谈》，《开放教育研究》2009年第5期。
[116] 徐晓东：《教育技术学的研究领域及其研究方法》，《电化教育研究》2003年第9期。
[117] 徐晓东：《教育技术学的研究领域及其方法》，《电化教育研究》2003年第9期。
[118] 徐晓东：《存在万能的教育技术学基础理论吗?》，《电化教育研究》2004年第8期。

[119] 徐晓雄：《教育技术学究竟是什么？——解读加涅教育技术观引发的思考》，《开放教育研究》2005 年第 3 期。
[120] 许葆云：《梁启超讲阳明新学》，陕西人民出版社 2014 年版。
[121] 阎光才：《识读大学——组织文化的视角》，教育科学出版社 2002 年版。
[122] 杨开城：《中国教育技术学的尴尬》，《中国电化教育》2005 年第 12 期。
[123] 杨伟：《日本文化论》，重庆出版社 2008 年版。
[124] 杨义：《现代中国学术方法综论》，《中国社会科学》2005 年第 5 期。
[125] 叶澜：《教育研究方法论初探》，上海教育出版社 2014 年版。
[126] 叶澜：《思维在断裂处穿行——教育理论与教育实践关系的再探讨》，《中国教育学刊》2001 年第 4 期。
[127] 叶澜：《中国教育学发展世纪问题的审视》，《教育研究》2004 年第 7 期。
[128] 远研：《探索电教规律加强电教研究——中国电化教育学术讨论会简述》，《中国电化教育》1991 年第 1 期。
[129] 张斌贤、高玲：《教育史研究的功用》，《河北师范大学学报》（教育科学版）2013 年第 9 期。
[130] 张建武、赵国庆、张榕玲：《日本教育信息化发展机制研究》，《电化教育研究》2011 年第 2 期。
[131] 张君仁：《传记研究方法——一种针对个体研究对象的方法论》，《音乐研究》2002 年第 12 期。
[132] 张诗亚、王伟廉：《教育科学学初探》，四川教育出版社 1990 年版。
[133] 章伟民、曹揆申：《教育技术学》，人民教育出版社 2000 年版。
[134] 章伟民等：《教育技术学》，人民教育出版社 2002 年版。
[135] 张晓红、李兆友：《追求理性尊严与独立价值的技术实践——

康德技术实践思想研究》，《东北大学学报》（社会学科版）2012 年第 3 期。
[136] 张祖忻：《美国教育技术的理论及其演变》，上海外语教育出版社 1994 年版。
[137] 郑杭生：《促进中国社会学的“理论自觉”》，《江苏社会科学》2009 年第 9 期。
[138] 郑确辉：《论教育技术理论与教育技术实践联系的问题》，《电化教育研究》2013 年第 3 期。
[139] 钟柏昌、李艺：《中国教育技术学基础理论问题研究——关于理论体系的评述》，《电化教育研究》2014 年第 1 期。
[140] 钟柏昌：《中国教育技术学基础理论研究——关于研究对象的评述》，《电化教育研究》2013 年第 9 期。
[141] 中共中央马克思恩格斯列宁斯大林著作编译局：《马克思恩格斯全集（第 3 卷）》，人民出版社 1960 年版。
[142] 中国社会科学院语言所词典编辑室：《现代汉语词典》，商务印书馆 2005 年版。
[143] 周娜娜：《日本文化中的中空结构——以日本思想、宗教、社会构造为中心》，辽宁师范大学，2012 年。
[144] 朱银瑞：《网络伦理文化》，社会科学文献出版社 2004 年版。

日文类

[1] A・A・ラムズディン：《教育工学原論》，西本三十二，监译，日本：学習研究社 1961 年版。
[2] 坂元昂：《新しい教育研究の方法としての教育工学》，《教育学研究》1973 年第 12 期。
[3] 坂元昂：《授業改造の技法》，日本：明治，1980，1—5。
[4] 坂元昂等：《教育工学とはどんな学問か》，日本：ミネルヴァ書房，2012 年。

[5] 坂元昂等:《教育工学とはどんな学問か》, 日本: ミネルヴァ書房, 2012, 刊のことば。

[6] 坂元昂:《教育の方法と技術》, 日本: 明治図書出版, 1990 年。

[7] 坂元昂: 《教育工学の原理と方法》, 日本: 明治図書出版, 1971 年。

[8] 坂元昂:《教育改革に貢献する教育工学の展開》,《 日本教育工学雑誌》1996 年第 1 期。

[9] 坂元昂:《日本の教育工学研究の原点》,《信息技术学报》2008 年第 1 期。

[10] 坂元昂:《日本における教育工学創設期の状況: 日本教育工学会設立の経緯》,《日本教育工学雑誌》2003 年第 1 期。

[11] 兵庫教育大学大学院連合学校教育学研究科:《教育実践学の構築—モデル論文の分析と理念型の提示を通して》, 日本: 東京書籍, 2006 年。

[12] 城户幡太郎:《学問》, 日本: 第一法規出版, 1978 年。

[13] 赤堀侃司:《教育工学への招待—教育の問題解決の方法論》, 日本: ジャストシステム, 2002 年。

[14] 村上壽三生: 《教育方法研究ノート》, 日本: ワイズ, 1997 年。

[15] 村上正行、山田政寛:《大学教育・FDに関する研究における教育工学の役割》,《日本教育工学雑誌》2012 年第 3 期。

[16] 川合治男: 《教育工学の成立と展開——行動科学的立場から》,《教育方法学研究》1975 年第 4 期。

[17] 大谷上、生田孝至: 《教育実践研究における研究方法論》,《日本教育工学雑誌》2002 年第 3 期。

[18] 大冢明郎:《特定研究科学教育における教育工学研究の经过と展望》,《日本教育工学会論文誌》1976 年第 1 期。

[19] 大内等:《視聴教育の理論と研究》, 日本: 日本放送教育协会, 1979 年。

[20] 东洋:《教育工学について》,《日本教育工学雑誌》1976 年第 1 期。
[21] 高橋純ら:《新学習指導要領において必要とされる教員のICT活用指導力の検討》,《上越教育大学研究紀要》2010 年第 29 期。
[22] 高垣マユミ:《授業デザインの最前線—理論と実践をつなぐ知のコラボレーション》,日本:北大路書房,2005 年。
[23] 管井滕雄:《CAIへの招待》,日本:同文書院,1989 年。
[24] 古藤泰弘:《教育工学における「最適化」に関する研究(1)》,《川村学園女子大学研究紀要》1997 年第 2 期。
[25] 岡本敏雄:《インターネット時代の教育情報工学(1)》,森北出版,2000 年。
[26] 久保田賢一:《構成主義パラダイムと学習環境デザイン》,日本:関西大学出版部,2000 年。
[27] 久保田贤一:《 情報教育の課題》,《 環境と健康》2014 年第 27 期。
[28] 教育工学研究成果刊行委員会:《教育工学の新しい展開》,第一法規出版,1977 年。
[29] 井上光洋:《教育工学(教育学大全集 29)》,日本:第一法規出版,1984 年。
[30] 教育工学刊行委员会:《教育工学新的展开》,日本:第一法规,1977 年。
[31] 内垣戸貴之等:《教育工学における質的研究法に基づいた論文の分析》,《日本教育工学会論文誌》2005 年第 4 期。
[32] 清水康敬等:《教育工学研究の方法》,日本:ミネルヴァ書房,2012 年。
[33] 清水康敬:《教育工学の現状と今後の展開》,《日本教育工学雑誌》1999 年第 3 期。
[34] 清水康敬:《教育工学研究発表の概要》,《 日本教育工学雑

誌》1997 年第 4 期。
[35] 秋山隆志郎等：《視聴覺教育》，日本：樹村房，1985 年。
[36] 日本放送协会：《学校放送 25 年歩み》，日本：日本放送协会，1960 年。
[37] 日本教育方法学会：《日本の授業研究（下）》，日本：学文社，2011 年。
[38] 日本教育工学会：《教育工学事典》，日本：実教出版，2000 年。
[39] 日本教育工学会：《日本教育工学会第 6 回全国講演论文集》，千葉大学，1990 年。
[40] 日本教育工学会：《日本教育工学会第 23 回全国大会講演论文集》，早稲田大学，2007 年。
[41] 日本教育工学会：《日本教育工学会第 30 回全国大会講演论文集》，岐阜大学，2014 年。
[42] 日本教育方法学会：《现代教育方法事典》，日本：図書文化，2004 年。
[43] 日本教育方法学会：《 教育方法を問い直す》，日本：明治図書，1988 年。
[44] 日本教育方法学会：《新教育課程と人間的感性育成》，日本：明治図書，1989 年。
[45] 日本教育方法学会：《 学校文化の創造と教育技術の課題》，日本：明治図書，1991 年。
[46] 日本教育方法学会：《教育方法学研究ハンドブック》，日本：学文社，2014 年。
[47] 三宮真智子：《メタ認知—学習力を支える高次認知機能》，日本：北大路書房，2008 年。
[48] 三木清：《哲学入門（第七巻）》，日本：岩波书店 1949 年版，第 1—50 页。
[49] 山室公司，久保田賢一：《日本教育工学会論文誌の研究動向

に関する考察：研究方法と研究対象からみた分析》，《日本教育工学雑誌》2010 年第 12 期。

［50］矢野米雄等：《教育工学とシステム開発》，日本：ミネルヴァ書房，2012 年。

［51］松田稔樹等：《学習者とともに取り組む授業改善－授業設計・教育の方法および技術・学習評価》，日本：学文社，2013 年。

［52］水越敏行、生田孝至：《これからの情報とメディアの教育—ICT 教育の最前線》，日本：図書文化社，2005 年。

［53］武村重和：《教育工学》，日本：福村出版，1995 年。

［54］西之園晴夫等：《教育工学における教育実践研究》，日本：ミネルヴァ書房，2012 年。

［55］西之園晴夫：《教育実践の研究方法としての教育工学》，《日本教育工学雑誌》1999 年第 2 期。

［56］西之園晴夫：《教育技術の客観的知識化の方法論にて：教育技術判断命題の妥当性に関する考察》，《鳴門教育大学研究紀要》，教育科学編，1995，（10）。

［57］西之園晴夫：《飛躍と誤謬と新理論——教育工学の哲学を求めて》，《日本教育工学雑誌》1998 年第 4 期。

［58］小笠原喜康：《日本教育メディア学会の軌跡 1：放送教育学会『放送教育研究集録』の時代》，《教育メディア研究》2012 年第 3 期。

［59］佐伯胖、渡部信一：《「学び」の認知科学事典》，日本：大修館書店，2010 年。

［60］中山実等：《教育工学研究の指向性と論文の評価傾向分析の試み》，《日本教育工学会論文誌》2006 年第 1 期。

［61］佐藤仁：《開発研究における事例分析の意義と特徴》，《国際開発研究》2003 年第 1 期。

［62］佐藤学：《教育方法学》，日本：岩波テキストブックス，

2007 年。
[63] 竹谷誠：《数理モデル》，《 日本教育工学雑誌》1997 年第 4 期。
[64] 中野照海：《教育工学》，日本：学習研究社，1979 年。
[65] 照野一男：《視聴覺教育》，日本：放送协会，1976，33。

英文类

[1] AV Communication Review. No. 1, 1953, p. 6.
[2] Bruce, B. C. (1999) Education Technology, [Online] Avialiable at: http://www. et. tku. edu. tw/sclee/etg/reading/Definition/Et-def-1. htm. Retrieved at June 18, 2005.
[3] FINN J D. Professionalizing theaudio-visual field》,《Audiovisual communication review, 1953, (1).
[4] Januszewski, A. *Educational Thechnology*: The Development of a Concept. p. 104. Libraries U nlimited. Inc. 2001.
[5] Lumsdain, A. A., Educational Technology, Programed Learning, and Instructional Science. In Hilgard, E. R. (ed), Theories of Learning and Instruction, NSSE yearbook, 1964.
[6] Lowyck, J. (2014). Bridging learning theories and technology-enhanced environments: A critical appraisal of its history. In Handbook of research on educational communications and technology, pp. 3 – 10, 2014.
[7] Reiser, R. A., Instructional Technology: A History, in Gagne, R. M. (ed), Instructional Technology Foundation, pp. 24 – 34, 1987.
[8] The Changing Role of the Audio-Visual Process in Education: A Definition and a Glossary of Related Terms.
[9] vanMerriënboer, J. J., & de Bruin, A. B. Research paradigms and

perspectives on learning. In Handbook of Research on Educational Communications and Technology, pp. 21 – 29, 2014.

网络文献

[1] 天工開物 [EB/OL]. http://ja. wikipedia. org/wiki/天工開物, 2015—01—20.

[2] 君島浩. 教育工学 [EB/OL]. http://web. thn. jp/kimijima/body/ISD/00isd. htm, 2015—01—20.

[3] 日本教育工学会とは [EB/OL]. http://www. jset. gr. jp/profile/index. html, 2015—01—20.

致　谢

一

感谢我的父母把我带到这个世界，在我们家最清贫时依然供我读书，如果我没有上学，我现在会在哪里？会做些什么工作？没有父母对孩子教育重要性的深刻认识，我不可能凭借求学之路走向城市。我对不起一直疼爱我的老母亲，没承担起一个儿子应该尽早承担的一些责任。我唯一的愿望就是希望父母能百岁，否则无法报答你们的养育之恩。

二

感谢我的博士指导教师李芒教授，不断激励与引导我前进，将我从学术的无知引进学术之殿，让我科研业务能力茁壮成长。与您相遇是在 2008 年我本科毕业之时，本打算读您的硕士研究生，可是因为当时学校的一些规定，不能跨学院保送研究生，所以，在一个下着小雨的下午我找您写了一封推荐信。而后，我去了东北师范大学攻读教育技术学硕士研究生学位，在那里我遇到了我的硕士指导教师赵蔚教授，2 年的学习时光，让我慢慢地入了门，对教育技术这门新生学科有了一定的了解。赵老师总是那么袒护我，让我有了更大的自由发展空间，所以，赵蔚教授和李芒教授成了我学术生涯中“慈母”与“严父”的角色，比起师生而言，我更愿意把你们称作我的亲人，连接我们之间的不仅仅是学术，而是一种产生于学术之上的浓浓之情。

考到李芒教授的门下，我用了3年时间，第一年初试没过，第二年复试没过，第三次终于全部通过。自从2012年9月入学，我就疯了一般读书、写文章，学术成果不断得到累积，读了摞起来比我还高的各种书籍、著作，很多书都是导师书桌上放置的，导师有形与无形的指导都促使我学到了很多宝贵的知识。黄宗羲先生曾说过，“大凡学有宗旨，是其人之得力处，亦即学者入门处”。梁启超把“宗旨”称作“学问之山”的口号，简单之意就是攀登悬崖之“着力处”。我想我的导师就是我成长的着力点，没有导师的批评与帮助，我无法取得今天的所有。

三

感谢河北廊坊师范学院李世杰副校长特批我从“绿色通道”攻读博士学位，虽然，我毕业之后无法选择继续留在本单位，但我相信无论我在祖国哪里都在为中国的教育事业而奋斗。还有那些和我一起走过5年的同事，包括柴永泉院长、王建华院长、杨俊英老师、高虎老师、张葛老师，等等，或多或少都给我不少的关怀与帮助，同事过就是一生的伙伴，我无法忘记你们。

四

感谢《教育研究》副主编宗秋荣女士，《课程·教材·教法》编辑部主任刘启迪先生，《电化教育研究》社长郭绍青教授，《中国电化教育》副主编李馨编审、编辑部主任马小强先生、赵云建女士，《现代远程教育研究》副主编田党瑞编审、汪燕女士，《远程教育杂志》副主编陶侃先生，《现代教育杂志社》编辑焦丽珍女士。能有机会与你们合作，让我从中受益很多，你们给了我很大的自由空间。

五

感谢北京师范大学本科 4 年、博士 3 年，共 7 年的培养，大学本科让我真正成为了一个学术青年。这 7 年北师大多次颁给我国家奖学金、国家励志奖学金、博士研究生国家奖学金，这些钱都是救命的稻草，让我可以顺利完成学业。

六

感谢日本关西大学久保田贤一教授，无偿资助我 8 万日元，完成对日本教育工学专家为期一个月的走访，久保田教授给我介绍了众多日本教育工学当前活跃的专家，不仅仅局限于我访谈的 11 位教授。同时，明治大学副教授岸磨旧贵子无偿提供我“别墅”居住，还有关西大学黑上晴夫教授促使我与日本东北大学堀田龙也教授见面并完成访谈，以及关西大学久保田黑上研究室的各位博士、硕士对我无私的帮助，接我，送我，请我吃饭，让我在日本度过了非常充实的一个月。期待我们以后有更多的合作。

七

感谢那些无私帮助过我的中国教育技术学科著名专家、学者，其中包括华南师范大学李克东教授、徐晓东教授；内蒙古师范大学李龙教授；华中师范大学刘清堂教授、赵呈领教授、杨九民教授、左明章教授；南京师范大学李艺教授；浙江大学张剑平教授；陕西师范大学傅钢善教授；上海师范大学董玉琦教授；东北师范大学陈晓慧教授；浙江师范大学张立新教授，等等。

八

非常感谢江南大学人文学院陈明选院长在我工作问题上给予我的大力支持，还有马志强博士师兄对我无私的帮助。同时也非常感谢天津大学教育学院闫广芬院长、江苏师范大学教育学部副主任陈琳教授等对我学术能力的认可。

九

感谢我的同窗挚友卢威博士，我们曾无数次讨论过彼此之间的博士论文以及众多关于学习、生活与教育相关的各种问题，你的观点总是启发我，让我产生诸多灵感，希望我们的友谊，会随着彼此学术成就的不断增进，黏合度变得越来越高。

十

感谢为我做出巨大贡献的家庭成员，你们是我不断努力的动力！

十一

感谢中国社会科学出版社各位编辑的共同努力，使本研究成果得以出版。

攻读博士学位期间主持课题/奖励荣誉/公开发表学术论文

一　主持课题

日本教育工学本土化创新之路研究，教育部人文社会科学研究青年基金项目，项目编号：14YJC880064。

二　奖励荣誉

1．北京师范大学2013—2014学年博士研究生国家奖学金，2014年11月。

2．北京师范大学2012—2013学年博士研究生国家奖学金，2013年11月。

三　发表的学术论文

［1］孙立会、李芒：《中国教育技术学科问题再审视》，《中国电化教育》2014年第11期。

［2］介忠智、王瑞兰、孙立会：《艺师附小信息化发展核心特征

及运作模式》，《中小学信息技术教育》2014 年第 9 期。

［3］孙立会、逯行：《坂元昂先生与中国教育技术学》，《现代教育技术》2014 年第 7 期。

［4］孙立会等：《自下而上的学校信息化运作模式研究》，《中小学信息技术教育》2014 年第 6 期。

［5］逯行、孙立会：《基于网络环境的大学英语“三角教学”模型构建》，《中国教育信息化》2014 年第 5 期。

［6］李芒、孙立会：《关于电子教科书基本问题的探讨》，《教育研究》2014 年第 5 期。

［7］孙立会：《信息化促进优质教育资源共享的挑战及对策》，《中国教育信息化》2014 年第 4 期。

［8］孙立会：《关于电子教科书的争议、正确理解与科学使用》，《课程·教材·教法》2014 年第 3 期。

［9］孙立会：《开放教育基本特征的变迁——兼议 MOOC 之本源性问题》，《远程教育杂志》2014 年第 2 期。

［10］孙立会：《中日教育技术学术交流轨迹探寻》，《贵州师范大学学报》（社会科学版）2014 年第 1 期。

［11］李芒、孙立会：《论大学教师教学设计力》，《现代教育技术》2013 年第 11 期。

［12］孙立会、李芒：《日本电子教科书研究现状及启示》，《课程·教材·教法》2013 年第 7 期。

［13］王红、赵蔚、孙立会等：《翻转课堂教学模型的设计——基于国内外典型案例分析》，《现代教育技术》（人大复印资料《中小学教育》2013 年第 12 期全文转载）2013 年第 7 期。

［14］孙立会：《关于教育技术研究中几个基本问题的探讨》，《电化教育研究》（人大复印资料《教育学》2013 年第 9 期全文转载）2013 年第 7 期。

［15］孙立会、李芒：《日本小学教师 ICT 活用指导力研究及启示》，《中国电化教育》2013 年第 4 期。

［16］孙立会：《博士学位论文开题报告的几点思考》，《中国研究生》2013 年第 4 期。

［17］郭俊杰、李芒、孙立会：《论教育技术研究者生存方式》，《现代教育技术》2013 年第 2 期。

［18］孙立会、李芒：《论教育技术之研究方法——传记研究方法》，《现代远程教育研究》（人大复印资料《教育学》2013 年第 5 期全文转载）2013 年第 1 期。